Schülerhilfe®

Testblock

Mathe

7./8. Klasse
Prozentrechnen
Geometrie

tandem.VERLAG
print line

www.tandem-verlag.de

Projektleitung: Judith Krötz
Umschlaggestaltung: Marlies Müller, Potsdam

Gesamtherstellung: Tandem Verlag GmbH, Potsdam

ISBN-13: 978-3-8331-9723-9

1* Vorwort mit Tipps zum richtigen Lernen

Liebe Schülerin, lieber Schüler,
in dieser Testmappe findest du mit 166 Tests jede Menge Übungsmaterial für eine optimale Vorbereitung auf die nächste Klassenarbeit oder Vergleichsarbeit. Die klar strukturierte Form der Tests gibt dir die Möglichkeit, gezielt viele Übungen zu genau den Themen zu lösen, in denen du noch Schwierigkeiten hast und mehr Sicherheit erlangen willst. Die kurze Form eignet sich für kleine Übungseinheiten zwischendurch.

Es kommt aber nicht allein darauf an, wie viel du lernst, sondern auch wie du lernst und übst.

Hier findest du nun einige Tipps, die dich beim Lernen unterstützen sollen:

Der richtige Ort ...
Richte dir nach Möglichkeit einen dauerhaften Arbeitsplatz ein. Der Tisch sollte ausreichend groß und gut beleuchtet sein. Die benötigten Lernmaterialien solltest du stets in greifbarer Nähe haben. Zum Arbeiten sollte es möglichst ruhig sein. Achte auch auf eine gewisse Ordnung an deinem Arbeitsplatz. Räume also alles weg, was dich ablenkt! Für die Konzentration ist auch ein „freier Kopf" von Vorteil. Ein Spaziergang an der frischen Luft hilft oft, um im Anschluss wieder konzentriert arbeiten zu können.
... und Ruhe zum Lernen.
Mal dir doch ein Stopp-Schild, das du zu deinen Lernzeiten an die Tür hängst, dann weiß deine Familie, dass du jetzt gerade nicht gestört werden möchtest, weil du für die Schule arbeitest.

Die richtige Einteilung von Lernzeit ...
Wenn du merkst, dass du oft keine Zeit für deine Hausaufgaben hast und diese nur schnell mal am Abend oder am Morgen erledigst, erstell dir eine Liste, in der du einträgst, wie viel Zeit du mit den einzelnen Beschäftigungen verbringst, z. B. Sport, Freunde, Fernsehen, Computer ... Dahinter kannst du eintragen, ob das so in Ordnung ist oder ob es auch kürzer hätte sein können. Das kann dir helfen zu entscheiden, wo du in Zukunft Zeit einsparen kannst.
... und Pausenzeit
Forscher haben herausgefunden, dass die Konzentration schnell abnimmt. Bereits nach einer halben Stunde bist du nur noch halb so leistungsfähig wie zu Beginn. Wenn du merkst, dass du müde wirst und dich nicht mehr richtig konzentrieren kannst, dann mach eine kurze Pause.

Täglich kleine Lernportionen statt Stress vor der Klassenarbeit
Es ist besser, den Stoff in kleinen Portionen zu lernen. So behältst du besser, was du gelernt hast und fühlst dich in der Klassenarbeit sicherer. Du merkst auf diese Weise auch schneller, welche Themen noch nicht so gut sitzen und kannst

rechtzeitig genau diese Themen wiederholen. Nimm dir also nicht zu viel auf einmal vor, denn dann ist die Gefahr groß, dass du dich überforderst und den Spaß am Lernen verlierst. Setze dir ein Ziel und teile dir dein Pensum in kleine, regelmäßig zu lernende Portionen ein, die dich schrittweise zum Ziel führen.

Nachhaltiges Lernen

Nachhaltiges Lernen ist gehirngerechtes Lernen. Die Lerninhalte sollen ins Langzeitgedächtnis gelangen. Nur kurz vor den Klassenarbeiten gepauktes Wissen gelangt meist nur ins Kurzzeitgedächtnis.
Wenn du etwas wissen oder können möchtest, dann musst du es dir durch Üben und Wiederholen erarbeiten. Nur so gelangen Lerninhalte in dein Langzeitgedächtnis. Wenn du kontinuierlich Hausaufgaben machst und übst, hast du mehr davon und auch weniger Stress vor Klassenarbeiten. Es hilft auch, wenn du den im Unterricht behandelten Stoff direkt zu Hause nochmals durcharbeitest, dann festigt sich das neu Gelernte besser.

Aktives Lernen erleichtert das Behalten

Am besten lernst du, wenn du über mehrere Kanäle die Lerninhalte aufnimmst, also mehrere Eingänge zum Gehirn benutzt, zum Beispiel Lesen und Schreiben. Manche Schüler lernen auch besonders gut, wenn sie etwas hören. Dann könnte es hilfreich sein, z. B. komplizierte Formeln oder Regeln aufzunehmen und immer wieder zu hören. Auch ein Lernposter bringt die wichtigsten Inhalte immer wieder vor Augen und hilft, die Inhalte zu behalten. Am meisten kannst du behalten, wenn du selbst etwas machst, also zum Beispiel Tests bearbeitest oder ein Lernposter erstellst ... Auch mündliche Mitarbeit in der Schule ist gut geeignet, das Gelernte besser zu behalten.

Steuerung des eigenen Lernens ...

Nimm dir zu Beginn einer Woche Zeit, dir einen Plan zu überlegen, was du heute und in dieser Woche üben willst. In einen solchen Wochenplan sollten alle festen Termine wie Essenszeiten, sportliche Aktivitäten, sonstige Freizeitaktivitäten und ebenfalls feste Übzeiten eingetragen werden. Jetzt wird deutlich, dass feste Üb- oder auch Wiederholungszeiten eben vergleichbar mit anderen Terminen sind.
Und bei dieser Planung einer neuen Woche kannst du rückblickend feststellen, inwieweit du deine Vorsätze umsetzen konntest und wo es dir nicht gelungen ist. Da solltest du kritisch nach den Gründen suchen.

Erstelle dir einen Lernkalender zur Planung vor Klassenarbeiten. Trage dort die Themen mit Datum ein, die du vor der Klassenarbeit wiederholen möchtest, dann kommt kurz vor der Klassenarbeit kein Stress auf. Wenn du bei einzelnen Themen noch Probleme hattest, notier dir auch das, dann kannst du später genau dieses Thema noch einmal wiederholen.

... für mehr Lernerfolg

Beginne mit etwas, was du gut kannst. Für Aufgaben, für die du viele Wiederholungen brauchst, plane mehrfach kurze Zeit ein. Wechsle mündliche und schriftliche Aufgaben ab. Wenn das, was du dir für heute vorgenommen hast, zu viel ist, verschiebe einen Teil auf den nächsten Tag.

Lege dir z. B. nach Klassenarbeiten eine Liste an, wo du notierst, welche Fehler sich bei dir häufen und mit welchen Aufgabentypen oder Regeln du am meisten Probleme hast. Bearbeite und wiederhole diese Liste regelmäßig – du wirst sehen, dass du auf diese Weise bald Fortschritte erzielst.

Viel Erfolg beim Bearbeiten der 166 Tests wünscht dir

Prof. Dr. Ludwig Haag
Lehrstuhl für Schulpädagogik
Kulturwissenschaftliche Fakultät der Universität Bayreuth
Mitglied des Pädagogischen Beirats der Schülerhilfe Deutschland

Anleitung

Die Tests sollen dir nicht nur Gelegenheit zum Üben geben, sondern dich auch an echte Prüfungen im Fach Mathematik gewöhnen helfen. Da aber die Mappe für den Gebrauch zu Hause gedacht ist, findest du im Lösungsteil an sehr vielen Stellen nicht nur die Endergebnisse sondern auch **Lösungshinweise** und **-wege**. Nutze diese in deinem eigenen Interesse erst als letzte Möglichkeit, eine Aufgabe zu bewältigen. Greife vorher auf andere Hilfsmittel wie dein Mathelehrbuch, eine Formelsammlung oder Internetseiten zurück. Der Lerneffekt ist gerade in Mathematik viel höher, wenn du dir die Lösung auf diese Weise erarbeitest, anstatt vorgezeigte Wege zu gehen.

In der Regel solltest du **einen Test**, d. h. eine Seite, **pro Lerntag** bearbeiten können, ohne überfordert zu sein. Lass dich aber dadurch nicht in Zeitdruck bringen. Kommst du bei einer Aufgabe nicht schnell genug weiter, dann ist es für dich wertvoller, diese Aufgabe wie oben beschrieben anzugehen, auch wenn du dadurch den Test nicht am selben Tag vollständig durcharbeiten kannst.

Das Heft bietet einen Querschnitt durch den **Stoff deiner Jahrgangsstufe**. Nicht alle Themen werden an allen Schulen in dieser Reihenfolge behandelt. Benutze das Inhaltsverzeichnis auf den folgenden zwei Seiten, damit du dort einsteigen kannst, wo deine Klasse steht oder wo du noch Übung nötig hast.

Neben dem ausführlichen Lösungsteil soll dir das **Punktesystem** beim selbstständigen Arbeiten helfen. Betrachte es aber nicht in erster Linie als Bewertungssystem deiner Leistung, sondern als nützliche Hilfe bei der Entscheidung, ob du zum nächsten Test vorangehen kannst oder besser eine Wiederholung einschaltest. Das Ziel soll sein, dass du die Aufgaben eines Tests spätestens in der zweiten Wiederholung so gut wie fehlerfrei lösen kannst. Die Punkte einer jeden Aufgabe finden sich im Lösungsteil. Die Höhe der Punktzahl bezieht sich auf die vollständige Lösung der ganzen Aufgabe. Besteht diese aus mehreren Teilaufgaben, von denen du nicht alle richtig gelöst hast, dann gib dir entsprechend weniger Punkte oder Teilpunkte. Für Lösungsansätze sind in dieser Mappe keine Punkte vorgesehen, sondern nur für das richtige Endergebnis.

Fange grundsätzlich immer mit Schwierigkeitsgrad 1 an. Bei Themen, die mehrere Tests pro Schwierigkeitsgrad enthalten, hilft dir das Punktesystem bei der Entscheidung, ob du dann weitere Tests desselben Schwierigkeitsgrades überspringen kannst oder nicht. Die Aufgaben des Schwierigkeitsgrades 3 setzen schon die Vertrautheit mit den Berechnungen des jeweiligen Themas voraus.

Mit dem **Abschlusstest** wird nochmals der wichtigste Stoff erprobt. Er ist in Teile von je zwei Seiten untergliedert. Ideal wäre die Bearbeitung eines solchen Teils an einem Stück, kann aber auch in Abschnitten von jeweis einer Seite als Arbeitseinheit absolviert werden.

Inhaltsverzeichnis

Geometrie von Körpern

Abschlusstest

Lösungen

Lösungen zum Abschlusstest

Punktetabelle

Schwierigkeitsgrad 1 ist der Einstieg, an dem du bei jedem Thema anfängst und zuerst deine Basiskenntnisse in etwas einfacheren Aufgaben testest.

Die Aufgaben von Schwierigkeitsgrad 2 vertiefen jedes Thema so weit, dass du dich bereits mit ihnen für die konkrete Anwendung bei vielen Prüfungen vorbereitest.

Wenn du in Schwierigkeitsgrad 2 genügend Übung erlangt hast, kannst du dich gelassen bei Schwierigkeitsgrad 3 für schwierigere Prüfungen fit machen.

Test 1 | Prozentwert

Schwierigkeitsgrad: △ ▲ ▲

1. Kannst du jeweils den Prozentwert P ausrechnen? (Grundwert G, Prozentsatz p %)

a) G = 20 Euro; p % = 4 %
b) G = 4,50 Euro; p % = 0,3 %
c) G = 30 Euro; p % = 14 %

2. Berechne jeweils den Prozentwert P. (Grundwert G, Prozentsatz p %)

a) G = 100 g; p % = 79 %
b) G = 70 kg; p % = 13 %
c) G = 2 Pf; p % = 5 %

3. Ermittle jeweils den Prozentwert P. (Grundwert G, Prozentsatz p %)

a) G = 250 ml; p % = 0,9 %
b) G = 2 l; p % = 90 %
c) G = 600 cl; p % = 44 %

4. Errechne jeweils den Prozentwert P.

a) 7 % von 57 Euro =
b) 9 % von 620 Euro =
c) 12 % von 338 Euro =

5. Rechne jeweils den Prozentwert P aus.

a) 2,5 % von 300 m^3 =
b) 17 % von 70 m^2 =
c) 23 % von 12 m =

6. Und noch einmal sollst du jeweils den Prozentwert P ausrechnen.

a) 99 % von 3 cm =
b) 0,1 % von 5 070 mm =
c) 18 % von 340 mm =

bearbeitet am: ______ **erreichte Punktzahl:** ______

Ab 15 Punkten kannst Du zu Test 2 weitergehen, bei 18 Punkten zu Test 3.

Test 2 **Prozentwert**

Schwierigkeitsgrad: △ ▲ ▲

1. Kannst du jeweils den Prozentwert P ausrechnen? (Grundwert G, Prozentsatz p %)

a) G = 67 Euro; p % = 2,1 %
b) G = 3,20 Euro; p % = 0,4 %
c) G = 70 Euro; p % = 19 %

2. Berechne jeweils den Prozentwert P. (Grundwert G, Prozentsatz p %)

a) G = 370 g; p % = 1,4 %
b) G = 8 kg; p % = 21 %
c) G = 10 Pf; p % = 13 %

3. Ermittle jeweils den Prozentwert P. (Grundwert G, Prozentsatz p %)

a) G = 300 ml; p % = 0,2 %
b) G = 6 l; p % = 80 %
c) G = 550 cl; p % = 67 %

4. Errechne jeweils den Prozentwert P.

a) 11 % von 40 Euro =
b) 2 % von 1 789 Euro =
c) 3,1 % von 569 Euro =

5. Rechne jeweils den Prozentwert P aus.

a) 6,5 % von 687 m^3 =
b) 22 % von 281 m^2 =
c) 15 % von 86 m =

6. Und noch einmal sollst du jeweils den Prozentwert P ausrechnen.

a) 93 % von 5,1 cm =
b) 87 % von 2,6 mm =
c) 10,6 % von 540 mm =

bearbeitet am: **erreichte Punktzahl:**

Ab 15 Punkten kannst Du zu Test 3 weitergehen.

Test 3 | Prozentwert

Schwierigkeitsgrad: △△▲

1. Berechne jeweils 17 % Rabatt.

a) Ein T-shirt kostet 9,99 Euro.
b) 5 Paar Socken kosten 12,90 Euro.
c) 10 Haargummies kosten 1,95 Euro.

2. Der Eintritt ins Schwimmbad kostet 4,50 Euro. Für Schüler 10 % und für Kleinkinder 20 % weniger.

Berechne den Rabatt für Schüler und Kleinkinder.

3. Ein Kleid hat 2,3 m^2. In der Waschmaschine ist es um 7 % eingelaufen.

Berechne den Verlust an Stoff in m^2.

4. Berechne jeweils einen Zuckeranteil von 30 %.

a) 5 l Saft
b) 2,7 l Kakao
c) 0,5 l Sirup

5. Beim Schreiben verbraucht ein Kuli pro Seite etwa 12 % seiner Tinte.

Wie viel verliert er, wenn zu Beginn 8 ml Tinte enthalten waren?

6. Berechne jeweils 22 % Lieferkosten.

a) Ein Sofa kostet 380 Euro.
b) Ein Fernseher kostet 1 079 Euro.
c) Ein Schrank kostet 170 Euro.

bearbeitet am: ________ **erreichte Punktzahl:** ________

Ab 15 Punkten kannst Du zu Test 4 weitergehen, bei 18 Punkten zu Test 5.

Test 4 | Prozentwert

Schwierigkeitsgrad: △ △ ▲

1. Fruchtsaftanteile (Mindestanteil bei Zitronen):
Nektar: 55 %, Fruchtsaftgetränk: 7 %, Limonade: 4 %

Wie viel Liter Zitronensaft enthalten 1,5 l
a) Nektar b) Fruchtsaftgetränk c) Limonade?

2. In einer Schale sind 70 Kugeln. Davon sind 20 % rot, 30 % blau, 40 % gelb und 10 % grün.

Wie viele rote, blaue, grüne und gelbe Kugeln sind es?

3. Berechne jeweils die Mehrwertsteuer (MwSt) von 19 %.

a) Ein Kleid kostet 29,90 Euro (inklusive MwSt).
b) Eine Hose kostet 39,90 Euro (inklusive MwSt).
c) Ein Paar Turnschuhe kostet 109,99 Euro (inklusive MwSt).

4. Birgit wiegt 92,3 kg und möchte 14 % ihres Körpergewichts abnehmen.

Wie viel kg sind das?

5. Ein Schwamm, der 45 % Wasser enthält, wiegt 400 g.

Wie viel g Wasser enthält der Schwamm?

6. Wie viel Gramm Silber enthält ein Ring, der 55 g wiegt und 12,5 % Silber enthält?

bearbeitet am: ____ **erreichte Punktzahl:** ____

Ab 15 Punkten kannst Du zu Test 5 weitergehen.

Test 5 | Prozentwert

Schwierigkeitsgrad: ▲▲▲

1. In einem Schwimmbad sind 3 000 l Wasser.

   Wie viele Liter verdrängt Torsten, wenn 2,7 % des Wassers überlaufen?

2. In einer Teekanne ist ein Teebeutel, der 4 % Platz einnimmt.

   Wie viel Wasser muss er aufsaugen, damit das Volumen von 2 l konstant bleibt?

3. Bei der Befragung von 1 024 Personen entschieden sich 32 % für Auto A, 17 % für Auto B und 51 % für Auto C.

   Berechne pro Auto die Anzahl der Befürworter. Runde sinnvoll!

4. Ein Medikament enthält 0,7 % Alkohol.

   Wie viele ml sind das von 0,4 l?

5. Ein 2 m^2 großer Pullover enthält 70 % Rot.

   Wie viele Quadratmeter sind das?

6. Auf einem Feld können 400 t Mais angebaut werden.

   Dieses Jahr werden 32 % weniger angepflanzt.
   Wie viele Tonnen sind das weniger?

bearbeitet am: **erreichte Punktzahl:**

Ab 15 Punkten kannst Du zu Test 6 weitergehen, bei 18 Punkten zu Test 7.

Test 6 | Prozentwert

Schwierigkeitsgrad: ▲▲▲

1. In einer Bonbontüte sind 250 g Bonbons, davon sind 20 % grün, 40 % rot und 40 % gelb.

Wie viel Gramm sind grün, rot, gelb?

2. Die unverbindliche Preisempfehlung für ein Sofa liegt bei 320 Euro. Händler A gibt 25 % Rabatt, berechnet aber die 19 % Mehrwertsteuer extra. Händler B gewährt nur 12 % Rabatt, die MwSt ist aber bereits enthalten.

Wo ist das Sofa günstiger?

3. Eine Tüte Gummibärchen enthält 300 g. Davon sind 40 % grün oder weiß und 60 % gelb, orange oder rot (gleich verteilt).

Wie viel Gramm sind das jeweils?

4. Paul, Karsten und Lilli bekommen zusammen 60 Euro Taschengeld. Davon sind 30 % von Paul, 60 % von Karsten und 10 % von Lilli.

Wie viel Euro bekommt jeder?

5. In einer Schorle sind 50 % Sprudel, 30 % Apfelsaft und 20 % Zitronensaft gemischt.

Wie viele ml Sprudel, Apfelsaft und Zitronensaft sind in 0,75 l Schorle enthalten?

6. In einem Holzblock von 5 m^3 sind Holzwürmer, die bereits 10 % des Blocks zerstört haben.

Wie viele m^3 sind das.

bearbeitet am: ______ **erreichte Punktzahl:** ______

Bei 18 Punkten kannst Du zu Test 7 weitergehen.

Test 7 — Prozentsatz

Schwierigkeitsgrad: △▲▲

1. Errechne jeweils den Prozentsatz p% (Grundwert G, Prozentwert P)!
Runde sinnvoll!
a) P = 5 Euro; G = 67 Euro
b) P = 13 Euro; G = 24 Euro
c) P = 0,8 Euro; G = 3,20 Euro

2. Berechne jeweils den Prozentsatz p% (Grundwert G, Prozentwert P)!
Runde sinnvoll!
a) P = 4 m^3; G = 56 m^3
b) P = 0,8 m^2; G = 3,7 m^2
c) P = 35 m; G = 189 m

3. Ermittle jeweils den Prozentsatz p% (Grundwert G, Prozentwert P)!
Runde sinnvoll!
a) P = 6 l; G = 78 l
b) P = 0,21 ml; G = 2,1 ml
c) P = 5,3 cl; G = 13,4 cl

4. Wie viel Prozent sind
a) 3,2 cm^2 von 55 cm^2?
b) 39 g von 468 g?
c) 5 Pf von 28 Pf?
Runde sinnvoll!

5. Wie viel Prozent sind
a) 6,7 kg von 93 kg?
b) 42 t von 672 t?
c) 2,79 Euro von 9,99 Euro?
Runde sinnvoll!

6. Wie viel Prozent sind
a) 61 l von 570 l?
b) 17 nm von 678 nm?
c) 48 ha von 495 ha?
Runde sinnvoll!

bearbeitet am: ______ **erreichte Punktzahl:** ______

Ab 15 Punkten kannst Du zu Test 8 weitergehen, bei 18 Punkten zu Test 9.

Test 8 | Prozentsatz

Schwierigkeitsgrad: △ ▲ ▲

1. Errechne jeweils den Prozentsatz p% (Grundwert G, Prozentwert P)! Runde sinnvoll!
a) P = 0,32 Euro; G = 1,99 Euro
b) P = 17 Euro; G = 37 Euro
c) P = 1,9 Euro; G = 8,6 Euro

2. Berechne jeweils den Prozentsatz p% (Grundwert G, Prozentwert P)! Runde sinnvoll!
a) P = 6 m^3; G = 14,9 m^3
b) P = 2,7 m^2; G = 17,8 m^2
c) P = 3,52 m; G = 54,2 m

3. Ermittle jeweils den Prozentsatz p% (Grundwert G, Prozentwert P)! Runde sinnvoll!
a) P = 10,1 l; G = 102l
b) P = 450 ml; G = 1 200 ml
c) P = 85 cl; G =247 cl

4. Wie viel Prozent sind?
a) 16,2 cm^2 von 48,6 cm^2 = ?%
b) 9,7 g von 76,3 g = ?%
c) 15 Pf von 693 Pf = ?%
Runde sinnvoll!

5. Wie viel Prozent sind?
a) 8,4 kg von 11,6 kg = ?%
b) 2,4 t von 7,4 t = ?%
c) 3,99 Euro von 17,1 Euro = ?%
Runde sinnvoll!

6. Berechne den Prozentsatz p%! Runde sinnvoll!

a) 6,7 l von 930 l =
b) 480 nm von 953 nm =
c) 11,7 ha von 793 ha =

bearbeitet am: ____ **erreichte Punktzahl:** ____

Ab 15 Punkten kannst Du zu Test 9 weitergehen.

Test 9 | Prozentsatz

Schwierigkeitsgrad: △ △ ▲

1. Berechne jeweils den Prozentsatz für 5,3 Euro von:

a) 67,9 Euro
b) 11,6 Euro
c) 132,4 Euro

2. Kandidat A erhält bei einer Wahl 1 562 von 3 170 Stimmen, Kandidat B 938 und Kandidat C 670.

Berechne jeweils des Prozentsatz.

3. Ein Saft enthält bei 1,5 Litern 0,2 l flüssigen Zucker, ein anderer bei 2 Litern 0,4 l Zucker.

Berechne jeweils den Prozentsatz. Welcher enthält verhältnismäßig mehr Zucker?

4. Karl kauft sich ein Hemd für 35 Euro. Weil ein Knopf fehlt, bekommt er es 4 Euro günstiger.

Wie viel Prozent sind das?

5. Eine Münze enthält 6,7 g Nickel und 13,7 g Kupfer.

Berechne jeweils den Prozentsatz.

6. Lena mischt 0,2 l Apfelsaft mit 0,5 l Sprudel.

Berechne jeweils den Prozentsatz.

bearbeitet am: ______ **erreichte Punktzahl:** ______

Ab 15 Punkten kannst Du zu Test 10 weitergehen, bei 18 Punkten zu Test 11.

Test 10 Prozentsatz

Schwierigkeitsgrad: △ △ ▲

1. Berechne jeweils den Prozentsatz p % für 73,97 Euro von:
a) 146,89 Euro
b) 632,64 Euro
c) 1 098,89 Euro

2. Es werden 6,5 l blaue Farbe mit 4,5 l Grün gemischt.

Berechne jeweils den Prozentsatz.

3. In einem Jahr gibt es 12 Wochen Ferien.

Wie viel Prozent des Jahres sind frei?

4. Ein Getränk enthält 50 ml Alkohol in 0,33 l.

Wie viel Prozent sind das?

5. In einer Umfrage erhält Joghurt A 69 von 186 Stimmen und Joghurt B 117 Stimmen.

Berechne jeweils den Prozentsatz.

6. In 200 g Joghurt sind 60 g Früchte enthalten.

Berechne den prozentualen Anteil an Früchten.

bearbeitet am: **erreichte Punktzahl:**

Ab 15 Punkten kannst Du zu Test 11 weitergehen.

Test 11 | Prozentsatz

Schwierigkeitsgrad: ▲▲▲

1. Eine Einzelkarte im Kino kostet 6 Euro. Ein Zehnerticket kostet 54 Euro.

   Um wie viel Prozent ist das Zehnerticket günstiger?

2. In ein Geschäft werden 40 Becher Pudding geliefert.
   Nach einer Stunde sind 8 verkauft, nach zwei Stunden weitere 5 Becher.

   Wie viel Prozent sind nach einer und nach zwei Stunden verkauft?

3. Bei einer Tombola sind 140 von 670 Losen Gewinne.

   Wie wahrscheinlich ist es, ein Gewinnlos zu bekommen? (Tipp: Der Anteil der Gewinnlose an der Gesamtmenge entspricht der Gesamtwahrscheinlichkeit.)

4. Karen mischt ihr Müsli aus 20 g Rosinen, 50 g Haferflocken, 15 g Nüsse, 10 g Schokoladensplitter und 100 g Milch.

   Berechne den prozentualen Anteil an Rosinen, Haferflocken, Nüssen, Schokoladensplittern und Milch.

5. Eine Busfahrkarte kostet 3,20 Euro. Ein Wochenticket kostet 21 Euro.

   Wie viel Prozent spart man bei dem Wochenticket?

6. Familie Meier senkt ihren Heizölverbrauch im Jahr von 3 000 l auf 2 850 l.

   Berechne die prozentuale Einsparung.

bearbeitet am: ______ **erreichte Punktzahl:** ______

Ab 15 Punkten kannst Du zu Test 12 weitergehen, bei 18 Punkten zu Test 13.

Test 12 | **Prozentsatz**

Schwierigkeitsgrad: ▲▲▲

1. Tim möchte seine monatliche Handyrechnung von 24,98 Euro auf 19,90 Euro senken.

Wie viel Prozent spart er dann im Monat und in einem Jahr?

2. 70 g Quark mit 5 g Fettanteil wird mit 40 g Quark mit 2 g Fettanteil vermengt.

Berechne den prozentualen Anteil an Fett nach dem Mischen.

3. Carolin schreibt in einem Diktat 12 Wörter von 143 falsch, korrigiert jedoch noch 25 % richtig.

Berechne den prozentualen Anteil der falsch geschriebenen Wörter.

4. Ein Paar Turnschuhe kostet 95,99 Euro. Es wird zuerst um 7 % günstiger und dann noch um weitere 4 %.

Um wie viel Prozent wurden die Turnschuhe insgesamt günstiger?

5. Im Durchschnitt waren 6 von 120 Socken schlecht verarbeitet. Jetzt sind es nur noch 5 von 120.

Berechne die prozentuale Verbesserung.

6. Eine Gewürzmischung besteht aus 35 g Kümmel, 10 g Salz und 15 g Pfeffer.

Berechne den jeweiligen Prozentsatz.

bearbeitet am: ______ **erreichte Punktzahl:** ______

Bei 18 Punkten kannst Du zu Test 13 weitergehen.

Test 13 Grundwert

Schwierigkeitsgrad: △ ▲ ▲

1. Kannst du jeweils den Grundwert G (Prozentwert P, Prozentsatz p %) ausrechnen?

a) P = 2 Euro; p % = 7 %
b) P = 3,20 Euro; p % = 12 %
c) P = 0,29 Euro; p % = 1,5 %

2. Berechne jeweils den Grundwert G (Prozentwert P, Prozentsatz p %):

a) P = 4,5 kg; p % = 11 %
b) P = 2 500 g; p % = 34 %
c) P = 8 t; p % = 8 %

3. Errechne jeweils den Grundwert G (Prozentwert P, Prozentsatz p %):

a) P = 60 m; p % = 17 %
b) P = 140 m^2; p % = 83 %
c) P = 0,96 m^3; p % = 0,9 %

4. Berechne den Grundwert, wenn

a) P = 21,90 Euro und p % = 29 %.
b) P = 0,3 kg und p % = 19 %.
c) P = 2 min und p % = 47 %.

5. Ermittle den Grundwert, wenn

a) P = 12,7 t und p % = 31 %.
b) P = 80 l und p % = 63 %.
c) P = 390 Euro und p % = 97 %.

6. Rechne den Grundwert aus, wenn

a) P = 0,57 m und p % = 3,6 %.
b) P = 20 Euro und p % = 84 %
c) P = 4 min und p % = 66 %.

bearbeitet am: ________ **erreichte Punktzahl:** ________

Ab 15 Punkten kannst Du zu Test 14 weitergehen, bei 18 Punkten zu Test 15.

Test 14 | Grundwert

Schwierigkeitsgrad: △ ▲ ▲

1. Kannst du jeweils den Grundwert G (Prozentwert P, Prozentsatz p %) ausrechnen?

a) P =1,90 Euro; p % = 11 %
b) P = 0,33 Euro; p % = 18 %
c) P = 11,70 Euro; p % = 19 %

2. Berechne jeweils den Grundwert G (Prozentwert P, Prozentsatz p %):

a) P = 7,5 kg; p % =23 %
b) P = 750 g; p % = 67 %
c) P = 4 t; p % = 90 %

3. Errechne jeweils den Grundwert G (Prozentwert P, Prozentsatz p %):

a) P = 57 m; p % = 36 %
b) P = 6,8 m^2; p % = 27 %
c) P = 12,6 m^3; p % = 11,6 %

4. Berechne den Grundwert, wenn

a) P = 9,90 Euro und p % = 16 %.
b) P = 1,7 kg und p % = 27 %.
c) P = 7 min und p % = 86 %.

5. Ermittle den Grundwert, wenn

a) P = 3,4 t und p % = 54 %.
b) P = 8,2 l und p % = 12 %.
c) P = 645 Euro und p % = 37 %.

6. Rechne den Grundwert aus, wenn

a) P = 11 m und p % = 76 %.
b) P = 760 Euro und p % = 49 %.
c) P = 9 min und p % = 96 %.

bearbeitet am: ______ **erreichte Punktzahl:** ______

Ab 15 Punkten kannst Du zu Test 15 weitergehen.

Test 15 Grundwert

Schwierigkeitsgrad: △ △ ▲

1. Berechne jeweils den Grundwert, wenn die Mehrwertsteuer 19 % beträgt ...
a) und der Prozentwert 4,90 Euro ist.
b) und der Prozentwert 25,70 Euro ist.
c) und der Prozentwert 1,25 Euro ist.

2. Tanja erhält 12 Euro als Finderlohn. Der Finderlohn beträgt 7 % des Wertes vom Fundstück.

Wie viel ist das Fundstück wert?

3. Karl schreibt einen Test. Er ist nach 25 min fertig.
Das sind 55,56 % der Gesamtzeit.

Wie viel Zeit hatte er insgesamt zur Verfügung?

4. Stefanie erhält 3,80 Euro Rabatt auf eine Jeans.
Das entspricht 19,10 % des Preises.

Berechne den Originalpreis.

5. Ein Medikament enthält 10 % Alkohol. Das entspricht 30 ml.

Berechne die Gesamtmenge des Medikaments.

6. Frank bezahlt für einen Computer 590 Euro. Dies entspricht 140 % des Einkaufspreises.

Berechne den Einkaufspreis.

bearbeitet am: ______ **erreichte Punktzahl:** ______

Ab 15 Punkten kannst Du zu Test 16 weitergehen, bei 18 Punkten zu Test 17.

Test 16 | Grundwert

Schwierigkeitsgrad: △ △ ▲

1. Berechne jeweils den Grundwert, wenn die Mehrwertsteuer 19 % beträgt:
a) Prozentwert = 5,78 Euro
b) Prozentwert = 0,47 Euro
c) Prozentwert = 193,63 Euro

2. In einer Umfrage sprachen sich 23,7 % der Befragten und somit 4 296 gegen ein Produkt aus.

Wie viele Leute wurden befragt? (Runde sinnvoll!)

3. Anna fährt für 3 Tage in Urlaub. Das sind 10 % ihrer Ferien.

Wie lange dauern ihre Ferien?

4. In einem Geschäft wurden 4 Blusen zurückgebracht. Das entspricht 0,7 % der insgesamt verkauften Blusen.

Wie viele Blusen wurden insgesamt verkauft? (Runde sinnvoll)

5. Tina bezahlt am Kinotag nur 80 % des normalen Preises und somit 5,50 Euro.

Wie viel kostet der Eintritt normalerweise?

6. Kathrin muss für einen Lippenstift 5,80 Euro bezahlen.
Das entspricht 160 % des Einkaufspreises.

Berechne den Einkaufspreis.

bearbeitet am: ______ **erreichte Punktzahl:** ______

Ab 15 Punkten kannst Du zu Test 17 weitergehen.

Test 17 Grundwert

Schwierigkeitsgrad: ▲▲▲

1. Konrad kauft sich eine Wochenkarte für den Bus. Er bezahlt 24 Euro. Das sind 93 % des Preises für 7 Einzeltickets.

   Berechne den Preis für ein Einzelticket.

2. Elena muss für einen Pullover 15 % mehr zahlen als der Einkaufspreis beträgt. Sie bezahlt 29,90 Euro.

   Berechne den Einkaufspreis.

3. Der Tagesbedarf an Vitamin C liegt bei 80 mg.

   Wie viel Konzentrat (70 % Vitamin C), Nektar (7 % Vitamin C) und Saft (0,8 % Vitamin C) müsste man trinken, um den Tagesbedarf an Vitamin C zu decken?

4. Ein neuer Radiosender wird von 23,7 % der Zuhörer als gut bewertet, das entspricht 489 Personen.

   Wie viele Menschen haben den neuen Radiosender insgesamt gehört? (Runde sinnvoll!)

5. Familie Schmitt sparte in diesem Jahr 200 l ihres Heizölverbrauchs ein, das entspricht 7 % ihres Jahresverbrauchs.

   Berechne den alten Jahresverbrauch.

6. Die Wahrscheinlichkeit für eine exakt richtige Antwort beträgt 20 %.

   Wie viele Antworten stehen zur Verfügung?

bearbeitet am: ______ **erreichte Punktzahl:** ______

Ab 15 Punkten kannst Du zu Test 18 weitergehen, bei 18 Punkten zu Test 19.

Test 18 | Grundwert

Schwierigkeitsgrad: ▲▲▲

1. Ein Putzmittel enthält 1,3 % Chlor. Das sind 30 ml.

Wie viel Putzmittel ist es insgesamt? Wird der Maximalwert von 30 ml auf 2 l überschritten?

2. Michael kauft sich ein Monatsticket für das Schwimmbad.
Dadurch spart er 2,89 Euro bzw. 21 %.

Wie viel spart er, wenn ein Einzelticket 1,50 Euro kostet und er zehn Mal ins Schwimmbad geht?

3. Ein Saft enthält 11 % flüssigen Zucker, das 4 ml entspricht;
ein weiterer 7 % bzw. 12 ml.

Wie viel Saft ist es insgesamt, wenn beide zusammengemixt werden?

4. Karl kauft sich mehrere Bücher. Er bekommt eines dazu geschenkt; dies entspricht 33 % seines Einkaufs.

Wie viele Bücher hat er insgesamt bekommen? Wie viel hat er geschenkt bekommen, wenn drei (gleiche) Bücher zusammen 57,90 Euro kosten?

5. Eine Gewürzmischung besteht aus 31 % Chili, 58 % Paprika und 11 % einer geheimen Zutat. In Friedrichs Essen sind 5 g Chili.

Wie viel Paprika und geheime Zutat enthält Friedrichs Essen? Wie viel von der Gewürzmischung hat er insgesamt benutzt?

6. Herr Bauer kauft sich einen Tisch, der um 20 % reduziert ist.
Er bezahlt 168,90 Euro.

Wie viel hat der Tisch ursprünglich gekostet?

bearbeitet am: ______ **erreichte Punktzahl:** ______

Bei 18 Punkten kannst Du zu Test 19 weitergehen.

Test 19 | **Diagramme**

Schwierigkeitsgrad: ▲▲▲

1. Versuche, vom Diagramm abzulesen, wie viele von 400 Befragten sich ungefähr für die Telefongesellschaft A bzw. B entschieden haben.

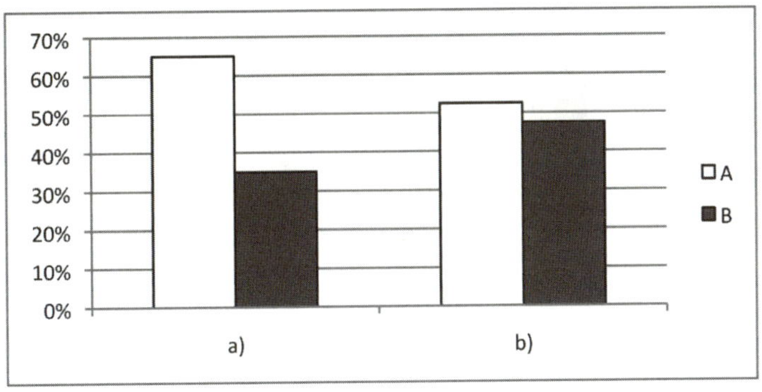

2. Versuche, vom Diagramm abzulesen, wie viele von 1000 Befragten sich ungefähr für Tee A bzw. B entschieden haben.

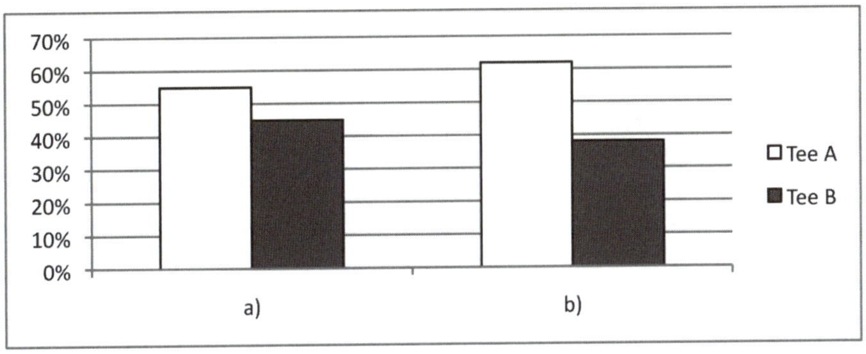

3. Versuche, vom Diagramm abzulesen, ungefähr wie viele der 800 getesteten Taschenrechner für gut bzw. schlecht befunden wurden.

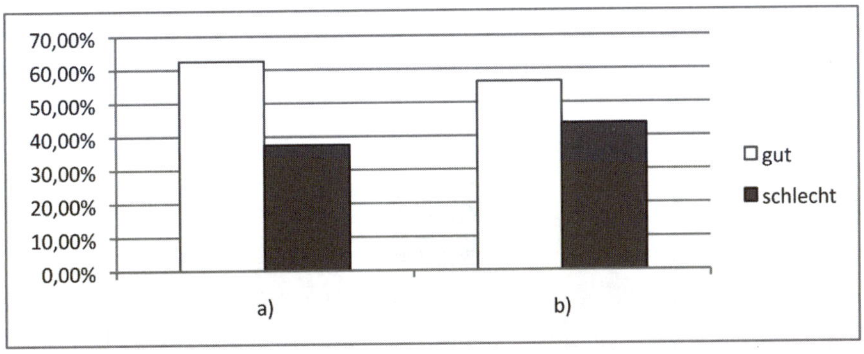

bearbeitet am: ____ **erreichte Punktzahl:** ____

Ab 9 Punkten kannst Du zu Test 20 weitergehen.

Test 20 — Diagramme

Schwierigkeitsgrad: ▲▲▲

1. 3 500 Wähler haben an einer Wahl teilgenommen. Versuche, vom Diagramm die ungefähre Verteilung der Stimmen abzulesen.

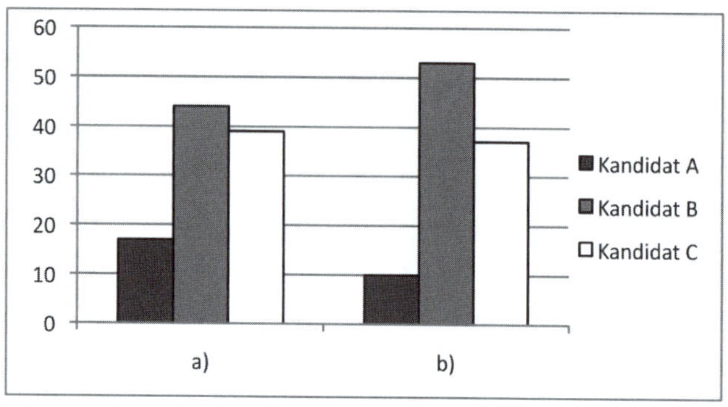

2. 120 Menschen wurden zu ihrer Meinung über ein Produkt befragt. Versuche, vom Diagramm die ungefähre Verteilung abzulesen.

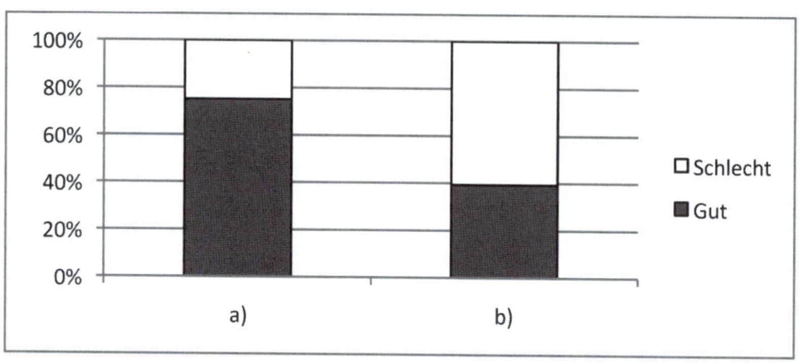

3. Versuche, vom Diagramm abzulesen, ungefähr wie viele von 600 Befragten lieber auf dem Bauch bzw. Rücken schlafen.

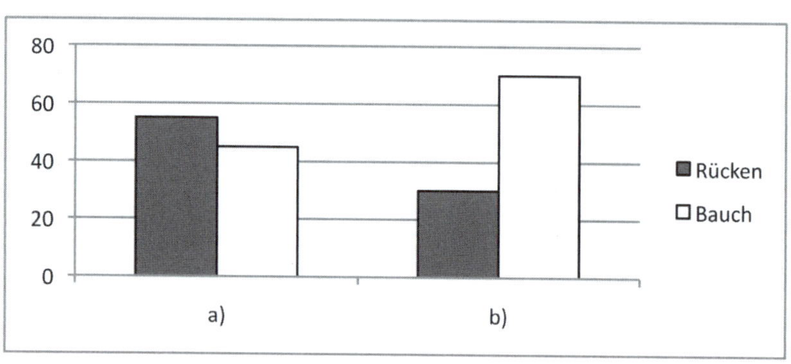

bearbeitet am: ______ **erreichte Punktzahl:** ______

Ab 9 Punkten kannst Du zu Test 21 weitergehen.

Test 21 **Diagramme**

Schwierigkeitsgrad: ▲▲▲

1. Versuche, vom Diagramm abzulesen, wie viele von 5000 Befragten sich ungefähr für Produkt A bzw. B bzw. C oder D entschieden haben.

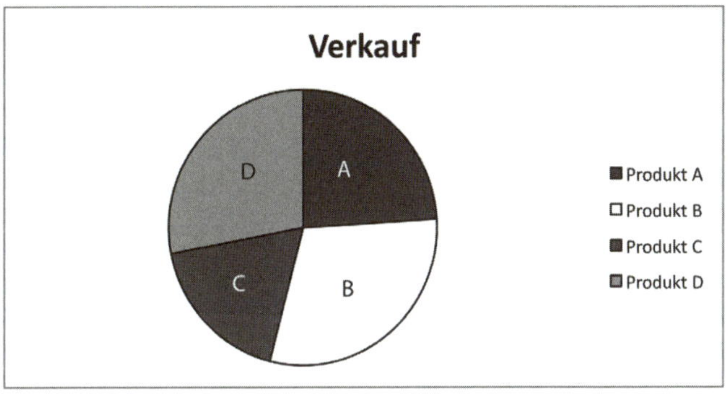

2. Versuche, vom Diagramm abzulesen, wie viele von 11000 sich ungefähr für Produkt A, B, C oder D entschieden haben.

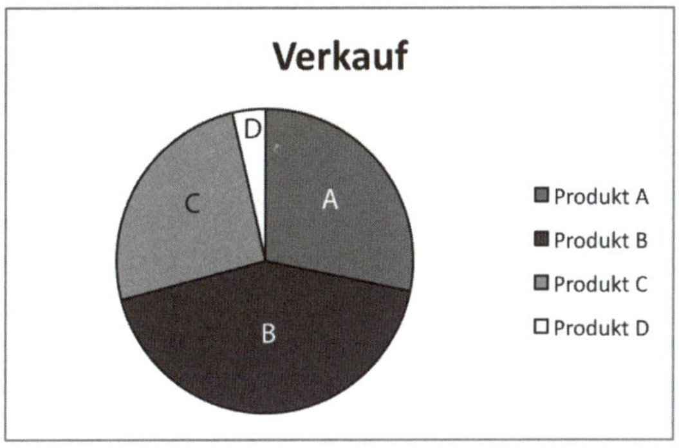

3. Versuche, vom Diagramm abzulesen, wie viele von 2800 Befragten sich ungefähr für Kandidat A bzw. B bzw. C oder D entschieden haben.

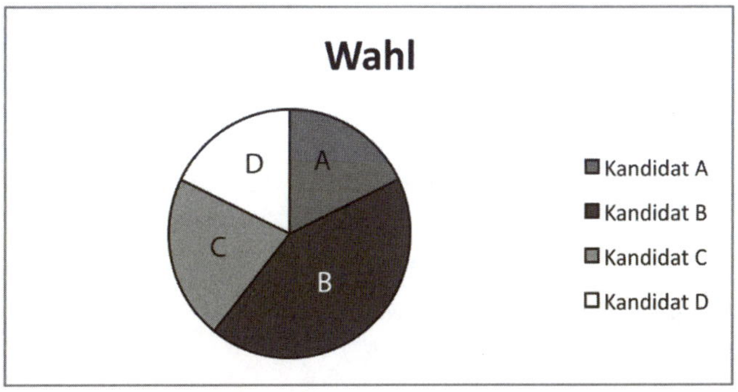

bearbeitet am: **erreichte Punktzahl:**

Bei 18 Punkten kannst Du zu Test 22 weitergehen.

Test 22 | Einkauf und Verkauf (Gewinn und Verlust)

Schwierigkeitsgrad: ▲▲▲

1. Eine antike Skulptur im Wert von 12 300 Euro soll mit einem Gewinn von 14 % verkauft werden.

   Berechne den dafür nötigen Verkaufspreis.

2. Mark verkauft Eis. An einem normalen Tag verdient er 357 Euro. Aufgrund des schlechten Wetters rechnet er heute mit 17 % Verlust.

   Berechne den voraussichtlichen Verlust und wie viel er heute wahrscheinlich nur verdient.

3. Renate möchte ihr altes Spielzeug verkaufen. Die Spielsachen haben einen Wert von 33,60 Euro.

   Berechne den für einen Gewinn von 15 % nötigen Verkaufspreis.

4. In Herberts Metzgerei kostet ein Kilo Fleisch 17,80 Euro. Da über Nacht der Strom ausgefallen ist, kann er 40 % seiner Ware nicht mehr verkaufen.

   Berechne den Tagesverlust, wenn er an einem normalen Tag 45 kg verkauft hätte.

5. Ein Laptop kostet im Einkauf 650 Euro.

   Berechne den für einen Gewinn von 8 % nötigen Verkaufspreis.

6. Ein Schachspiel kostet 47,90 Euro. Da eine Figur fehlt, muss der Händler 11 % nachlassen.

   Berechne den Verlust und den neuen Verkaufspreis.

bearbeitet am: ________ **erreichte Punktzahl:** ________

Ab 15 Punkten kannst Du zu Test 23 weitergehen.

Test 23 | Einkauf und Verkauf (Gewinn und Verlust)

Schwierigkeitsgrad: △ △ ▲

1. Bei ihrem Wochenendeinkauf zahlt Sarah 27,80 Euro.

Berechne die in diesem Preis enthaltene Mehrwertsteuer von 19 % und den Preis ohne MwSt.

---

2. Kai erzielt einen Gewinn von 22,40 Euro. Das entspricht 43 %.

Berechne den Verkaufspreis der Ware.

---

3. Ruth bezahlt für eine antike Vase 3 600 Euro. Der Verkäufer erhält davon 19 % Gewinn.

Berechne den alten Preis ohne Gewinn sowie den Gewinn des Verkäufers.

---

4. Barbara kauft sich eine Wohnung im Wert von 150 000 Euro. Ihr Makler erhält 1,45 % Provision.

Berechne die Provision des Maklers und den Endpreis für Barbara.

---

5. Wegen eines Feiertags macht Wilhelm heute 27 % Verlust.
Das entspricht 287 Euro.

Berechne Wilhelms normale Tageseinnahmen und wie viel er heute nur verdient.

---

6. Lisa muss 30 % ihrer Erbschaft in Höhe von 24 500 Euro ans Finanzamt abführen.

Berechne Lisas Verlust und den Endstand ihrer Erbschaft.

---

bearbeitet am: ______ **erreichte Punktzahl:** ______

Ab 15 Punkten kannst Du zu Test 24 weitergehen.

Test 24 | Einkauf und Verkauf (Gewinn und Verlust)

Schwierigkeitsgrad: ▲▲▲

1. Von Carstens Monatslohn werden 1 200 Euro gestohlen. Dadurch hat er einen Verlust von 21 %.

   Berechne den Gesamtlohn und wie viele Überstunden er bei einem Stundenlohn von 16 Euro machen müsste, um den Verlust auszugleichen.

2. Sylvie verkauft in ihrem Laden während des 7 Tage dauernden Schlussverkaufs 34 % mehr als sonst. An einem gewöhnlichen Tag erzielt sie einen Gewinn von 320 Euro.
   Berechne den Gewinn pro Schlussverkaufstag. Könnte sie den 7. Tag frei machen, ohne einen Verlust zu erleiden?

3. Da an einer mit 30 Euro ausgepreisten Bluse ein Knopf fehlt, ist sie 12 % günstiger. Julia erhält außerdem auf den heruntergesetzten Preis weitere 15 % Personalrabatt.
   Wie viel muss Julia für die Bluse bezahlen? Wie viel spart sie ingesamt in Euro und %?

4. Wegen eines gebrochenen Beins kann Eberhart nicht arbeiten. Normalerweise erwirtschaftet er täglich einen Gewinn von 37 % bzw. 350 Euro. Er stellt eine Aushilfe ein. Berechne die Tageseinnahmen und wie viel er der Aushilfe monatlich (28 Arbeitstage) höchstens zahlen kann, um immer noch einen Gewinn von 200 Euro täglich zu haben.

5. Ein Metzger übernimmt Ware im Wert von 3 200 Euro. Er rechnet mit einem Gewinn von 42 %. Wegen Stromausfalls verdirbt 30 % der Ware.

   Berechne den ursprünglichen Verkaufswert und den eigentlichen Verlust des Metzgers.

6. Gerlinde verkauft Stoffe. Pro Meter erzielt sie einen Gewinn von 14 % bzw. 1,17 Euro. Aufgrund der schlechten Wirtschaftslage muss sie den Stoff 15 % günstiger verkaufen.
   Wie viel kostete der Stoff pro Meter ursprünglich? Wie viel kostet er jetzt pro Meter? Berechne den Verlust im Vergleich zum alten Preis.

bearbeitet am: ______ **erreichte Punktzahl:** ______

Bei 18 Punkten kannst Du zu Test 25 weitergehen.

Test 25 | Rabatt

Schwierigkeitsgrad: △ ▲ ▲

1. Ein Computer kostet 490 Euro. Der Händler gewährt bei Barzahlung 7 % Skonto.

Berechne den Barzahlungspreis.

2. Ein Sofa kostet 2 070 Euro. Der Händler gewährt bei Barzahlung 9 % Skonto.

Berechne den Barzahlungspreis.

3. Tim kauft sich ein Buch für 12,90 Euro. Da er einen Gutschein hat, bekommt er 15 % Rabatt.

Wie viel muss Tim noch bezahlen?

4. Beim Kauf von 4 T-Shirts gibt es einen Rabatt von 20 %.

Berechne den Endpreis für 4 T-Shirts zu je 15,90 Euro.

5. Sabine kauft Beautyprodukte im Wert von 33,20 Euro.

Wie viel muss sie bei Einlösung eines Gutscheins im Wert von 7 % bezahlen?

6. Als Stammkunde bekommt Peter 12 % Rabatt auf alle Elektronikartikel im Fachgeschäft.

Wie viel muss er für einen USB-Stick im Wert von 17,99 Euro bezahlen?

bearbeitet am: ______ **erreichte Punktzahl:** ______

Ab 15 Punkten kannst Du zu Test 26 weitergehen, bei 18 Punkten zu Test 27.

Test 26 | **Rabatt**

Schwierigkeitsgrad: △ ▲ ▲

1. Gabi kauft sich eine Bluse für 23,97 Euro. Da sie eine Kundenkarte hat, bekommt sie 5 % Rabatt.

   Wie viel muss sie für die Bluse bezahlen?

2. Martin bekommt im Kino einen Rabatt von 8 %, weil er einen Schülerausweis hat. Der normale Eintritt kostet 7,80 Euro.

   Wie viel muss Martin bezahlen?

3. Sybille kommt über Freunde an ein Konzertticket, bei dem sie die Mehrwertsteuer (19 %) spart. Im Vorverkauf hätte sie 33,80 Euro für die Karte bezahlt.

   Wie viel kostet sie die Karte dank ihrer Freunde?

4. Als Stammkundin erhält Helen in ihrem Brillen-Fachgeschäft 11 % Nachlass.

   Wie viel musste Helen für ihre Brille im Wert von 172,60 Euro bezahlen?

5. Als Verkäufer erhält Alfred 9 % Preisnachlass auf alle Produkte des Supermarkts.

   Wie viel muss er für ein Shampoo zu 2,75 Euro noch bezahlen?

6. Wegen des Verfallsdatums wird der Salat um die Mehrwertsteuer (7 %) reduziert.

   Wie viel kostet er jetzt noch, wenn der ursprüngliche Preis bei 3,85 Euro lag?

bearbeitet am: ______ **erreichte Punktzahl:** ______

Ab 15 Punkten kannst Du zu Test 27 weitergehen.

Test 27 | Rabatt

Schwierigkeitsgrad: ▲▲▲

1. Ein Brötchen kostet 0,10 Euro. Tim kauft 230 Brötchen und bekommt deshalb 3 % Skonto.

Wie viel muss Tim bezahlen und wie viel kostet ihn ein Brötchen?

2. Als Dauerkunde muss Klaus im Schwimmbad nur 90 % des normalen Eintrittspreises von 3,40 Euro bezahlen.

Wie viel zahlt er in einer Woche weniger, wenn er jeden Tag ins Schwimmbad geht?

3. Josef kauft 14 Paletten Laminat. Eine kostet 16,70 Euro. Beim Kauf von mehr als 10 Paletten erhält man auf jede Palette mehr 2 % Rabatt.

Wie viel muss Josef bezahlen?

4. Johannes hat für seinen Lieblingsklamottenladen einen Gutschein über 10 Euro. Außerdem besitzt er eine Kundenkarte, mit der er weitere 6 % bekommt.

Wie viel muss Johannes zahlen, wenn er Kleidung im Wert von 72,87 Euro kauft?

5. Da er die Verkäuferin kennt, muss Jakob 3 % weniger zahlen und bekommt außerdem noch ein Teilchen im Wert von 1,20 Euro geschenkt.

Wie viel spart er so bei 30 Brötchen zu je 10 Cent?

6. Anna kauft sich zwei Blusen für je 17,99 Euro. Auf die zweite Bluse erhält sie 30 % Rabatt.

Wie viel muss Anna für beide Blusen zahlen? Wie viel spart sie durch den Rabatt?

bearbeitet am: _____ **erreichte Punktzahl:** _____

Ab 15 Punkten kannst Du zu Test 28 weitergehen, bei 18 Punkten zu Test 29.

Test 28 | Rabatt

Schwierigkeitsgrad: ▲▲▲

1. Wegen eines Mangels erhält Sandra 17 % Rabatt auf die Ware. Außerdem zahlt sie in bar und bekommt 4 % Skonto.

   Wie viel muss Sandra bei einem Anfangspreis von 156,94 Euro bezahlen?

2. Ein Teelicht kostet 23 Cent. Beim Kauf von 200 Stück bekommt man 11 % Rabatt.

   Wie viel kosten 200 Teelichter? Wie viel spart man pro Teelicht?

3. Da Michaela eine Zusatzversicherung hat, muss sie für den Zahnarzt 16 % weniger zahlen. Die Behandlung hätte sie ohne Versicherung 2 466,20 Euro gekostet. Wie viel spart Michaela insgesamt, wenn sie außerdem noch eine Zahnpasta im Wert von 3,79 geschenkt bekommt? Wie viel muss sie selbst für die Behandlung bezahlen?

4. Ein Fernseher kostet 611 Euro. Da es sich um ein Auslaufmodell handelt, gibt es 13 % Rabatt und mit Kundenkarte weitere 7 %.

   Wie viel kostet das Gerät mit Kundenkarte?

5. Aufgrund leichter Gebrauchsspuren kostet ein Buch 45 % weniger. Der ursprüngliche Ladenpreis lag bei 16,70 Euro. Im Internetshop kostet dasselbe Buch einschließlich Versandkosten 12,90 Euro.
   Was ist günstiger: Das Buch im Laden zu kaufen oder im Internetshop zu bestellen?

6. Kurz vor Ladenschluss kostet ein Kilogramm Käse nur noch 2,88 Euro. Ab einer Menge von 300 g gibt es nochmals 10 % Preisnachlass.

   Wie viel kosten 450 g Käse und wie viel spart man?

bearbeitet am: ______ **erreichte Punktzahl:** ______

Ab 15 Punkten kannst Du zu Test 29 weitergehen.

Test 29 | Rabatt

Schwierigkeitsgrad: ▲▲▲

1. Frank hat einen Gutschein im Wert von 15 Euro und eine Kundenkarte, mit der er 3 % Rabatt erhält. Wie viel muss er bei einem Anfangspreis von 97,90 Euro zahlen, wenn er erst den Gutschein und dann die Kundenkarte nutzt? Wie viel, wenn er erst die Kundenkarte und dann den Gutschein nutzt? Wann spart er mehr und wie viel mehr?

2. Eine Cola kostet 2,20 Euro. Auf jede fünfte Flasche bekommt man 12 % Rabatt.

   Wie viel muss jeder zahlen, wenn von 30 Personen jeder eine Cola trinkt und die Ersparnis für jede fünfte Flasche auf die ganze Klasse umgelegt wird?

3. Rita hat im Jahr Handykosten von 312 Euro. Mit einem neuen Tarif kann sie jährlich 23 % einsparen.

   Berechne die neuen Jahreskosten und die durchschnittliche Einsparung pro Jahr und Monat.

4. In einer Eisdiele kostet eine Kugel Eis 70 Cent. Da die Eisdiele einem Verwandten gehört, bekommt Oliver 25 % Rabatt. Außerdem erhält er als Mitarbeiter zusätzlich 10 % Personalrabatt.
   Wie viel muss er für den Verzehr von 12 Kugeln Eis weniger zahlen als die anderen Kunden?

5. Die Reparatur einer Waschmaschine kostet 145 Euro netto plus 19 % Mehrwertsteuer. Bei Bezahlung des Rechnungsbetrags innerhalb von zehn Tagen gewährt der Servicebetrieb 3 % Skonto.

   Wie viel muss innerhalb von zehn Tagen überwiesen werden?

6. Als Verwandte des Eigentümers erhält Frieda 30 % Rabatt. Außerdem bekommt sie mit ihrer Kundenkarte 9 % Rabatt. Sie kauft im Wert von 132,77 Euro ein.

   Wie viel muss sie bezahlen, wenn sie zuerst die 30 % und dann die Kundenkarte nutzt, und wie wirkt sich die umgekehrte Reihenfolge aus?

bearbeitet am: ______ **erreichte Punktzahl:** ______

Ab 15 Punkten kannst Du zu Test 30 weitergehen, bei 18 Punkten zu Test 31.

Test 30 | Rabatt

Schwierigkeitsgrad: ▲▲▲

1. Karina hat einen Gutschein über 30 Euro. Sie kauft im Wert von 74,89 Euro ein.

   Wie viel Prozent bezahlt sie dank ihres Gutscheins weniger?

2. Ein Tisch kostet 120 Euro. Darin sind 12 Euro Lieferkosten enthalten. Bei Barzahlung gewährt der Händler entweder 8 % Rabatt oder er erlässt die Lieferkosten.

   Welche Variante ist für den Kunden günstiger?

3. Wegen erhöhter Lärmbelästigung erhält Robert 15 % Nachlass auf die Monatsmiete von 550 Euro. Für drei Wintermonate muss er außerdem 10 % weniger zahlen, weil es in der Wohnung wegen der defekten Heizung zu kalt war. Wie hoch ist die durchschnittliche monatliche Mietersparnis bezogen auf ein ganzes Jahr?

4. Ein Ring kostet 2 579 Euro. Da der Diamant jedoch etwas wolkig ist, bekommt man 14 % Rabatt. Werner als Stammkunde erhält weitere 6 % und die Kosten für die Lieferung in Höhe von 23 Euro nachgelassen.

   Wie viel spart Werner insgesamt beim Kauf des Ringes?

5. Erwin kauft Kleinteile zu 1,30 Euro das Stück. Er erhält auf den Gesamtpreis 17 % bzw. 3,20 Euro Rabatt.

   Wie viele Kleinteile hat Erwin gekauft? (Runde sinnvoll!)

6. Als Stammkundin erhält Tina beim Frisör auf alles 10 % Rabatt. Außerdem ist heute ihr Geburtstag, weshalb sie die Haarkur im Wert von 4,20 Euro geschenkt bekommt.
   Wie viel hat Tina insgesamt gespart, wenn ein Frisörbesuch inklusive Haarkur normalerweise 53,60 Euro kostet?

bearbeitet am: ______ **erreichte Punktzahl:** ______

Bei 18 Punkten kannst Du zu Test 31 weitergehen.

Test 31 | Brutto / Netto / Tara

Schwierigkeitsgrad: △ ▲ ▲

1. Der Inhalt eines Pakets wiegt 380 g. Die Verpackung wiegt 100 g.

Berechne das Bruttogewicht.

---

2. In einer Packung sind 500 g Kakao. Das Bruttogewicht beträgt 620 g.

Berechne das Verpackungsgewicht (Tara).

---

3. Das Bruttogewicht einer Tüte Gummibärchen beträgt 210 g. Die Verpackung wiegt 7 g.

Wie hoch ist das Nettogewicht der Gummibärchen?

---

4. In einer Schachtel von 350 g sind 2 kg Äpfel.

Berechne das Bruttogewicht.

---

5. Das Bruttogewicht einer Konservendose mit Pfirsichen beträgt 820 g. Der Inhalt wiegt 750 g.

Berechne das Gewicht der Dose.

---

6. Eine mit Wasser und Blumen gefüllte Vase wiegt 3,2 kg. Das leere Gefäß wiegt 700 g.

Wie viel wiegt der Vaseninhalt?

---

bearbeitet am: ______ **erreichte Punktzahl:** ______

Ab 15 Punkten kannst Du zu Test 32 weitergehen.

Test 32 | Brutto / Netto / Tara

Schwierigkeitsgrad: △ △ ▲

1. Ein Marmeladenglas wiegt mit Inhalt 720 g, das Glas alleine 280 g.

Wie viel wiegt die Marmelade, wenn schon 15 % davon gegessen wurden?

2. Ein Glas Kirschen wiegt 830 g, das Gefäß alleine 200 g.

Berechne das Nettogewicht und den prozentualen Anteil an Verpackung und Ware.

3. In einer Tüte sind 40 Walnüsse. Die Tüte wiegt 8 g. Das Bruttogewicht beträgt 1,7 kg.

Berechne das Reingewicht einer Walnuss, wenn die Schale 20 g wiegt.

4. Ein Joghurtbecher mit 240 g Inhalt wiegt 310 g.

Berechne das Verpackungsgewicht und den prozentualen Anteil an Verpackung und Ware.

5. Die Verpackung einer Nussnougat-Creme wiegt 180 g. Das Nettogewicht beträgt 400 g.

Berechne das Bruttogewicht und die Menge an Nussnougat-Creme, wenn schon 57 % davon gegessen wurden.

6. Ein Glas wiegt 220 g, sein Inhalt 300 g.

Berechne das Bruttogewicht und den prozentualen Anteil an Verpackung und Ware.

bearbeitet am: ______ **erreichte Punktzahl:** ______

Ab 15 Punkten kannst Du zu Test 33 weitergehen.

Test 33 | Brutto / Netto / Tara

Schwierigkeitsgrad: ▲▲▲

1. In einer Dose sind noch 75 g Eis. Die Dose wiegt leer 270 g.

Berechne das alte Bruttogewicht und das, wenn noch 80 % Eis hinzukommen.

2. In einem Eimer von 330 g Leergewicht sind 460 g Äpfel.

a) Berechne das Bruttogewicht, den prozentualen Anteil an Verpackung und Ware.
b) Wie verändert sich dieser bei 30 % Äpfel mehr?

3. Ein Paket wiegt 3,1 kg, die Verpackung 230 g. Wenn die Tara mehr als 8 % des Bruttogewichtes ausmacht, müssen keine Extragebühren gezahlt werden.

Berechne das Nettogewicht und den prozentualen Anteil an Verpackung und Ware. Müssen Extragebühren gezahlt werden?

4. In einem Glas sind 867 g Salz. Das Glas wiegt 190 g.

a) Berechne das Bruttogewicht sowie den prozentualen Anteil an Verpackung und Ware.
b) Zusätzlich auch für 7 % weniger Salz.

5. In einer Packung Salzstangen sind 250 g. Das Bruttogewicht beträgt 290 g.

Berechne das Verpackungsgewicht und das neue Bruttogewicht, wenn 28 % gegessen werden.

6. Eine halbvolle Batterie wiegt 18 g. Dabei entfallen 55,6 % auf die Verpackung.

Berechne davon das Nettogewicht, sowie Brutto- und Nettogewicht einer vollen Batterie.

bearbeitet am: ____ **erreichte Punktzahl:** ____

Bei 18 Punkten kannst Du zu Test 34 weitergehen.

Test 34 | Promille

Schwierigkeitsgrad: △ ▲ ▲

1. Rechne die Brüche in Promille um.

a) $\frac{4}{1000}$ = b) $\frac{6}{200}$ = c) $\frac{2}{250}$ =

2. Wie viel Promille sind das?

a) $\frac{5}{20}$ = b) $\frac{7}{10}$ = c) $\frac{12}{500}$ =

3. Rechne auch hier die Brüche in Promille um.

a) $\frac{8}{50}$ = b) $\frac{17}{20}$ = c) $\frac{44}{5}$ =

4. Rechne die Prozente um in Promille.

a) 1 % =
b) 22 % =
c) 97 % =

5. Wie viel Promille sind das?

a) 18 % =
b) 10 % =
c) 9,6 % =

6. Rechne auch hier die Prozente um in Promille:

a) 3,7 % =
b) 2,75 % =
c) 88,1 % =

bearbeitet am: **erreichte Punktzahl:**

Ab 15 Punkten kannst Du zu Test 35 weitergehen.

Test 35 | Promille

Schwierigkeitsgrad: △ △ ▲

1. Wie viel Promille sind …

a) 7 Euro von 380 Euro?
b) 13 Euro von 17 Euro?

2. Wie viel Promille sind …

a) 8 kg von 1 903 kg?
b) 298 kg von 3 000 kg?

3. Wie viel Promille sind …

a) 1,5 l von 4 000 l?
b) 0,1 l von 210 l?

4. Wie viel Promille sind …

a) 0,25 ha von 27 ha?
b) 12 ha von 1 206 ha?

5. Wie viel Promille sind …

a) 2 mm von 1 m?
b) 5 mm von 0,5 m?

6. Wie viel Promille sind …

a) 2,3 ml von 1,7 l?
b) 8,2 ml von 2,7 l?

bearbeitet am: ______ **erreichte Punktzahl:** ______

Ab 15 Punkten kannst Du zu Test 36 weitergehen.

Test 36 Promille

Schwierigkeitsgrad: ▲▲▲

1. Konrad wird bei einer Polizeikontrolle mit 1,4‰ Alkohol im Blut erwischt.

   Berechne die Menge an Alkohol, wenn Konrad 7 l Blut im Körper hat.

2. Mirjam muss 20 ml einer 10%igen Medizin einnehmen.

   Berechne ihren Promillegehalt, wenn der ganze Alkohol ins Blut (7 l) ginge.

3. Ein Hustenbonbon wiegt 4g. Es enthält 0,35‰ Wirkstoff.

   Berechne die Menge an Wirkstoff.

4. Gustav trinkt 0,5 l Bier mit 4,5% Alkoholgehalt.

   Berechne seinen Promillegehalt wenn 60% des Alkohols ins Blut (7 l) gehen.

5. Oliver hat 3,1‰ Alkohol im Blut.

   Berechne die Menge an reinem Alkohol, wenn er 8 l Blut im Körper hätte.

6. Johanna trinkt einen 0,5 l Cocktail mit 2% Alkohol.

   Berechne ihren Promillegehalt, wenn 70% des Alkohols ins Blut (7 l) ginge.

bearbeitet am: ______ **erreichte Punktzahl:** ______

Bei 18 Punkten kannst Du zu Test 37 weitergehen.

Test 37 | Jahreszinsen

Schwierigkeitsgrad: △ ▲ ▲

1. Berechne die Jahreszinsen. (Startkapital = k; Zinssatz = p)
k = 1 000 Euro
a) p = 2 %
b) p = 3 %
c) p = 4,5 %

2. Auch hier sind die Jahreszinsen zu berechnen. (Startkapital = k; Zinssatz = p)
k = 2 250 Euro
a) p = 3,35 %
b) p = 4,25 %
c) p = 5 %

3. Wie hoch sind die Jahreszinsen? (Startkapital = k; Zinssatz = p)
k = 1 750 Euro
a) p = 6 %
b) p = 11 %
c) p = 7 %

4. Rechne die Jahreszinsen aus. (Startkapital = k; Zinssatz = p)
k = 500 Euro
a) p = 7 %
b) p = 6,25 %
c) p = 5,7 %

5. Berechne die Jahreszinsen. (Startkapital = k; Zinssatz = p)
k = 750 Euro
a) p = 9 %
b) p = 3,9 %
c) p = 1,25 %

6. Und noch einmal geht es um die Berechnung der Jahreszinsen:
k = 10 000 Euro
a) p = 2,4 %
b) p = 7,9 %
c) p = 9,25 %

bearbeitet am: ________ **erreichte Punktzahl:** ________

Ab 15 Punkten kannst Du zu Test 38 weitergehen, bei 18 Punkten zu Test 40.

Test 38 | Jahreszinsen

Schwierigkeitsgrad: △ ▲ ▲

1. Berechne die Jahreszinsen. (Startkapital = k; Zinssatz = p)
k = 510 Euro
a) p = 1,2 %
b) p = 7,5 %
c) p = 2,5 %

2. Wie hoch sind die Jahreszinsen?
k = 20 Euro
a) p = 3 %
b) p = 4,1 %
c) p = 5,8 %

3. Rechne die Jahreszinsen aus. (Startkapital = k; Zinssatz = p)
k = 380 Euro
a) p = 2,2 %
b) p = 1,1 %
c) p = 3,4 %

4. Auch hier sind die Jahreszinsen zu berechnen. (Startkapital = k; Zinssatz = p)
k = 320 Euro
a) p = 3,3 %
b) p = 9,1 %
c) p = 8,8 %

5. Berechne die Jahreszinsen. (Startkapital = k; Zinssatz = p)
k = 1020 Euro
a) p = 1,1 %
b) p = 0,8 %
c) p = 1,4 %

6. Und noch einmal geht es um die Berechnung der Jahreszinsen:
k = 440 Euro
a) p = 9,1 %
b) p = 6,3 %
c) p = 2,7 %

bearbeitet am: ______ **erreichte Punktzahl:** ______

Ab 15 Punkten kannst Du zu Test 39 weitergehen, bei 18 Punkten zu Test 40.

Test 39 | Jahreszinsen

Schwierigkeitsgrad: △ ▲ ▲

1. Berechne die Jahreszinsen. (Startkapital = k; Zinssatz = p)
k = 30 Euro
a) p = 9,9 %
b) p = 11,2 %
c) p = 17,2 %

2. Auch hier sind die Jahreszinsen zu berechnen. (Startkapital = k; Zinssatz = p)
k = 410 Euro
a) p = 2,3 %
b) p = 0,1 %
c) p = 13 %

3. Wie hoch sind die Jahreszinsen? (Startkapital = k; Zinssatz = p)
k = 140 Euro
a) p = 6,1 %
b) p = 10,2 %
c) p = 17 %

4. Rechne die Jahreszinsen aus. (Startkapital = k; Zinssatz = p)
k = 185 Euro
a) p = 5,5 %
b) p = 7,8 %
c) p = 12 %

5. Berechne die Jahreszinsen. (Startkapital = k; Zinssatz = p)
k = 1 450 Euro
a) p = 0,7 %
b) p = 1,7 %
c) p = 6,95 %

6. Und noch einmal geht es um die Berechnung der Jahreszinsen:
k = 3 650 Euro
a) p = 13,5 %
b) p = 4,85 %
c) p = 3,75 %

bearbeitet am: ______ **erreichte Punktzahl:** ______

Bei 18 Punkten kannst Du zu Test 40 weitergehen.

Test 40 | Jahreszinsen (mit Zinseszins)

Schwierigkeitsgrad: ▲▲▲

1. Berechne die Zinsen nach Jahren. (Startkapital = k; Zinssatz = p; Jahre = n)
k = 150 Euro; n = 2
a) p = 3 %
b) p = 5 %
c) p = 7,5 %

2. Errechne die Zinsen nach Jahren! (Startkapital = k; Zinssatz = p; Jahre = n)
k = 380 Euro; n = 5
a) p = 3,3 %
b) p = 4,5 %
c) p = 7 %

3. Berechne die Zinsen nach Jahren. (Startkapital = k; Zinssatz = p; Jahre = n)
k = 760 Euro; n = 3
a) p = 4 %
b) p = 1 %
c) p = 0,7 %

4. Rechne die Zinsen nach Jahren aus. (Startkapital = k; Zinssatz = p; Jahre = n)
k = 4 000 Euro; n = 7
a) p = 3 %
b) p = 6,2 %
c) p = 5 %

5. Berechne die Zinsen nach Jahren. (Startkapital = k; Zinssatz = p; Jahre = n)
k = 320 Euro; n = 10
a) p = 9,1 %
b) p = 3,5 %
c) p = 1,2 %

6. Und noch einmal sollst du die Zinsen nach Jahren berechnen:
k = 490 Euro; n = 4
a) p = 1,4 %
b) p = 0,9 %
c) p = 7,25 %

bearbeitet am: ______ **erreichte Punktzahl:** ______

Ab 15 Punkten kannst Du zu Test 41 weitergehen, bei 18 Punkten zu Test 43.

Test 41 | Jahreszinsen (mit Zinseszins)

Schwierigkeitsgrad: △ △ ▲

1. Berechne die Zinsen nach Jahren. (Startkapital = k; Zinssatz = p; Jahre = n)
k = 570 Euro; n = 8
a) p = 1,7 %
b) p = 7,9 %
c) p = 2 %

2. Errechne die Zinsen nach Jahren. (Startkapital = k; Zinssatz = p; Jahre = n)
k = 610 Euro; n = 13
a) p = 3 %
b) p = 4 %
c) p = 5,2 %

3. Berechne die Zinsen nach Jahren. (Startkapital = k; Zinssatz = p)
k = 1000 Euro; n = 1
a) p = 3,8 %
b) p = 1,7 %
c) p = 3,6 %

4. Rechne die Zinsen nach Jahren aus. (Startkapital = k; Zinssatz = p)
k = 780 Euro; n = 6
a) p = 3,7 %
b) p = 9,2 %
c) p = 8,4 %

5. Berechne die Zinsen nach n Jahren. (Startkapital = k; Zinssatz = p)
k = 540 Euro; n = 14
a) p = 1,6 %
b) p = 8,2 %
c) p = 1,7 %

6. Und noch einmal sollst du die Zinsen nach Jahren berechnen:
k = 970 Euro; n = 7
a) p = 5,1 %
b) p = 8,3 %
c) p = 6,7 %

bearbeitet am: ______ **erreichte Punktzahl:** ______

Ab 15 Punkten kannst Du zu Test 42 weitergehen, bei 18 Punkten zu Test 43.

Test 42 | Jahreszinsen (mit Zinseszins)

Schwierigkeitsgrad: △△▲

1. Berechne die Zinsen nach Jahren. (Startkapital = k; Zinssatz = p; Jahre = n)
k = 22,8 Euro; n = 5
a) p = 9,2 %
b) p = 1,2 %
c) p = 7,2 %

2. Errechne die Zinsen nach Jahren! (Startkapital = k; Zinssatz = p; Jahre = n)
k = 65,3 Euro; n = 15
a) p = 9,3 %
b) p = 1,1 %
c) p = 1,3 %

3. Berechne die Zinsen nach Jahren. (Startkapital = k; Zinssatz = p; Jahre = n)
k = 842 Euro; n = 9
a) p = 10,1 %
b) p = 1,2 %
c) p = 1,7 %

4. Ermittle die Zinsen nach Jahren. (Startkapital = k; Zinssatz = p; Jahre = n)
k = 561 Euro; n = 4
a) p = 5,7 %
b) p = 7,4 %
c) p = 1,2 %

5. Berechne die Zinsen nach Jahren. (Startkapital = k; Zinssatz = p; Jahre = n)
k = 784 Euro; n = 20
a) p = 13 %
b) p = 17 %
c) p = 6,5 %

6. Und noch einmal sollst du die Zinsen nach Jahren berechnen:
k = 841 Euro; n = 25
a) p = 15 %
b) p = 4 %
c) p = 3,79 %

bearbeitet am: ______ **erreichte Punktzahl:** ______

Bei 18 Punkten kannst Du zu Test 43 weitergehen.

Test 43 | Jahreszinsen (mit Zinseszins)

Schwierigkeitsgrad: ▲▲▲

1. Regina hat 3 400 Euro auf der Bank. Diese legt sie für 5 Jahre als Festgeld zu einem Zinssatz von 3,25 % an.

Wie hoch sind ihre gesamten Zinsen?

---

2. Vor 10 Jahren hat Franziska 1 800 Euro zu einem Zinssatz von 0,8 % auf ihr Sparbuch gelegt und seitdem nichts daran verändert.

Berechne ihre Zinsen.

---

3. Ursula hat 1 000 Euro auf ihrem Konto zu einem Zinssatz von 2,5 %.

Berechne, nach wie vielen Jahren sich ihr Kapital dank der Zinsen verdoppelt hat.

---

4. Firma Gerd & Co. benötigt ein Darlehen über 25 000 Euro für 12 Jahre. Der Zinssatz beträgt 4,3 %.

Berechne die Zinsen für diesen Zeitraum.

---

5. Vergleiche die folgenden Angebote für einen Kredit über 13 000 Euro mit einer Laufzeit von 5 Jahren:

a) 7 % Zinsen jährlich zuzüglich einer einmaligen Gebühr von 600 Euro
b) 7,5 % Zinsen jährlich ohne Gebühr

---

6. Herr Stein legt für die Zukunft seiner Kinder 12 000 Euro zu einem Zinssatz von 6,4 % für 7 Jahre an.

Wie hoch ist das Endkapital nach den 7 Jahren?

---

bearbeitet am: ____ **erreichte Punktzahl:** ____

Ab 15 Punkten kannst Du zu Test 44 weitergehen, bei 18 Punkten zu Test 46.

Test 44 | Jahreszinsen (mit Zinseszins)

Schwierigkeitsgrad: ▲▲▲

1. Johann baut ein Haus. Dafür muss er für 12 Jahre einen Kredit über 350 000 Euro zu einem Zinssatz von 4,8 % aufnehmen.

   Berechne seine Zinsen.

2. Bernhard hat 450 Euro auf seinem Konto mit einem Zinssatz von 5,2 %.

   Nach wie vielen Jahren hat sich dieser Betrag durch die Zinsen verdoppelt (verdreifacht)?
   Berechne die Zinsen.

3. Vergleiche folgende Anlageangebote für ein Kapital von 5 000 Euro mit einer Laufzeit von 9 Jahren:

   a) 2,5 % Zinsen jährlich
   b) 2,8 % Zinsen jährlich abzüglich einer einmaligen Gebühr von 200 Euro

4. Britta hat 2 300 Euro auf ihrem Konto zu einem Zinssatz von 1,3 %.

   Berechne ihre Zinsen nach 5 bzw. 10 Jahren.

5. Renate nimmt für diverse kleinere Einkäufe einen Kredit über 350 Euro zu einem Zinssatz von 6,7 % für einen Zeitraum von 2 Jahren auf.

   Berechne ihre Zinsen.

6. Heinrich legt 6 500 Euro Festgeld zu einem Zinssatz von 3,6 % für 6 Jahre an.

   Berechne seine Zinsen. Nach wie vielen Jahren würde sich sein Startkapital dank der Zinsen verdoppeln?

bearbeitet am: ______ **erreichte Punktzahl:** ______

Ab 15 Punkten kannst Du zu Test 45 weitergehen, bei 18 Punkten zu Test 46.

Test 45 | Jahreszinsen (mit Zinseszins)

Schwierigkeitsgrad: △△△

1. An ihrem 15. Geburtstag hat Christina 2400 Euro zu einem festen Zinssatz von 3,1 % angelegt.

Wie viel Zinsen bekam sie so bis zu ihrem 20., 25., und 30. Geburtstag?

---

2. Vergleiche folgende Kreditangebote über 5000 Euro und einer Laufzeit von 4 Jahren:

a) 4,7 % Zinsen jährlich zuzüglich einer einmaligen Gebühr von 500 Euro
b) 5,2 % Zinsen jährlich zuzüglich einer einmaligen Gebühr von 100 Euro

---

3. Bei der Geburt seiner Tochter hat Herr Schulze 500 Euro zu einem Zinssatz von 3,3 % angelegt.

Berechne die Zinsen bis zu ihrem 18. Geburtstag.

---

4. Ina nimmt einen Kredit über 4500 Euro zu einem Zinssatz von 6,4 % auf. Nach 6 Jahren kann sie ihn begleichen.

Wie viel Zinsen muss sie bis dahin zahlen?

---

5. Daniela legt 2300 Euro Festgeld zu einem Zinssatz von 5,1 % an.

Nach wie vielen Jahren hat sich ihr Kapital dank der Zinsen verdoppelt (verdreifacht)?

---

6. Bert hat auf seinem Sparbuch 450 Euro zu einem Zinssatz von 1,3 %.

Wie lange würde es dauern, bis er sich mit dem Zinsertrag einen neuen MP3-Player für 75 Euro kaufen könnte?

---

bearbeitet am: ________ **erreichte Punktzahl:** ________

Bei 18 Punkten kannst Du zu Test 46 weitergehen.

Test 46 | Kapital (Jahr)

Schwierigkeitsgrad: △ ▲ ▲

1. Kannst du das Startkapital ausrechnen? (Zinssatz = p; Endkapital = EK)
EK = 6 352 Euro
a) p = 11 %
b) p = 9 %
c) p = 2 %

2. Auch hier sollst du das Startkapital berechnen. (Zinssatz = p; Endkapital = EK)
EK = 112 Euro
a) p = 7 %
b) p = 17 %
c) p = 0,5 %

3. Berechne das Startkapital. (Zinssatz = p; Endkapital = EK)
EK = 9 989 Euro
a) p = 21 %
b) p = 3 %
c) p = 6 %

4. Rechne das Startkapital aus. (Zinssatz = p; Endkapital = EK)
EK = 121 Euro
a) p = 5 %
b) p = 8 %
c) p = 19 %

5. Berechne das Startkapital. (Zinssatz = p; Endkapital = EK)
EK = 2 109 Euro
a) p = 1 %
b) p = 11 %
c) p = 16 %

6. Berechne das Startkapital. (Zinssatz = p; Endkapital = EK)
EK = 117 Euro
a) p = 23 %
b) p = 18 %
c) p = 0,3 %

bearbeitet am: ______ **erreichte Punktzahl:** ______

Ab 15 Punkten kannst Du zu Test 47 weitergehen, bei 18 Punkten zu Test 49.

Test 47 | Kapital (Jahr)

Schwierigkeitsgrad: △ ▲ ▲

1. Kannst du das Startkapital ausrechnen? (Zinssatz = p; Endkapital = EK)
EK = 99 Euro
a) p = 2,5 %
b) p = 1,2 %
c) p = 4,6 %

2. Auch hier sollst du das Startkapital berechnen. (Zinssatz = p; Endkapital = EK)
EK = 2 107 Euro
a) p = 11 %
b) p = 1,8 %
c) p = 5,4 %

3. Rechne das Startkapital aus. (Zinssatz = p; Endkapital = EK)
EK = 458 Euro
a) p = 2,6 %
b) p = 9,1 %
c) p = 8,3 %

4. Rechne das Startkapital aus. (Zinssatz = p; Endkapital = EK)
EK = 9 453 Euro
a) p = 5,6 %
b) p = 4,4 %
c) p = 0,8 %

5. Berechne das Startkapital. (Zinssatz = p; Endkapital = EK)
EK = 22,30 Euro
a) p = 0,9 %
b) p = 11,2 %
c) p = 13,4 %

6. Berechne das Startkapital. (Zinssatz = p; Endkapital = EK)
EK = 1 208 Euro
a) p = 9,3 %
b) p = 10,3 %
c) p = 16,4 %

bearbeitet am: ______ **erreichte Punktzahl:** ______

Ab 15 Punkten kannst Du zu Test 48 weitergehen, bei 18 Punkten zu Test 49.

Test 48 | Kapital (Jahr)

Schwierigkeitsgrad: △ ▲ ▲

1. Kannst du das Startkapital ausrechnen? (Zinssatz = p; Endkapital = EK)
EK = 227,80 Euro
a) p = 3,75 %
b) p = 13,4 %
c) p = 22,7 %

2. Auch hier sollst du das Startkapital berechnen. (Zinssatz = p; Endkapital = EK)
EK = 1 689 Euro
a) p = 21,7 %
b) p = 9,1 %
c) p = 7,6 %

3. Rechne das Startkapital aus. (Zinssatz = p; Endkapital = EK)
EK = 9 019 Euro
a) p = 2,2 %
b) p = 4,25 %
c) p = 6,3 %

4. Rechne das Startkapital aus. (Zinssatz = p; Endkapital = EK)
EK = 8 456 Euro
a) p = 6,5 %
b) p = 1,9 %
c) p = 1,4 %

5. Berechne das Startkapital. (Zinssatz = p; Endkapital = EK)
EK = 7 419 Euro
a) p = 11,7 %
b) p = 13,2 %
c) p = 6,6 %

6. Berechne das Startkapital. (Zinssatz = p; Endkapital = EK)
EK = 8 101 Euro
a) p = 16,2 %
b) p = 22,8 %
c) p = 14,7 %

bearbeitet am: ______ **erreichte Punktzahl:** ______

Bei 18 Punkten kannst Du zu Test 49 weitergehen.

Test 49 | Kapital (Jahre mit Zinseszins)

Schwierigkeitsgrad: ▲▲▲

1. Berechne das Startkapital. (Zinssatz = p; Endkapital = EK; Jahre = n)
EK = 5 421 Euro; n = 2
a) p = 1,1 %
b) p = 9,3 %
c) p = 2 %

2. Errechne das Startkapital. (Zinssatz = p; Endkapital = EK; Jahre = n)
EK = 1 532 Euro; n = 5
a) p = 7,4 %
b) p = 1,7 %
c) p = 6,5 %

3. Errechne das Startkapital. (Zinssatz = p; Endkapital = EK; Jahre = n)
EK = 7 124 Euro; n = 13
a) p = 2,1 %
b) p = 5,3 %
c) p = 11,6 %

4. Berechne das Startkapital. (Zinssatz = p; Endkapital = EK; Jahre = n)
EK = 267 Euro; n = 3
a) p = 15,5 %
b) p = 18 %
c) p = 1,9 %

5. Berechne das Startkapital. (Zinssatz = p; Endkapital = EK; Jahre = n)
EK = 2 151 Euro; n = 11
a) p = 13 %
b) p = 1,9 %
c) p = 18 %

6. Berechne das Startkapital. (Zinssatz = p; Endkapital = EK; Jahre = n)
EK = 2 485 Euro; n = 9
a) p = 22 %
b) p = 14 %
c) p = 2,3 %

bearbeitet am: ______ **erreichte Punktzahl:** ______

Ab 15 Punkten kannst Du zu Test 50 weitergehen, bei 18 Punkten zu Test 52.

Test 50 | Kapital (Jahre mit Zinseszins)

Schwierigkeitsgrad: △△▲

1. Berechne das Startkapital. (Zinssatz = p; Endkapital = EK; Jahre = n)
EK = 654 Euro; n = 7
a) p = 25 %
b) p = 12 %
c) p = 46 %

2. Berechne das Startkapital. (Zinssatz = p; Endkapital = EK; Jahre = n)
EK = 4513 Euro; n = 16
a) p = 15 %
b) p = 1,7 %
c) p = 5,9 %

3. Errechne das Startkapital. (Zinssatz = p; Endkapital = EK; Jahre = n)
EK = 4861 Euro; n = 10
a) p = 26 %
b) p = 21 %
c) p = 43 %

4. Berechne das Startkapital. (Zinssatz = p; Endkapital = EK; Jahre = n)
EK = 8552 Euro; n = 14
a) p = 56 %
b) p = 44 %
c) p = 0,9 %

5. Berechne das Startkapital. (Zinssatz = p; Endkapital = EK; Jahre = n)
EK = 251 Euro; n = 3
a) p = 7,9 %
b) p = 17 %
c) p = 13 %

6. Berechne das Startkapital. (Zinssatz = p; Endkapital = EK; Jahre = n)
EK = 1848 Euro; n = 5
a) p = 9 %
b) p = 13 %
c) p = 14 %

bearbeitet am: ______ **erreichte Punktzahl:** ______

Ab 15 Punkten kannst Du zu Test 51 weitergehen, bei 18 Punkten zu Test 52.

Test 51 | Kapital (Jahre mit Zinseszins)

Schwierigkeitsgrad: △ △ ▲

1. Berechne das Startkapital. (Zinssatz = p; Endkapital = EK; Jahre = n)
EK = 861 Euro; n = 7
a) p = 13,2 %
b) p = 12,8 %
c) p = 24,3 %

2. Berechne das Startkapital. (Zinssatz = p; Endkapital = EK; Jahre = n)
EK = 6 512 Euro; n = 11
a) p = 28 %
b) p = 34 %
c) p = 7 %

3. Errechne das Startkapital. (Zinssatz = p; Endkapital = EK; Jahre = n)
EK = 8 459 Euro; n = 15
a) p = 22 %
b) p = 42,5 %
c) p = 6,3 %

4. Berechne das Startkapital. (Zinssatz = p; Endkapital = EK; Jahre = n)
EK = 8 642 Euro; n = 10
a) p = 6,5 %
b) p = 3,6 %
c) p = 4,4 %

5. Berechne das Startkapital. (Zinssatz = p; Endkapital = EK; Jahre = n)
EK = 7 333 Euro; n = 4
a) p = 1,7 %
b) p = 3,2 %
c) p = 6,6 %

6. Berechne das Startkapital. (Zinssatz = p; Endkapital = EK; Jahre = n)
EK = 2 155 Euro; n = 6
a) p = 6,2 %
b) p = 22,8 %
c) p = 14 %

bearbeitet am: ______ **erreichte Punktzahl:** ______

Bei 18 Punkten kannst Du zu Test 52 weitergehen.

Test 52 | Kapital (Jahre mit Zinseszins)

Schwierigkeitsgrad: ▲▲▲

1. Vor 5 Jahren hat Celina Geld zu einem Zinssatz von 3,4 % angelegt. Heute hat sie 590,98 Euro.

   Wie viel hat sie damals angelegt?

2. Volker muss 5 297 Euro von einem Kredit zu einem Zinssatz von 5,4 % zurückzahlen.

   Wie viel Geld hat er sich vor 4 Jahren geborgt?

3. Ein Darlehen muss nach 7 Jahren mit 65 000 Euro zu einem Zinssatz von 6,7 % zurückgezahlt werden.

   Wie groß war das Darlehen zu Beginn?

4. Lutz hat zur Geburt seines Sohnes Geld zu einem Zinssatz von 4,8 % Zinsen angelegt. An seinem 20. Geburtstag erhält sein Sohn 8 769 Euro.

   Wie viel hat Lutz bei der Geburt eingezahlt?

5. Jochen hat vor 20 Jahren ein Festgeld zu einem Zinssatz von 8,2 % angelegt. Heute erhält er dadurch 4 836,66 Euro.

   Wie viel hat er damals angelegt?

6. Die Firma Ortna & Co. muss nach 3 Jahren einen Kredit zu 5,3 % zurückzahlen. Sie zahlen 32 598 Euro.

   Wie viel Geld haben sie sich damals geliehen?

bearbeitet am: ________ **erreichte Punktzahl:** ________

Ab 15 Punkten kannst Du zu Test 53 weitergehen, bei 18 Punkten zu Test 55.

Test 53 | Kapital (Jahre mit Zinseszins)

Schwierigkeitsgrad: ▲▲▲

1. Friedrich hebt nach 8 Jahren 6 997 Euro Festgeld zu einem Zinssatz von 2,1 % ab.

Wie viel hat er damals angelegt?

---

2. Gabi muss einen Kredit zu 8,2 % zurückzahlen. Das sind 2 799 Euro.

Wie viel Geld hat sie sich vor 12 Jahren bei der Bank geliehen?

---

3. Gerd hat Klaus Geld geliehen. Nach 8 Jahren fordert er 5 378 Euro inklusive 1,3 % Zinsen zurück.

Wie viel hat er Klaus damals gegeben?

---

4. Johanna hat sich einen Computer gekauft. Nach zwei Jahren schuldet sie ihrer Bank 978 Euro, die zu 2,7 % verzinst wurden.

Wie teuer war Johannas Computer?

---

5. Catharina hat zu ihrem 7. Geburtstag ein Sparbuch bekommen, das zu 2,4 % verzinst wurde. An ihrem 16. Geburtstag sind 671 Euro auf dem Sparbuch.

Wie viel war es an ihrem 7. Geburtstag?

---

6. Vor 14 Jahren hat Hilde Geld zu einem Zinssatz von 4,6 % angelegt. Heute erhält sie davon 8 756 Euro.

Wie viel hat Hilde damals angelegt?

---

bearbeitet am: ______ **erreichte Punktzahl:** ______

Ab 15 Punkten kannst Du zu Test 54 weitergehen, bei 18 Punkten zu Test 55.

Test 54 | Kapital (Jahre mit Zinseszins)

Schwierigkeitsgrad: ▲▲▲

1. Friedhelm hat vor 25 Jahren Aktien gekauft. Deren Wert stieg pro Jahr um 0,9 %. Heute haben die Aktien einen Wert von 3 555 Euro.

   Wie hoch war ihr Wert damals?

2. Annetta hatte etwas Geld von ihrer Hochzeit übrig. Das legte sie zu einem Zinssatz von 5,6 % an. An ihrer Silberhochzeit sind es 2 446 Euro.

   Wie viel Geld hat Annetta damals angelegt?

3. Sabine hat vor 5 Jahren Aktien gekauft. Deren Wert sank leider pro Jahr um 0,2 %. Heute sind sie nur noch 225 Euro wert.

   Wie viel waren die Aktien damals wert?

4. Katrins Miete ist seit 12 Jahren um 2,7 % jährlich gestiegen. Heute zahlt sie im Jahr 7 800 Euro Miete.

   Wie viel musste sie anfangs im Jahr zahlen?

5. Erwin musste sich vor 15 Jahren Geld zu einem Zinssatz von 3,9 % leihen. Heute hat er 9 783 Euro Schulden.

   Wie viel hat er sich damals geliehen?

6. Caroline hat Geld zu einem Zinssatz von 5,8 % angelegt. Nach 13 Jahren hat sie 5 611 Euro.

   Wie viel hat sie damals angelegt?

bearbeitet am: ______ **erreichte Punktzahl:** ______

Bei 18 Punkten kannst Du zu Test 55 weitergehen.

Test 55 | Zinssatz (Jahr)

Schwierigkeitsgrad: ▲▲▲

1. Errechne den Zinssatz p % für ein Jahr. (Kapital = K; Endkapital = EK)
EK = 1 549 Euro
a) K = 812 Euro
b) K = 587 Euro
c) K = 100 Euro

2. Berechne den Zinssatz p % für ein Jahr. (Kapital = K; Endkapital = EK)
EK = 9 789 Euro
a) K = 1 456 Euro
b) K = 55 Euro
c) K = 1 980 Euro

3. Rechne den Zinssatz p % für ein Jahr aus. (Kapital = K; Endkapital = EK)
EK = 5 688 Euro
a) K = 1 224 Euro
b) K = 684 Euro
c) K = 5 600 Euro

4. Errechne den Zinssatz p % für ein Jahr. (Kapital = K; Endkapital = EK)
EK = 7 564 Euro
a) K = 2 234 Euro
b) K = 2 177 Euro
c) K = 4 170 Euro

5. Berechne den Zinssatz p % für ein Jahr. (Kapital = K; Endkapital = EK)
EK = 5 672 Euro
a) K = 1 270 Euro
b) K = 1 000 Euro
c) K = 1 987 Euro

6. Errechne den Zinssatz p % für ein Jahr. (Kapital = K; Endkapital = EK)
EK = 4 498 Euro
a) K = 999 Euro
b) K = 1 200 Euro
c) K = 3 000 Euro

bearbeitet am: ______ **erreichte Punktzahl:** ______

Ab 15 Punkten kannst Du zu Test 56 weitergehen, bei 18 Punkten zu Test 58.

Test 56 | Zinssatz (Jahr)

Schwierigkeitsgrad: △ ▲ ▲

1. Errechne den Zinssatz p% für ein Jahr. (Kapital = K; Endkapital = EK)
EK = 288 Euro
a) K = 112 Euro
b) K = 210 Euro
c) K = 103 Euro

2. Berechne den Zinssatz p% für ein Jahr. (Kapital = K; Endkapital = EK)
EK = 1 009 Euro
a) K = 999 Euro
b) K = 785 Euro
c) K = 642 Euro

3. Errechne den Zinssatz p% für ein Jahr. (Kapital = K; Endkapital = EK)
EK = 795 Euro
a) K = 254 Euro
b) K = 94 Euro
c) K = 600 Euro

4. Rechne den Zinssatz p% für ein Jahr aus. (Kapital = K; Endkapital = EK)
EK = 455 Euro
a) K = 400 Euro
b) K = 389 Euro
c) K = 259 Euro

5. Berechne den Zinssatz p% für ein Jahr. (Kapital = K; Endkapital = EK)
EK = 3 340 Euro
a) K = 2 500 Euro
b) K = 2 999 Euro
c) K = 3 300 Euro

6. Errechne den Zinssatz p% für ein Jahr. (Kapital = K; Endkapital = EK)
EK = 813 Euro
a) K = 801 Euro
b) K = 523 Euro
c) K = 666 Euro

bearbeitet am: ______ **erreichte Punktzahl:** ______

Ab 15 Punkten kannst Du zu Test 57 weitergehen, bei 18 Punkten zu Test 58.

Test 57 | Zinssatz (Jahr)

Schwierigkeitsgrad: △ ▲ ▲

1. Errechne den Zinssatz p% für ein Jahr. (Kapital = K; Endkapital = EK)
EK = 99 Euro
a) K = 80 Euro
b) K = 87 Euro
c) K = 72 Euro

2. Berechne den Zinssatz p% für ein Jahr. (Kapital = K; Endkapital = EK)
EK = 156 Euro
a) K = 122 Euro
b) K = 103 Euro
c) K = 88 Euro

3. Rechne den Zinssatz p% für ein Jahr aus. (Kapital = K; Endkapital = EK)
EK = 229 Euro
a) K = 220 Euro
b) K = 135 Euro
c) K = 199 Euro

4. Errechne den Zinssatz p% für ein Jahr. (Kapital = K; Endkapital = EK)
EK = 1059 Euro
a) K = 1000 Euro
b) K = 987 Euro
c) K = 965 Euro

5. Berechne den Zinssatz p% für ein Jahr. (Kapital = K; Endkapital = EK)
EK = 978 Euro
a) K = 890 Euro
b) K = 950 Euro
c) K = 760 Euro

6. Errechne den Zinssatz p% für ein Jahr. (Kapital = K; Endkapital = EK)
EK = 6 548 Euro
a) K = 6 500 Euro
b) K = 5 999 Euro
c) K = 6 300 Euro

bearbeitet am: ______ **erreichte Punktzahl:** ______

Bei 18 Punkten kannst Du zu Test 58 weitergehen.

Test 58 | Zinssatz (Jahre mit Zinseszins)

Schwierigkeitsgrad: △ △ ▲

1. Kannst du den Zinssatz p % berechnen? (Endkapital = EK; Jahre = n; Kapital = K)
EK = 196 Euro; n = 3
a) K = 90 Euro
b) K = 55 Euro
c) K = 100 Euro

2. Berechne den Zinssatz p %. (Endkapital = EK; Jahre = n; Kapital = K)
EK = 973 Euro; n = 5
a) K = 145 Euro
b) K = 558 Euro
c) K = 866 Euro

3. Ermittle den Zinssatz p %. (Endkapital = EK; Jahre = n; Kapital = K)
EK = 788 Euro; n = 10
a) K = 224 Euro
b) K = 684 Euro
c) K = 560 Euro

4. Rechne den Zinssatz p % aus. (Endkapital = EK; Jahre = n; Kapital = K)
EK = 564 Euro; n = 2
a) K = 234 Euro
b) K = 177 Euro
c) K = 410 Euro

5. Berechne den Zinssatz p %. (Endkapital = EK; Jahre = n; Kapital = K)
EK = 522 Euro; n = 11
a) K = 130 Euro
b) K = 180 Euro
c) K = 490 Euro

6. Errechne den Zinssatz p %. (Endkapital = EK; Jahre = n; Kapital = K)
EK = 4 872 Euro; n = 6
a) K = 4 000 Euro
b) K = 3 500 Euro
c) K = 4 500 Euro

bearbeitet am: ______ **erreichte Punktzahl:** ______

Ab 15 Punkten kannst Du zu Test 59 weitergehen, bei 18 Punkten zu Test 61.

Test 59 | Zinssatz (Jahre mit Zinseszins)

Schwierigkeitsgrad: ▲▲▲

1. Errechne den Zinssatz p %. (Endkapital = EK; Jahre = n; Kapital = K)
EK = 269 Euro; n = 13
a) K = 250 Euro
b) K = 200 Euro
c) K = 160 Euro

2. Berechne den Zinssatz (p %). (Endkapital = EK; Jahre = n; Kapital = K)
EK = 1 842 Euro; n = 8
a) K = 1 500 Euro
b) K = 1 700 Euro
c) K = 1 799 Euro

3. Errechne den Zinssatz p %. (Endkapital = EK; Jahre = n; Kapital = K)
EK = 8 422 Euro; n = 9
a) K = 8 400 Euro
b) K = 8 000 Euro
c) K = 7 699 Euro

4. Rechne den Zinssatz (p %) aus. (Endkapital = EK; Jahre = n; Kapital = K)
EK = 358 Euro; n = 11
a) K = 300 Euro
b) K = 289 Euro
c) K = 259 Euro

5. Berechne den Zinssatz (p %). (Endkapital = EK; Jahre = n; Kapital = K)
EK = 360 Euro; n = 4
a) K = 200 Euro
b) K = 350 Euro
c) K = 330 Euro

6. Errechne den Zinssatz p %. (Endkapital = EK; Jahre = n; Kapital = K)
EK = 852 Euro; n = 7
a) K = 801 Euro
b) K = 756 Euro
c) K = 666 Euro

bearbeitet am: ______ **erreichte Punktzahl:** ______

Ab 15 Punkten kannst Du zu Test 60 weitergehen, bei 18 Punkten zu Test 61.

Test 60 | Zinssatz (Jahre mit Zinseszins)

Schwierigkeitsgrad: ▲▲▲

1. Errechne den Zinssatz p %. (Endkapital = EK; Jahre = n; Kapital = K)
EK = 789 Euro; n = 2
a) K = 700 Euro
b) K = 765 Euro
c) K = 706 Euro

2. Berechne den Zinssatz (p %). (Endkapital = EK; Jahre = n; Kapital = K)
EK = 413 Euro; n = 9
a) K = 168 Euro
b) K = 384 Euro
c) K = 288 Euro

3. Errechne den Zinssatz p %. (Endkapital = EK; Jahre = n; Kapital = K)
EK = 426 Euro; n = 10
a) K = 400 Euro
b) K = 289 Euro
c) K = 367 Euro

4. Rechne den Zinssatz (p %) aus. (Endkapital = EK; Jahre = n; Kapital = K)
EK = 999 Euro; n = 5
a) K = 960 Euro
b) K = 987 Euro
c) K = 965 Euro

5. Berechne den Zinssatz (p %). (Endkapital = EK; Jahre = n; Kapital = K)
EK = 746 Euro; n = 7
a) K = 700 Euro
b) K = 654 Euro
c) K = 388 Euro

6. Errechne den Zinssatz (p %). (Endkapital = EK; Jahre = n; Kapital = K)
EK = 458 Euro; n = 3
a) K = 400 Euro
b) K = 259 Euro
c) K = 300 Euro

bearbeitet am: ________ **erreichte Punktzahl:** ________

Bei 18 Punkten kannst Du zu Test 61 weitergehen.

Test 61 | Zinssatz (Jahre mit Zinseszins)

Schwierigkeitsgrad: ▲▲▲

1. Vor 3 Jahren hat sich Anna 500 Euro bei ihrer Bank geliehen. Heute schuldet sie 598 Euro.

Wie hoch war der Zinssatz?

---

2. Vor 12 Jahren hat Herbert Aktien im Wert von 299 Euro gekauft. Heute sind diese das Doppelte wert.

Berechne den Wertanstieg pro Jahr in Prozent.

---

3. Bei einem Versandhaus hat Barbara vor 2 Jahren im Wert von 266 Euro eingekauft. Heute schuldet sie der Bank 388 Euro.

Rechne den Zinssatz des Versandhauses aus.

---

4. Vor 10 Jahren hat Henriette 680 Euro angelegt. Heute sind daraus 950 Euro geworden.

Berechne den Zinssatz.

---

5. Ina hat sich vor 13 Jahren bei Inge 20 Euro geborgt. Heute schuldet sie ihr schon 35 Euro.

Berechne Inges Zinssatz.

---

6. Berti hatte vor 7 Jahren noch 260 Euro auf seinem Sparbuch. Heute sind es schon 330 Euro.

Wie hoch ist der Zinssatz?

---

bearbeitet am: ______ **erreichte Punktzahl:** ______

Ab 15 Punkten kannst Du zu Test 62 weitergehen, bei 18 Punkten zu Test 64.

Test 62 | Zinssatz (Jahre mit Zinseszins)

Schwierigkeitsgrad: ▲▲▲

1. Vor 25 Jahren hat Wilhelm Aktien im Wert von 260 Euro gekauft. Heute sind diese Aktien nur noch 200 Euro Wert.

   Berechne den Verlust in Prozent pro Jahr.

2. Gabi hat vor 6 Jahren 400 Euro Festgeld angelegt. Heute sind es 520 Euro.

   Rechne den Zinssatz aus.

3. Die Firma Henne & Co. hat vor 20 Jahren ein Darlehen in Höhe von 53 000 Euro aufgenommen. Jetzt muss sie 55 000 Euro zurückzahlen.

   Wie hoch war der Zinssatz der Gläubiger?

4. Inge hat Herbert vor 4 Jahren 60 Euro geliehen. Heute schuldet er ihr 110 Euro.

   Berechne Inges Zinssatz.

5. Peter hat vor 10 Jahren ein altes Haus im Wert von 56 000 Euro gekauft. Jetzt ist es mit 78 000 Schulden belastet.

   Wie hoch war der Zinssatz?

6. Arianna hat vor 3 Jahren für 410 Euro in einem Versandhaus eingekauft. Heute schuldet sie dem Versandhaus 630 Euro.

   Berechne den Zinssatz des Versandhauses.

bearbeitet am: ______ **erreichte Punktzahl:** ______

Ab 15 Punkten kannst Du zu Test 63 weitergehen, bei 18 Punkten zu Test 64.

Test 63 | Zinssatz (Jahre mit Zinseszins)

Schwierigkeitsgrad: ▲▲▲

1. Konrad hat kurz nach seiner Hochzeit 800 Euro angelegt. Zur Silberhochzeit kann er sich nun eine Reise für 1 200 Euro leisten.

Wie hoch war der Zinssatz?

---

2. Vor 5 Jahren hatte sich Renate 300 Euro bei einem Kredithai geliehen. Jetzt fordert er 890 Euro zurück.

Berechne den Zinssatz des Wucherers.

---

3. Katharina hat für ihren Sohn kurz nach dessen Geburt Aktien im Wert von 5 000 Euro gekauft. An dessen 19. Geburtstag sind die Aktien leider nur noch 3 500 Euro Wert.

Berechne den Verlust pro Jahr in Prozent.

---

4. Vor 12 Jahren hatte Inge 460 Euro auf ihrem Konto. Heute sind es bereits 1 300 Euro.

Berechne den Zinssatz.

---

5. Hannelore hatte vor 9 Jahren 570 Euro Schulden. Inzwischen ist der Betrag auf 910 Euro angewachsen.

Berechne den jährlichen Anstieg in Prozent.

---

6. Carsten hat vor 6 Jahren 3 900 Euro angelegt. Inzwischen ist sein Guthaben auf 4 500 Euro angewachsen.

Wie hoch ist der Zinssatz?

---

bearbeitet am: ______ **erreichte Punktzahl:** ______

Bei 18 Punkten kannst Du zu Test 64 weitergehen.

Test 64 | **Zinsen für Zeitspannen von Tagen und Monaten**

Schwierigkeitsgrad: △▲▲

1. Kannst du die Zinsen für einen Tag berechnen? (Zinssatz = p %)
Startkapital (SK) = 25 Euro
a) p % = 2,3 %
b) p % = 12 %
c) p % = 10 %

2. Rechne die Zinsen für einen Tag aus. (Zinssatz = p %)
Startkapital (SK) = 300 Euro
a) p % = 1,1 %
b) p % = 3,5 %
c) p % = 9,4 %

3. Berechne die Zinsen für einen Tag. (Zinssatz = p %)
Startkapital (SK) = 500 Euro
a) p % = 2,1 %
b) p % = 6,7 %
c) p % = 14 %

4. Kannst du die Zinsen für einen Monat berechnen? (Zinssatz = p %)
Startkapital (SK) = 22,8 Euro
a) p % = 5,4 %
b) p % = 2,4 %
c) p % = 8,1 %

5. Rechne die Zinsen für einen Monat aus. (Zinssatz = p %)
Startkapital (SK) = 33,9 Euro
a) p % = 20 %
b) p % = 33 %
c) p % = 0,25 %

6. Berechne die Zinsen für einen Monat. (Zinssatz = p %)
Startkapital (SK) = 680 Euro
a) p % = 2,6 %
b) p % = 4,7 %
c) p % = 13 %

bearbeitet am: ________ **erreichte Punktzahl:** ________

Ab 15 Punkten kannst Du zu Test 65 weitergehen, bei 18 Punkten zu Test 67.

Test 65 | Zinsen für Zeitspannen von Tagen und Monaten

Schwierigkeitsgrad: △ ▲ ▲

1. Kannst du das Startkapital (SK) einen Tag vorher berechnen? (Zinssatz = p %)
Endkapital (EK) = 555 Euro
a) p % = 30 %
b) p % = 17 %
c) p % = 22 %

2. Berechne das Startkapital (SK) einen Tag vorher. (Zinssatz = p %)
Endkapital (EK) = 889 Euro
a) p % = 10 %
b) p % = 35 %
c) p % = 27 %

3. Rechne das Startkapital (SK) einen Tag vorher aus. (Zinssatz = p %)
Endkapital (EK) = 785 Euro
a) p % = 34 %
b) p % = 68 %
c) p % = 0,4 %

4. Auch hier sollst du das Startkapital (SK) einen Monat vorher berechnen.
Endkapital (EK) = 226 Euro
a) p % = 0,3 %
b) p % = 22 %
c) p % = 33 %

5. Berechne das Startkapital (SK) einen Monat vorher.
Endkapital (EK) = 978 Euro
a) p % = 11 %
b) p % = 6,6 %
c) p % = 8,9 %

6. Auch hier sollst du das Startkapital (SK) einen Monat vorher berechnen.
Endkapital (EK) = 677 Euro
a) p % = 0,33 %
b) p % = 45 %
c) p % = 0,1 %

bearbeitet am: ______ **erreichte Punktzahl:** ______

Ab 15 Punkten kannst Du zu Test 66 weitergehen, bei 18 Punkten zu Test 67.

Test 66 | Zinsen für Zeitspannen von Tagen und Monaten

Schwierigkeitsgrad: △ ▲ ▲

1. Kannst du den Zinssatz (p%) berechnen, wenn das Startkapital (SK) für einen Tag verzinst wurde?
Endkapital (EK) = 578 Euro
a) SK = 577 Euro b) SK = 572 Euro c) SK = 569 Euro

2. Bestimme den Zinssatz (p%), wenn das Startkapital (SK) einen Tag lang verzinst wurde.
Endkapital (EK) = 1 028 Euro
a) SK = 1 027 Euro b) SK = 1 020 Euro c) SK = 1 016 Euro

3. Berechne den Zinssatz (p%), wenn das Startkapital (SK) einen Tag lang verzinst wurde.
Endkapital (EK) = 2 468 Euro
a) SK = 2 467 Euro b) SK = 2 463 Euro c) SK = 2 460 Euro

4. Rechne den Zinssatz (p%) aus, wenn das Startkapital (SK) einen Monat lang verzinst wurde.
Endkapital (EK) = 497 Euro
a) SK = 400 Euro b) SK = 380 Euro c) SK = 375 Euro

5. Bestimme den Zinssatz (p%), wenn das Startkapital (SK) einen Monat lang verzinst wurde.
Endkapital = 3 397 Euro
a) SK = 3 300 b) SK = 3 000 c) SK = 2 800

6. Auch hier sollst du noch einmal den Zinssatz (p%) errechnen, wenn das Startkapital (SK) einen Monat lang verzinst wurde:
Endkapital (EK) = 199 Euro
a) SK = 198 b) SK = 195 c) SK = 190

bearbeitet am: ____ **erreichte Punktzahl:** ____

Bei 18 Punkten kannst Du zu Test 67 weitergehen.

Test 67 | Zinsen für Zeitspannen von Tagen und Monaten

Schwierigkeitsgrad: △△▲

1. Kannst du die Zinsen berechnen? (Zinssatz = p %; Tage = d)
Startkapital (SK) = 50 Euro; d = 2
a) p % = 3 %
b) p % = 10 %
c) p % = 14 %

2. Berechne die Zinsen. (Zinssatz = p %; Tage = d)
Startkapital (SK) = 500 Euro; d = 7
a) p % = 5,2 %
b) p % = 3,7 %
c) p % = 2,4 %

3. Auch hier sollst du die Zinsen berechnen. (Zinssatz = p %; Tage = d)
Startkapital (SK) = 600 Euro; d = 14
a) p % = 1,1 %
b) p % = 7,7 %
c) p % = 13,1 %

4. Kannst du die Zinsen berechnen? (Zinssatz = p %; Monate = m)
Startkapital (SK) = 23,7 Euro; m = 2
a) p % = 9,2 %
b) p % = 2,0 %
c) p % = 8,7 %

5. Berechne die Zinsen. (Zinssatz = p %; Monate = m)
Startkapital (SK) = 37,9 Euro; m = 6
a) p % = 20,6 %
b) p % = 3,3 %
c) p % = 0,46 %

6. Auch hier sollst du die Zinsen berechnen. (Zinssatz = p %; Monate = m)
Startkapital (SK) = 130 Euro; m = 12
a) p % = 3,9 %
b) p % = 6,8 %
c) p % = 1,4 %

bearbeitet am: ______ **erreichte Punktzahl:** ______

Ab 15 Punkten kannst Du zu Test 68 weitergehen, bei 18 Punkten zu Test 70.

Test 68 | Zinsen für Zeitspannen von Tagen und Monaten

Schwierigkeitsgrad: ▲▲▲

1. Kannst du das Startkapital (SK) berechnen? (Zinssatz = p %; Tage = d)
Endkapital (EK) = 620 Euro; d = 2
a) p % = 3,2 %
b) p % = 1,7 %
c) p % = 2,2 %

2. Berechne das Startkapital (SK). (Zinssatz = p %; Tage = d)
Endkapital (EK) = 870 Euro; d = 7
a) p % = 18 %
b) p % = 16 %
c) p % = 21 %

3. Auch hier sollst du das Startkapital (SK) ausrechnen. (Zinssatz = p %; Tage = d)
Endkapital (EK) = 730 Euro; d = 14
a) p % = 7,4 %
b) p % = 6,8 %
c) p % = 5,4 %

4. Berechne das Startkapital (SK). (Zinssatz = p %; Monate = m)
Endkapital (EK) = 480 Euro; m = 2
a) p % = 4,3 %
b) p % = 12,6 %
c) p % = 7,9 %

5. Rechne das Startkapital (SK) aus. (Zinssatz = p %; Monate = m)
Endkapital (EK) = 65 Euro; m = 6
a) p % = 9,1 %
b) p % = 6,0 %
c) p % = 3,8 %

6. Wie hoch war das Startkapital (SK)? (Zinssatz = p %; Monate = m)
Endkapital (EK) = 623 Euro; m = 12
a) p % = 0,9 %
b) p % = 0,45 %
c) p % = 0,75 %

bearbeitet am: ____ **erreichte Punktzahl:** ____

Ab 15 Punkten kannst Du zu Test 69 weitergehen, bei 18 Punkten zu Test 70.

Test 69 | Zinsen für Zeitspannen von Tagen und Monaten

Schwierigkeitsgrad: ▲▲▲

1. Kannst du den Zinssatz (p %) berechnen? (Startkapital = SK; Tage = t)
Endkapital (EK) = 511 Euro; d = 2
a) SK = 510 Euro
b) SK = 509 Euro
c) SK = 508 Euro

---

2. Errechne den Zinssatz (p %). (Startkapital = SK; Tage = t)
Endkapital (EK) = 1 108 Euro; d = 7
a) SK = 1 107 Euro
b) SK = 1 103 Euro
c) SK = 1 098 Euro

---

3. Wie hoch war der Zinssatz (p %)? (Startkapital = SK; Tage = t)
Endkapital (EK) = 2 267 Euro; d = 14
a) SK = 2 265 Euro
b) SK = 2 260 Euro
c) SK = 2 257 Euro

---

4. Rechne den Zinssatz aus. (Startkapital = SK; Monate = m)
Endkapital (EK) = 482 Euro; m = 2
a) SK = 475 Euro
b) SK = 469 Euro
c) SK = 461 Euro

---

5. Bestimme den Zinssatz (p %). (Startkapital = SK; Monate = m)
Endkapital (EK) = 3 128 Euro; m = 6
a) SK = 3 118 Euro
c) SK = 3 110 Euro
d) SK = 3 005 Euro

---

6. Rechne den Zinssatz aus. (Startkapital = SK; Monate = m)
Endkapital (EK) = 334 Euro; m = 12
a) SK = 330 Euro
b) SK = 328 Euro
c) SK = 324 Euro

---

bearbeitet am: ____ **erreichte Punktzahl:** ____

Bei 18 Punkten kannst Du zu Test 70 weitergehen.

Test 70 | Zinsen für Zeitspannen von Tagen und Monaten

Schwierigkeitsgrad: ▲▲▲

1. Herr Peters hat sein Konto 10 Tage lang um 300 Euro überzogen.

Berechne die Zinsen bei einem Zinssatz von 9,8 %.

2. Julia musste ihr Konto 2 Monate lang um 688 Euro zu einem Zinssatz von 11,2 % überziehen.

Rechne die Höhe der Gesamtschuld aus.

3. Helena legt bei ihrer Bank 2 700 Euro Festgeld zu 3,8 % an. Es wird jährlich verzinst.

Wie hoch ist ihr Kapital nach einem Monat sowie nach fünf und zehn Monaten?

4. Tom hat 328,50 Euro auf seinem Sparbuch. Jährlich erhält er 2,3 % Zinsen.

Berechne seine Zinsen nach einem und nach sechs Monaten.

5. Uli hat sich einen neuen MP3-Player gekauft, deshalb musste er sein Konto um 280 Euro überziehen. Dafür fällt ein Zinssatz von 10,2 % an.

Berechne, die Zinsen, die er bezahlen muss, wenn er 10 bzw. 20 Tage überzieht.

6. Henriette hat 530 Euro auf ihrem Konto. Sie erhält dafür 4,1 % Zinsen.

Wie hoch ist ihr Zinsertrag nach 10 bzw. 20 Tagen?

bearbeitet am: ______ **erreichte Punktzahl:** ______

Ab 15 Punkten kannst Du zu Test 71 weitergehen, bei 18 Punkten zu Test 73.

Test 71 | Zinsen für Zeitspannen von Tagen und Monaten

Schwierigkeitsgrad: ▲▲▲

1. Familie Kramer hat gebaut. Dafür nahm sie ein Darlehen in Höhe von 130 000 Euro zu einem Zinssatz von 7,25 % auf und einen Kredit von 50 000 Euro zu 8,25 %.

Berechne die monatliche Zinsbelastung.

---

2. Firma Steger hat ein Darlehen in Höhe von 250 000 Euro zu einem Zinssatz von 5,7 % erhalten.

Berechne die Schuldzinsen pro Quartal.

---

3. Maike hat ihr Konto um 538 Euro überzogen. Die Überziehungszinsen betragen 7,1 %.

Wie hoch ist Maikes Zinsschuld nach fünf bzw. 10 Monaten?

---

4. Mark musste sein Konto 27 Tage lang mit 688 Euro zu einem Zinssatz von 11,2 % überziehen.

Berechne den Gesamtbetrag, den er der Bank schuldet.

---

5. Konrad hat 977 Euro auf seinem Konto. Das Guthaben wird mit 3,9 % verzinst.

Berechne seine Zinsen für einen Tag und einen Monat.

---

6. Annegret kauft sich einen Computer für 699 Euro. Dazu nimmt sie einen Kredit zu einem Zinssatz von 8,2 % auf.

Wie viel Zinsen muss sie pro Monat bzw. Quartal bezahlen?

---

bearbeitet am: ________ **erreichte Punktzahl:** ________

Ab 15 Punkten kannst Du zu Test 72 weitergehen, bei 18 Punkten zu Test 73.

Test 72 | Zinsen für Zeitspannen von Tagen und Monaten

Schwierigkeitsgrad: ▲▲▲

1. Paul überzieht sein Konto um 998 Euro zu einem Zinssatz von 5,6 %.

Wie hoch sind die Überziehungszinsen für 30 Tage bzw. 5 und 9 Monate?

2. Firma Huberts hat ein Darlehen in Höhe von 600 000 Euro zu einem Zinssatz von 4,8 % erhalten.

Berechne die Zinsen pro Quartal.

3. Frieda muss für den Kauf einer Wohnung zwei Kredite aufnehmen. Den ersten in Höhe von 50 000 Euro zu einem Zinssatz von 6,2 % und den zweiten über 20 000 Euro zu 5,7 %.

Wie hoch ist ihre monatliche Zinsbelastung ?

4. Phillip hat 879 Euro auf seinem Konto. Dafür erhält er 1,8 % Zinsen.

Berechne seinen Zinsertrag für zwei und acht Monate.

5. Für den Kauf neuer Möbel nimmt Oskar einen Kredit über 18 000 Euro zu einem Zinssatz von 6,1 % auf.

Errechne seine Zinsbelastung pro Tag, Monat und Quartal.

6. Kerstin erhält von einem Versandhaus das Angebot, auf Kredit zu kaufen: Ab einem Bestellwert von 280 Euro werden nur 0,8 % Zinsen berechnet. Sie bestellt Waren für 320 Euro.

Wie viel Zinsen muss sie pro Tag, Monat und Quartal bezahlen?

bearbeitet am: ____ **erreichte Punktzahl:** ____

Bei 18 Punkten kannst Du zu Test 73 weitergehen.

Test 73 | Umrechnungen anhand von Kursen

Schwierigkeitsgrad: △ ▲ ▲

1. 1 Euro = 1,51 ChF (Schweizer Franken)
Kannst du die ChF in Euro umrechnen? (Runde auf 2 Nachkommastellen)
a) 7 ChF
b) 9 ChF
c) 11 ChF

2. 1 US-$ (US-Dollar) = 0,67 Euro
Rechne die US-$ um in Euro:
a) 6 US-$
b) 11 US-$
c) 3 US-$

3. 1 Euro = 1,51 ChF
Hier sollst du die Euro in ChF umrechnen.
a) 53 Euro
b) 80 Euro
c) 100 Euro

4. 1 Euro = 1,51 ChF (Schweizer Franken); 1 US-$ (US-Dollar) = 0,67 Euro
Rechne um in Euro und ChF:

a) 3 US-$
b) 64 US-$

5. 1 Euro = 1,51 ChF (Schweizer Franken)
In einem Urlaub in der Schweiz siehst du eine Jeans für 60 ChF.

Wieviel Euro sind das?

6. 1 Euro = 1,51 ChF (Schweizer Franken); 1 US-$ (US-Dollar) = 0,67 Euro
Von einer Reise durch die USA hast du noch 300 US-$. Da du bald in der Schweiz Urlaub machst, willst du das Geld in ChF tauschen.

Wieviel ChF bekommst du?

bearbeitet am: ________ **erreichte Punktzahl:** ________

Ab 15 Punkten kannst Du zu Test 74 weitergehen, bei 18 Punkten zu Test 76.

Test 74 Mischungen/Aufteilungen von zwei Größen

Schwierigkeitsgrad: △ ▲ ▲

1. Stelle jeweils die Verhältnisgleichung und die Produktengleichung auf.

a) 8 : 4
b) 30 : 10

2. Kannst du jeweils die Verhältnisgleichung und die Produktengleichung aufstellen?

a) 21 : 3
b) 120 : 40

3. Stelle jeweils die Verhältnisgleichung und die Produktengleichung auf.

a) 60 : 30
b) 80 : 20

4. Auch hier sollst du jeweils die Verhältnisgleichung und die Produktengleichung aufstellen.

a) 15 : 3
b) 6 : 24

5. Stelle jeweils die Verhältnisgleichung und die Produktengleichung auf.

a) 5 : 40
b) 10 : 230

6. Und noch einmal gilt es, jeweils die Verhältnisgleichung und die Produktengleichung aufzustellen.

a) 88 : 11
b) 81 : 9

bearbeitet am: ______ **erreichte Punktzahl:** ______

Ab 15 Punkten kannst Du zu Test 75 weitergehen, bei 18 Punkten zu Test 76.

Test 75 | Mischungen/Aufteilungen von zwei Größen

Schwierigkeitsgrad: △▲▲

1. Kannst du jeweils die Verhältnisgleichung und die Produktengleichung aufstellen?

a) 13 : 39
b) 32 : 16

2. Stelle jeweils die Verhältnisgleichung und die Produktengleichung auf.

a) 84 : 3
b) 11 : 99

3. Auch hier sollst du jeweils die Verhältnisgleichung und die Produktengleichung aufstellen.

a) 26 : 104
b) 120 : 3

4. Stelle jeweils die Verhältnisgleichung und die Produktengleichung auf.

a) 17 : 85
b) 76 : 4

5. Stelle jeweils die Verhältnisgleichung und die Produktengleichung auf.

a) 54 : 9
b) 93 : 3

6. Und noch einmal sollst du jeweils die Verhältnisgleichung und die Produktengleichung aufstellen.

a) 17 : 136
b) 108 : 12

bearbeitet am: ______ **erreichte Punktzahl:** ______

Bei 18 Punkten kannst Du zu Test 76 weitergehen.

Test 76 | Mischungen/Aufteilungen von zwei Größen

Schwierigkeitsgrad: △ △ ▲

1. Kannst du jeweils die Verhältnisgleichung und die Produktengleichung aufstellen?

a) 27 : 12
b) 36 : 16

2. Stelle jeweils die Verhältnisgleichung und die Produktengleichung auf.

a) 55 : 10
b) 81 : 18

3. Auch hier sollst du jeweils die Verhältnisgleichung und die Produktengleichung aufstellen.

a) 20 : 30
b) 8 : 10

4. Stelle jeweils die Verhältnisgleichung und die Produktengleichung auf.

a) 48 : 78
b) 144 : 60

5. Erstelle jeweils die Verhältnisgleichung und die Produktengleichung:

a) 45 : 195
b) 88 : 66

6. Und noch einmal sollst du jeweils die Verhältnisgleichung und die Produktengleichung aufstellen.

a) 49 : 98
b) 136 : 64

bearbeitet am: ______ **erreichte Punktzahl:** ______

Ab 15 Punkten kannst Du zu Test 77 weitergehen, bei 18 Punkten zu Test 79.

Test 77 | Mischungen/Aufteilungen von zwei Größen

Schwierigkeitsgrad: △ △ ▲

1. Kannst du jeweils die Verhältnisgleichung und die Produktengleichung aufstellen?

a) 52 : 91
b) 57 : 133

2. Stelle jeweils die Verhältnisgleichung und die Produktengleichung auf.

a) 154 : 187
b) 38 : 95

3. Auch hier sollst du jeweils die Verhältnisgleichung und die Produktengleichung aufstellen.

a) 136 : 51
b) 135 : 117

4. Stelle jeweils die Verhältnisgleichung und die Produktengleichung auf.

a) 147 : 273
b) 138 : 114

5. Erstelle jeweils die Verhältnisgleichung und die Produktengleichung.

a) 216 : 132
b) 162 : 432

6. Und noch einmal sollst du jeweils die Verhältnisgleichung und die Produktengleichung aufstellen.

a) 76 : 266
b) 270 : 162

bearbeitet am: ______ **erreichte Punktzahl:** ______

Ab 15 Punkten kannst Du zu Test 78 weitergehen, bei 18 Punkten zu Test 79.

Test 78 | Mischungen/Aufteilungen von zwei Größen

Schwierigkeitsgrad: ▲▲▲

1. Elena und Laura spielen zusammen Lotto. Dazu trägt Elena 2 Euro und Laura 3 Euro bei. Sie gewinnen 15 Euro.

   Wie viel von dem Gewinn erhält Elena und wie viel Laura?

2. Helena und Johanna wollen einen Kuchen backen. In diesen kommt Mehl und Kakao im Verhältnis 5 : 2. Die beiden haben noch 50 g Kakao.

   Berechne die benötigte Menge an Mehl für die Backmischung.

3. In einem Haus wohnen zwei Familien. Familie Meier besteht aus 5 Personen und Familie Müller aus 6 Personen. Eine Reparatur am Haus kostet 388,20 Euro.

   Wie viel muss Familie Meier und wie viel Familie Müller davon bezahlen, damit die Kosten gerecht aufgeteilt sind?

4. Für einen neuen Motor empfiehlt der Hersteller, Öl und Benzin im Verhältnis 2 : 7 zu mischen.

   Berechne die notwendige Menge an Öl für 36 l Benzin.

5. Für ein Parfüm beträgt das Mischungsverhältnis von Wasser und Konzentrat 5 : 3.

   Berechne die Menge an Wasser bei 14 ml Duftkonzentrat.

6. In 100 ml Shampoo kommen 0,1 ml Aroma.

   Wie viel Haarwaschmittel kann mit 2,5 ml Aroma hergestellt werden?

bearbeitet am: ______ **erreichte Punktzahl:** ______

Bei 18 Punkten kannst Du zu Test 79 weitergehen.

Test 79 | Mischungen/Aufteilungen von zwei Größen

Schwierigkeitsgrad: ▲▲▲

1. Michelle und Kerstin teilen sich einen Eisbecher im Wert von 7,80 Euro. Davon isst Michelle 4 Kugeln und Kerstin 2 Kugeln.

Wie viel muss jede zahlen?

2. Peter und Paul haben sich zusammen einen Computer im Wert von 890 Euro gekauft. Sie haben ausgehandelt, dass Peter täglich 4 Stunden damit arbeiten darf und Paul 3 Stunden.

Berechne den gerechten Preis für jeden der beiden.

3. Gabis und Freds gemeinsames Auto muss in die Werkstatt. Gabi zahlt nur 180 Euro der Reparatur, da Fred doppelt so oft mit dem Auto fährt.

Stelle zunächst die Verhältnisgleichung auf. Berechne anschließend Freds Rechnungsanteil sowie die gesamten Reparaturkosten.

4. In eine besondere Sorte Eis kommen Sahne und eine geheime Zutat im Verhältnis 7 : 3.

Berechne die Menge an geheimer Zutat für 500 g Sahne.

5. Carsten mischt sich Zitronensprudel. Für ein Glas braucht er 20 ml Zitronensaft und 180 ml Sprudel. Heute möchte er sich einen Vorrat von 5 l mischen.

Wie viel Zitronensaft und Sprudel benötigt er dafür?

6. Tina und Katrin setzen beim Pferderennen im Verhältnis 4 : 5. Zusammen verlieren sie 230 Euro.

Berechne den anteiligen Einsatz.

bearbeitet am: **erreichte Punktzahl:**

Ab 15 Punkten kannst Du zu Test 80 weitergehen, bei 18 Punkten zu Test 82.

Test 80 | Mischungen/Aufteilungen von drei Größen

Schwierigkeitsgrad: △ ▲ ▲

1. Kannst du jeweils die Verhältnisgleichung aufstellen und der Größe nach ordnen? Kürze, wenn möglich!

a) 4 : 3   3 : 5   5 : 4
b) 6 : 7   8 : 7   8 : 6

2. Stelle jeweils die Verhältnisgleichung auf und ordne der Größe nach. Kürze, wenn möglich.

a) 2 : 7   9 : 7   9 : 2
b) 5 : 6   6 : 4   4 : 5

3. Auch hier sollst du jeweils die Verhältnisgleichung aufstellen und der Größe nach ordnen. Kürze, wenn möglich!

a) 8 : 12   13 : 12   8 : 13
b) 11 : 17   17 : 15   15 : 11

4. Stelle jeweils die Verhältnisgleichung auf und ordne der Größe nach. Kürze, wenn möglich!

a) 23 : 1   1 : 5   5 : 23
b) 16 : 5   5 : 18   18 : 16

5. Erstelle jeweils die Verhältnisgleichung und ordne der Größe nach. Kürze, wenn möglich!

a) 14 : 9   9 : 13   13 : 14
b) 17 : 21   25 : 21   17 : 25

6. Noch einmal sollst du jeweils die Verhältnisgleichung aufstellen und der Größe nach ordnen. Kürze, wenn möglich!

a) 1 : 9   16 : 9   1 : 16
b) 18 : 26   26 : 24   24 : 18

bearbeitet am: ______ **erreichte Punktzahl:** ______

Ab 15 Punkten kannst Du zu Test 81 weitergehen, bei 18 Punkten zu Test 82.

Test 81 | Mischungen/Aufteilungen von drei Größen

Schwierigkeitsgrad: △▲▲

1. Kannst du jeweils die Verhältnisgleichung aufstellen und der Größe nach ordnen? Kürze, wenn möglich!

a) 17 : 11   29 : 11   29 : 17
b) 36 : 13   36 : 25   25 : 13

2. Stelle jeweils die Verhältnisgleichung auf und ordne der Größe nach. Kürze, wenn möglich.

a) 4 : 33   4 : 20   20 : 33
b) 24 : 29   24 : 37   37 : 29

3. Auch hier sollst du jeweils die Verhältnisgleichung aufstellen und der Größe nach ordnen. Kürze, wenn möglich!

a) 28 : 6   6 : 17   17 : 28
b) 55 : 3   55 : 19   19 : 3

4. Stelle jeweils die Verhältnisgleichung auf und ordne der Größe nach. Kürze, wenn möglich!

a) 86 : 43   43 : 77   77 : 86
b) 10 : 34   10 : 45   45 : 34

5. Erstelle jeweils die Verhältnisgleichung und ordne der Größe nach. Kürze, wenn möglich!

a) 17 : 51   51 : 68   68 : 17
b) 14 : 7   7 : 22   22 : 14

6. Noch einmal sollst du jeweils die Verhältnisgleichung aufstellen und der Größe nach ordnen. Kürze, wenn möglich!

a) 37 : 49   49 : 26   26 : 37
b) 11 : 96   96 : 67   67 : 11

bearbeitet am: ______ **erreichte Punktzahl:** ______

Ab 15 Punkten kannst Du zu Test 82 weitergehen.

Test 82 Mischungen/Aufteilungen von drei Größen

Schwierigkeitsgrad: △△▲

1. Kannst du jeweils die Verhältnisgleichung aufstellen und der Größe nach ordnen? Erweitere auf ganze Zahlen bzw. kürze, wenn möglich.

a) 0,5 : 2   0,5 : 3   3 : 2
b) 0,2 : 1,2   1,2 : 5   0,2 : 5

2. Stelle jeweils die Verhältnisgleichung auf und ordne der Größe nach.

a) $\frac{1}{3} : 3$ $3 : 6$ $6 : \frac{1}{3}$
b) $\frac{1}{4} : \frac{3}{4}$ $\frac{1}{4} : \frac{1}{2}$ $\frac{1}{2} : \frac{3}{4}$

3. Auch hier sollst du jeweils die Verhältnisgleichung aufstellen und der Größe nach ordnen. Erweitere auf ganze Zahlen bzw. kürze, wenn möglich.

a) 1,5 : 3,5   1,5 : 7,5   7,5 : 3,5
b) 0,125 : 0,25   4 : 0,25   4 : 0,125

4. Stelle jeweils die Verhältnisgleichung auf und ordne der Größe nach. Erweitere auf ganze Zahlen bzw. kürze, wenn möglich.

a) 0,1 : 2   2 : 0,8   0,8 : 0,1
b) 0,3 : 0,6   0,3 : 1,2   1,2 : 0,6

5. Erstelle jeweils die Verhältnisgleichung und ordne der Größe nach. Erweitere auf ganze Zahlen bzw. kürze, wenn möglich.

a) 0,6 : 3   0,9 : 3   0,9 : 0,6
b) 2,5 : 3,75   3,75 : 1,25   1,25 : 2,5

6. Noch einmal sollst du jeweils die Verhältnisgleichung aufstellen und der Größe nach ordnen. Erweitere auf ganze Zahlen bzw. kürze, wenn möglich.

a) 0,1 : 0,7   0,1 : 3   3 : 0,7
b) 1,1 : 9,5   9,5 : 3,2   3,2 : 1,1

bearbeitet am: ______ **erreichte Punktzahl:** ______

Ab 15 Punkten kannst Du zu Test 83 weitergehen, bei 18 Punkten zu Test 84.

Test 83 | Mischungen/Aufteilungen von drei Größen

Schwierigkeitsgrad: △ △ ▲

1. Kannst du jeweils die Verhältnisgleichung aufstellen und der Größe nach ordnen? Erweitere auf ganze Zahlen bzw. kürze, wenn möglich.

a) 0,75 : 1,25 1,25 : 3,5 3,5 : 0,75
b) 0,25 : 1 1 : 2,25 2,25 : 0,25

2. Stelle jeweils die Verhältnisgleichung auf und ordne der Größe nach. Erweitere auf ganze Zahlen bzw. kürze, wenn möglich.

a) 0,5 : 1,6 0,5 : 2,2 2,2 : 1,6
b) 1,4 : 3,8 1,4 : 2,6 2,6 : 3,8

3. Auch hier sollst du jeweils die Verhältnisgleichung aufstellen und der Größe nach ordnen. Erweitere auf ganze Zahlen bzw. kürze, wenn möglich.

a) 0,125 : 0,5625 0,5625 : 0,375 0,375 : 0,125
b) 44 : 136 136 : 104 104 : 44

4. Stelle jeweils die Verhältnisgleichung auf und ordne der Größe nach. Erweitere auf ganze Zahlen bzw. kürze, wenn möglich.

a) 28 : 175 175 : 91 91 : 28
b) 110 : 80 80 : 145 145 : 110

5. Erstelle jeweils die Verhältnisgleichung und ordne der Größe nach. Erweitere auf ganze Zahlen bzw. kürze, wenn möglich.

a) 0, 2 :1 0,2 : 3,8 1 : 3,8
b) 0,2 : 1,05 1,05 : 0,35 0,2 : 0,35

6. Noch einmal sollst du jeweils die Verhältnisgleichung aufstellen und der Größe nach ordnen. Erweitere auf ganze Zahlen bzw. kürze, wenn möglich.

a) 6,2 : 2,6 6,2 : 4,4 2,6 : 4,4
b) 7 : 231 7 : 98 98 : 231

bearbeitet am: ______ **erreichte Punktzahl:** ______

Ab 15 Punkten kannst Du zu Test 84 weitergehen.

Test 84 Mischungen/Aufteilungen von drei Größen

Schwierigkeitsgrad: ▲▲▲

1. Carolin backt einen Kuchen. Dafür braucht sie Eier, Mehl und Zucker im Verhältnis 2 : 200 : 50. Sie hat noch 3 Eier.

Berechne die Menge an Mehl und Zucker, die sie benötigt.

2. In einem Haus wohnen drei Familien: Familie Schulze mit 4 Personen, Familie Kern mit 5 Personen und das Ehepaar Schneider. Die Wasserrechnung beträgt 379 Euro.
Wie viel muss jede Familie zahlen, damit es gerecht ist. Stelle zunächst das Verhältnis auf.

3. Torsten, Karina und Anja machen bei einem Glücksspiel mit. Torsten setzt 3 Euro, Karina 7 Euro und Anja 6 Euro.

Stelle zunächst das Verhältnis auf. Berechne anschließend, wie viel jeder von einem Gewinn über 83 Euro erhält.

4. Für ein Experiment sollen 3 Teile Eisen mit 7 Teilen Chlor und 2 Teilen Beryllium vermischt werden. Leider hat die Hildegard-Schule nur noch 20 ml Chlor.

Berechne dafür die Menge der anderen benötigten Stoffe.

5. Katharina, Jennifer und Kathrin teilen sich einen Kuchen für 6,95 Euro. Davon isst Katharina 3 Stück, Jennifer 4 und Kathrin 2 Stück.

Wie viel muss jede zahlen?

6. Lea, Sarah und Kai kaufen sich eine Tüte Gummibärchen. Lea isst 40 g, Sarah 70 g und Kai 90 g. Leider hat Kai nur noch 45 Cent.

Wie viel dürfte die Tüte höchstens gekostet haben, damit jeder nur das bezahlt, was er gegessen hat? Wie viel zahlen Lea und Sarah?

bearbeitet am: ______ **erreichte Punktzahl:** ______

Ab 15 Punkten kannst Du zu Test 85 weitergehen, bei 18 Punkten zu Test 86.

Test 85 | Mischungen/Aufteilungen von drei Größen

Schwierigkeitsgrad: ▲▲▲

1. Christina mischt sich Tee. Er besteht aus 7 Teilen Rotbusch, 2 Teilen Anis und 1 Teil Zimt.

Wie viel Rotbusch, Anis und Zimt benötigt sie für 400 g Teemischung?

2. In Franziskas Müsli kommen Haferflocken, Cornflakes und verschiedenes Obst im Verhältnis 7 : 6 : 4.

Berechne die Menge an Haferflocken, Cornflakes und Obst, wenn sie 150 g Müsli isst.

3. Charlotte, Achim und Bruno haben bei einem Glücksspiel Geld verloren. Charlotte war am Einsatz mit 5 Teilen beteiligt, Achim mit 7 und Bruno mit 13. Charlotte hat 13 Euro verloren.
Rechne den Gesamtverlust aus und wie viel Achim und Bruno jeweils verloren haben.

4. In einer Mathe-Klassenarbeit sind Geometrie-, Algebra- und vermischte Aufgaben im Verhältnis 3 : 3 : 2. Für eine Aufgabe werden ca. 5 Minuten verbraucht.

Wie viele Aufgaben aus jedem Bereich sind in einer Arbeit für 75 Minuten? (Runde sinnvoll)

5. Für ein Experiment werden 3 Teile Benzol, 2 Teile Chlor und 1 Teil Brom benötigt.

Wie viel braucht man jeweils für insgesamt 1,3 l?

6. Familie Schreiner besteht aus den Eltern und zwei erwachsenen Kindern, die alle das Auto nutzen. Eine Reparaturrechnung beträgt 289 Euro.

Berechne, wie viel jeder zahlen muss, wenn jedes Elternteil doppelt so viel wie ein Kind zahlt. Stelle zunächst das Verhältnis dar.

bearbeitet am: ______ **erreichte Punktzahl:** ______

Bei 18 Punkten kannst Du zu Test 86 weitergehen.

Test 86 | proportionale Zuordnungen

Schwierigkeitsgrad: △ ▲ ▲

1. Kannst du die Tabelle ergänzen?

x =	1	2	4	8	16
y =	4	8	____	32	64

2. Ergänze die Tabelle!

x =	6	12	24	____	96
y =	3	6	12	24	____

3. Vervollständige die Tabelle!

x =	9	13,5	____	30,375	45,5625
y =	3	____	6,75	10,125	15,1875

4. Ergänze die Tabelle!

x =	1	2	4	8	____
y =	3	6	12	____	48

5. Komplettiere die Tabelle!

x =	1	____	4	8	16
y =	____	5	10	20	40

6. Fülle die Tabelle aus!

x =	100	50	25	12,5	____
y =	80	40	20	____	5

bearbeitet am: ____ **erreichte Punktzahl:** ____

Ab 15 Punkten kannst Du zu Test 87 weitergehen, bei 18 Punkten zu Test 88.

Test 87 | proportionale Zuordnungen

Schwierigkeitsgrad: △ ▲ ▲

1. Ergänze die Tabelle!

x =	8	4	2	1	____
y =	16	8	____	2	1

2. Komplettiere die Tabelle!

x =	5	10	20	____	80
y =	1	2	4	8	____

3. Ergänze die Tabelle!

x =	216	36	____	1	$\frac{1}{6}$
y =	6480	____	180	30	5

4. Vervollständige die Tabelle!

x =	0,125	0,25	0,5	1	____
y =	3	6	12	____	48

5. Fülle die Tabelle aus!

x =	1	____	6,25	15,625	39,0625
y =	____	6,25	15,625	39,0625	97,65625

6. Kannst du auch diese Tabelle ergänzen?

x =	____	7	14	28	____
y =	19,5	39	78	____	312

bearbeitet am: ____ **erreichte Punktzahl:** ____

Ab 15 Punkten kannst Du zu Test 88 weitergehen.

Test 88 | proportionale Zuordnungen

Schwierigkeitsgrad: △ △ ▲

1. Komplettiere die Tabelle!

x =	____	____	1	$\frac{1}{3}$	$\frac{1}{9}$
y =	243	81	____	9	3

2. Ergänze die Tabelle!

x =	18	54	162	486	1458
y =	$\frac{1}{27}$	____	____	1	____

3. Kannst du die Tabelle ergänzen?

x =	$\frac{1}{144}$	$\frac{1}{12}$	____	12	144
y =	2	____	288	____	____

4. Ergänze die Tabelle!

x =	28	14	7	3,5	____
y =	____	512	256	____	64

5. Vervollständige die Tabelle!

x =	$\frac{1}{125}$	____	0,2	1	5
y =	____	12,5	62,5	312,5	____

6. Fülle die Tabelle aus!

x =	100	20	4	0,8	____
y =	150	____	6	____	0,24

bearbeitet am: ____ **erreichte Punktzahl:** ____

Ab 15 Punkten kannst Du zu Test 89 weitergehen, bei 18 Punkten zu Test 90.

Test 89 | proportionale Zuordnungen

Schwierigkeitsgrad: △ △ ▲

1. Überprüfe, ob die Tabelle durchgängig eine proportionale Zuordnung ergibt!

x =	45	90	180	360	720
y =	15	30	90	120	240

2. Kann man bei der Tabelle von einer proportionalen Zuordnung sprechen?

x =	8	24	72	216	648
y =	$\frac{1}{648}$	$\frac{1}{216}$	$\frac{1}{72}$	$\frac{1}{24}$	$\frac{1}{8}$

3. Ergibt die Tabelle eine proportionale Zuordnung?

x =	20	28,5	45	67,5	101,25
y =	8	12	18	27	40,5

4. Prüfe, ob die Tabelle eine proportionale Zuordnung ergibt!

x =	22,5	56,25	140,625	351,5625	878,90625
y =	15	37,5	93,75	234,375	585,9375

5. Ergibt die Tabelle eine proportionale Zuordnung?

x =	29	66,7	153,41	352,843	811,5389
y =	$\frac{1}{10}$	0,23	0,529	1,2167	2,79841

6. Handelt es sich bei der Tabelle um eine proportionale Zuordnung?

x =	15	58,5	228,15	889,785	3354,78945
y =	2,5	9,75	38,025	148,2975	578,36025

bearbeitet am: ______ **erreichte Punktzahl:** ______

Ab 15 Punkten kannst Du zu Test 90 weitergehen.

Test 90 | **proportionale Zuordnungen**

Schwierigkeitsgrad: ▲▲▲

1. Ergänze die Tabelle!

x =	____	____	10	____	90
y =	5	15	____	135	405

2. Vervollständige die Tabelle!

x =	____	171	1539	13851	124659
y =	$\frac{1}{81}$	____	____	9	____

3. Ergänze Fülle die Tabelle aus!

x =	27	124,2	____	2628,072	12089,1312
y =	$\frac{1}{16}$	____	1,3225	____	____

4. Kannst du die Tabelle ergänzen?

x =	____	3,8	14,44	____	208,5136
y =	$\frac{1}{5}$	0,76	____	10,9744	____

5. Auf seiner alljährlichen, nur 2 ½-stündigen Autofahrt in die Schweiz muss Simon dieses Jahr einen Umweg von 300 km machen, um seinen Freund abzuholen. Mit dem Umweg verdoppelt sich seine Fahrtzeit.
Wie viele Kilometer hätte er ohne den Umweg fahren müssen?
(Es wird angenommen, dass er immer gleich schnell fährt.)

6. Normalerweise kauft Bernd eine feste Anzahl an Eiern, da aber Ostern vor der Tür steht, kauft er 3-mal so viele. Er muss 4,32 Euro bezahlen.

Wie viele Eier hätte er normalerweise gekauft, und wie viel hätte er bezahlt, wenn ein Ei 16 Cent kostet?

bearbeitet am: ____ **erreichte Punktzahl:** ____

Ab 15 Punkten kannst Du zu Test 91 weitergehen, bei 18 Punkten zu Test 92.

Test 91 | proportionale Zuordnungen

Schwierigkeitsgrad: ▲▲▲

1. Jonas will sich Kaugummis kaufen. Im Geschäft sieht er, dass 12 Päckchen für nur 7,50 Euro angeboten werden.

Sollte er sich die große Packung oder lieber 3 einzelne à 60 Cent kaufen, um möglichst wenig pro Packung zu bezahlen?

---

2. Eva kauft sich jede Woche eine Zeitschrift für 1,50 Euro. Sie überlegt sich, die Zeitschrift zu abonnieren, um Geld zu sparen.

Würde es sich lohnen, wenn das Abonnement im Jahr 78 Euro kostet?

---

3. Vicki überlegt sich schon länger, für ihr Handy einen Flatrate-Vertrag über monatlich 15 Euro abzuschließen.

Da sie aber eigentlich nie telefoniert, sondern nur ca. 200 SMS (à 9 Cent) im Monat schreibt, weiß sie nicht so recht, ob sich dies für sie überhaupt lohnt.

---

4. Ergänze die Tabelle!

x =	6	____	47,04	131,712	____
y =	____	8,4	23,52	____	184,3968

---

5. Vervollständige die Tabelle!

x =	8	12	____	27	____
y =	9	____	20,25	____	45,5625

---

6. Komplettiere die Tabelle!

x =	56	72,8	____	123,032	159,9416
y =	3	____	5,07	____	____

---

bearbeitet am: ____ **erreichte Punktzahl:** ____

Bei 18 Punkten kannst Du zu Test 92 weitergehen.

Test 92 | umgekehrt proportionale Zuordnungen

Schwierigkeitsgrad: △ ▲ ▲

1. Kannst du die Tabelle ergänzen?

x =	16	8	4	2	1
y =	2	4	____	16	32

2. Ergänze die Tabelle!

x =	2	6	18	____	162
y =	243	81	27	9	3

3. Komplettiere die Tabelle!

x =	9	45	____	1125	5625
y =	100	____	4	0,8	0,16

4. Ergänze die Tabelle!

x =	8	4	2	1	____
y =	7	14	28	____	112

5. Fülle die Tabelle aus!

x =	12	60	300	1500	7500
y =	____	1800	360	72	14,4

6. Vervollständige die Tabelle!

x =	7	28	112	448	____
y =	80	20	5	____	0,3125

bearbeitet am: ______ **erreichte Punktzahl:** ______

Ab 15 Punkten kannst Du zu Test 93 weitergehen, bei 18 Punkten zu Test 94.

Test 93 umgekehrt proportionale Zuordnungen

Schwierigkeitsgrad: △ ▲ ▲

1. Ergänze die Tabelle!

x =	18	9	4,5	2,25	1,125
y =	18	36	____	144	288

2. Fülle die Tabelle aus!

x =	17	34	68	____	272
y =	512	256	128	64	32

3. Ergänze die Tabelle!

x =	8	32	____	512	2048
y =	100	____	6,25	1,5625	0,390625

4. Kannst du die Tabelle ergänzen?

x =	8	24	72	216	____
y =	486	162	54	____	6

5. Komplettiere die Tabelle!

x =	16	32	____	128	256
y =	____	500	250	125	62,5

6. Vervollständige die Tabelle!

x =	5	20	80	320	____
y =	____	0,75	0,1875	0,046875	0,01171875

bearbeitet am: ________ **erreichte Punktzahl:** ________

Ab 15 Punkten kannst Du zu Test 94 weitergehen.

Test 94 umgekehrt proportionale Zuordnungen

Schwierigkeitsgrad: △ △ ▲

1. Kannst du die Tabelle ergänzen?

x =	15	45	135	____	____
y =	202,5	67,5	____	7,5	2,5

2. Ergänze die Tabelle!

x =	27	____	9,72	____	3,4992
y =	____	11,448	19,08	31,8	53

3. Vervollständige die Tabelle!

x =	0,32	2,24	____	109,76	768,32
y =	8403,5	____	171,5	24,5	3,5

4. Überprüfe die Tabelle, ob sie umgekehrt proportional ist.

x =	4,5	27	162	972	5832
y =	10108,8	1684,8	280,8	46,8	7,8

5. Ist die Tabelle umgekehrt proportional?

x =	6,34	3,17	1,585	0,7925	0,39625
y =	8,8	17,58	35,16	70,32	140,64

6. Handelt es sich hier um eine umgekehrt proportionale Tabelle?

x =	0,07	0,35	1,75	8,75	43,75
y =	3750	750	150	30	6

bearbeitet am: ____ **erreichte Punktzahl:** ____

Ab 15 Punkten kannst Du zu Test 95 weitergehen, bei 18 Punkten zu Test 96.

Test 95 umgekehrt proportionale Zuordnungen

Schwierigkeitsgrad: △ △ ▲

1. Ergänze die Tabelle!

x =	____	2,31	16,17	113,19	____
y =	240,1	34,3	4,9	____	0,1

2. Vervollständige die Tabelle!

x =	65884,5	5989,5	____	49,5	____
y =	____	37,4	411,4	4525,4	49779,4

3. Komplettiere die Tabelle!

x =	6,43	12,86	25,72	51,44	____
y =	____	47,12	23,56	11,78	5,89

4. Überprüfe, ob die Tabelle umgekehrt proportional ist.

x =	3	7,5	18,75	46,875	117,1875
y =	78,125	31,25	12,5	5	2

5. Handelt es sich hier um eine umgekehrt proportionale Tabelle?

x =	4	12	36	108	324
y =	1620	545	180	60	20

6. Ist die Tabelle umgekehrt proportional?

x =	34	102	306	918	2754
y =	0,80	0,27	0,09	0,03	0,01

bearbeitet am: ____ **erreichte Punktzahl:** ____

Ab 15 Punkten kannst Du zu Test 96 weitergehen.

Test 96 umgekehrt proportionale Zuordnungen

Schwierigkeitsgrad: ▲▲▲

1. Ergänze die Tabelle!

x =	____	____	9	____	81
y =	3	1	____	$\frac{1}{9}$	$\frac{1}{27}$

2. Vervollständige die Tabelle!

x =	0,2	1,4	9,8	____	480,2
y =	600,25	____	____	1,75	____

3. Komplettiere die Tabelle!

x =	____	____	6,125	____	300,125
y =	$114\frac{1}{3}$	$16\frac{1}{3}$	____	$\frac{1}{3}$	$\frac{1}{21}$

4. Fabian und Lukas sollen ihrem Vater den Garten umgraben helfen. Sie arbeiten alle gleich schnell. Der Vater ist froh, da er jetzt nicht alles alleine machen muss. Er hat sich ausgerechnet, dass 1 Person für den gesamten Garten 12 Stunden braucht.
Wie viel Zeit muss er jetzt einplanen, wenn seine Söhne ihm helfen?

5. Ein Künstler malt 5 Tage täglich 3,5 Stunden, um sein Bild fertig zu stellen. Er möchte es jedoch schon nach 2 Tagen fertig haben.

Wie viele Stunden muss er jeden Tag arbeiten, um sein Ziel zu erreichen?

6. Überprüfe, ob die Tabelle umgekehrt proportional ist.

x =	0,5	1,75	6,125	21,4375
y =	34,514375	9,86125	2,8175	0,805

bearbeitet am: ____ **erreichte Punktzahl:** ____

Ab 15 Punkten kannst Du zu Test 97 weitergehen, bei 18 Punkten zu Test 98.

Test 97 | umgekehrt proportionale Zuordnungen

Schwierigkeitsgrad: ▲▲▲

1. Ergänze die Tabelle!

x =	____	____	120	____	$13\frac{1}{3}$
y =	0,25	0,75	____	6,75	20,25

2. Vervollständige die Tabelle!

x =	0,529	1,058	2,116	____	8,464
y =	$\frac{1}{64}$	____	____	$\frac{1}{512}$	____

3. Komplettiere die Tabelle!

x =	____	____	13,72	____	0,07
y =	$\frac{1}{32}$	0,4375	____	85,75	1200,5

4. Überprüfe die Tabelle, ob sie umgekehrt proportional ist!

x =	0,21	1,89	153,09	1377,81
y =	3936,6	437,4	5,4	0,6

5. Ist die Tabelle umgekehrt proportional?

x =	6,3	132,3	2778,3	58344,3
y =	2963,52	141,12	6,72	0,32

6. Karl läuft täglich 6 Kilometer und benötigt dafür 45 Minuten. Er möchte sich verbessern und seine übliche Strecke in 30 Minuten schaffen.

Wie viel schneller muss er laufen? Wie viel km/h entspricht das?

bearbeitet am: ____ **erreichte Punktzahl:** ____

Bei 18 Punkten kannst Du zu Test 98 weitergehen.

Test 98 | vermischte Dreisatzberechnungen

Schwierigkeitsgrad: △ ▲ ▲

1. Kannst du die Tabelle vervollständigen?

x =	3	6	12	24	48
y =	12	____	48	96	192
z =	24	12	6	3	____

2. Komplettiere die Tabelle!

x =	1	3	9	____	81
y =	324	____	36	12	4
z =	5	15	45	135	____

3. Vervollständige die Tabelle!

x =	1	4	____	64	256
y =	3	____	48	192	768
z =	384	96	24	6	____

4. Ergänze die Tabelle!

x =	0,2	1	5	25	125
y =	5000	1000	____	____	8
z =	3	15	75	375	____

5. Vervollständige die Tabelle!

x =	10	20	40	80	160
y =	____	____	72	36	18
z =	26	52	____	208	416

6. Auch diese Tabelle sollst du komplettieren!

x =	1,125	9	72	576	4608
y =	____	____	6,4	51,2	409,6
z =	____	665,6	83,2	10,4	1,3

bearbeitet am: ____ **erreichte Punktzahl:** ____

Ab 15 Punkten kannst Du zu Test 99 weitergehen, bei 18 Punkten zu Test 101.

Test 99 vermischte Dreisatzberechnungen

Schwierigkeitsgrad: △▲▲

1. Vervollständige die Tabelle!

x =	100	200	400	800	1600
y =	5,6	____	22,4	44,8	89,6
z =	10	5	2,5	____	____

2. Ergänze die Tabelle!

x =	25	75	225	____	2025
y =	522	____	58	$19\frac{1}{3}$	$6\frac{4}{9}$
z =	13	39	117	351	____

3. Fülle die Tabelle aus!

x =	2,3	13,8	____	496,8	____
y =	9072	____	252	42	7
z =	2,8	16,8	100,8	604,8	____

4. Auch diese Tabelle sollst du ausfüllen!

x =	____	2	28	392	5488
y =	5	70	____	____	192080
z =	153664	10976	784	56	____

5. Komplettiere die Tabelle!

x =	0,3	2,7	24,3	218,7	____
y =	____	____	243	27	3
z =	0,94	8,46	____	685,26	6167,34

6. Und noch einmal sollst du die Tabelle ergänzen!

x =	50	5	0,5	0,05	0,005
y =	____	____	100	1000	10000
z =	____	1385,7	138,57	13,857	1,3857

bearbeitet am: ____ **erreichte Punktzahl:** ____

Ab 15 Punkten kannst Du zu Test 100 weitergehen, bei 18 Punkten zu Test 101.

Test 100 | vermischte Dreisatzberechnungen

Schwierigkeitsgrad: △ ▲ ▲

1. Kannst du die Tabelle vervollständigen?

x =	3	7,5	____	____
y =	8	____	50	125
z =	39,0625	15,625	6,25	____

2. Auch diese Tabelle sollst du ergänzen!

x =	2,5	17,5	122,5	____	6002,5
y =	14406	____	294	42	6
z =	1,6	11,2	78,4	548,8	____

3. Vervollständige die Tabelle!

x =	3,7	7,77	____	34,2657
y =	27,783	____	6,3	3
z =	5	10,5	____	____

4. Ergänze die Tabelle!

x =	____	2	12	72	432
y =	8,7	52,2	____	____	11275,2
z =	1944	324	54	9	____

5. Vervollständige die Tabelle!

x =	2,3	20,7	186,3	1676,7	____
y =	____	____	89,1	9,9	1,1
z =	0,72	6,48	____	524,88	4723,92

6. Komplettiere die Tabelle!

x =	9	135	2025	30375	455625
y =	____	____	0,675	10,125	151,875
z =	____	209,25	13,95	0,93	0,062

bearbeitet am: ____ **erreichte Punktzahl:** ____

Bei 18 Punkten kannst Du zu Test 101 weitergehen.

Test 101 | vermischte Dreisatzberechnungen

Schwierigkeitsgrad: ▲▲▲

1. Vervollständige die Tabelle!

x =	5	____	____	16,875
y =	13,5	____	____	45,5625
z =	8,4375	5,625	3,75	____

2. Ergänze die Tabelle!

x =	6	16,5	____	____	343,1484375
y =	____	____	____	11	4
z =	1,6	____	12,1	33,275	____

3. Fülle die Tabelle aus!

x =	6,8	____	____	14,9396
y =	15,8184	____	9,36	7,2
z =	3,1	4,03	____	____

4. Komplettiere die Tabelle!

x =	$\frac{1}{3}$	____	____	____	2187
y =	____	45	____	____	32805
z =	11153,7	1239,3	137,7	15,3	____

5. Vervollständige die Tabelle!

x =	2,3	____	150,903	____	____
y =	____	637,7292	____	9,72	____
z =	0,68	____	44,6148	361,37988	2927,177028

6. Und noch einmal sollst du die Tabelle vervollständigen!

x =	4,9	34,3	240,1	1680,7	11764,9
y =	____	____	1,225	8,575	60,025
z =	____	126,91	18,13	2,59	0,37

bearbeitet am: ____ **erreichte Punktzahl:** ____

Ab 15 Punkten kannst Du zu Test 102 weitergehen, bei 18 Punkten zu Test 104.

Test 102 | vermischte Dreisatzberechnungen

Schwierigkeitsgrad: △ △ ▲

1. Kannst du die Tabelle komplettieren?

x =	6,21	50,922	____	____
y =	15,1	____	____	8325,6568
z =	1654,104	201,72	24,6	____

2. Vervollständige die Tabelle!

x =	0,001	0,019	____	____	130,321
y =	____	2,0577	____	____	0,0003
z =	0,0007	____	0,2527	4,8013	____

3. Ergänze die Tabelle!

x =	2,3	____	____	287,5
y =	____	33180	6636	1327,2
z =	1,67	8,35	____	____

4. Vervollständige die Tabelle!

x =	____	7,98	____	____	73,90278
y =	____	0,189	____	____	1,750329
z =	5,83443	2,7783	1,323	0,63	____

5. Ergänze auch diese Tabelle!

x =	____	17,55	11,7	7,8	____
y =	0,21	____	____	____	1,063125
z =	0,8	____	____	2,7	4,05

6. Auch diese Tabelle sollst du ergänzen!

x =	3,5	____	0,14	____	0,0056
y =	____	____	0,2	1	____
z =	____	0,56	0,112	____	0,00448

bearbeitet am: ____ **erreichte Punktzahl:** ____

Ab 15 Punkten kannst Du zu Test 103 weitergehen, bei 18 Punkten zu Test 104.

Test 103 | vermischte Dreisatzberechnungen

Schwierigkeitsgrad: ▲▲▲

1. Kannst du die Tabelle ergänzen?

x =	7,49	22,47	_____	_____
y =	0,68	_____	_____	18,36
z =	1,3365	0,4455	0,1485	_____

2. Vervollständige die Tabelle!

x =	401,5	_____	_____	_____	0,04015
y =	13,958	_____	_____	_____	139580
z =	1,6	0,16	0,016	0,0016	_____

3. Komplettiere die Tabelle!

x =	7,8	_____	_____	94,9026
y =	3,8	_____	20,102	46,2346
z =	45,0179	19,573	_____	_____

4. Auch diese Tabelle sollst du ausfüllen!

x =	0,58	_____	_____	_____	148,48
y =	_____	4217	_____	_____	65,890625
z =	3,2	12,8	51,2	204,8	_____

5. Vervollständige die Tabelle!

x =	5,87	41,09	287,63	2013,41	_____
y =	_____	_____	9,8	68,6	480,2
z =	2744	392	_____	8	$1\frac{1}{7}$

6. Ergänze die Tabelle!

x =	0,36	2,34	15,21	98,865	642,6225
y =	_____	_____	1,2675	0,195	0,03
z =	_____	0,52	3,38	21,97	142,805

bearbeitet am: _____ **erreichte Punktzahl:** _____

Bei 18 Punkten kannst Du zu Test 104 weitergehen.

Test 104 | vermischte Dreisatzberechnungen

Schwierigkeitsgrad: ▲▲▲

1. 2 Bauarbeiter brauchen 3 Wochen für den Bau einer Garage, wenn sie an 3 Tagen in der Woche 6 Stunden arbeiten.

Wie lange benötigen 5 Arbeiter, die aber nur 4 Stunden pro Tag arbeiten?

2. Eine Pumpe saugt in 8 Stunden ein mit 4 500 l gefülltes Becken komplett leer.

Wie lange dauert es, das Becken zu leeren, wenn nach der ersten Stunde eine weitere genauso leistungsstarke Pumpe angeschlossen wird?

3. Ein 12 m^2 großes und 6 mm dickes Wellblech wiegt 517 kg.

Wie viel wiegt ein Blech, das zwar nur 8 m^2 groß, dafür aber 10 mm dick ist?

4. 3 Konditoren benötigen 1 Tag, um eine dreistöckige, mit kunstvollen Marzipanfigürchen verzierte Hochzeitstorte zu kreieren.

Wie lange würde ein einziger Zuckerbäcker für drei solche Kunstwerke benötigen?

5. In einem Kohlebergwerk werden an 1 Tag von 2 Maschinen 7 000 Tonnen Kohle gefördert.

Wie viel könnten 8 Maschinen an einem halben Tag fördern?

6. 8 Maschinen produzieren in 8 Stunden 1 024 Werkzeugformteile.

Wie viele Teile schaffen 2 Maschinen, die rund um die Uhr laufen, an 1 Tag?

bearbeitet am: ______ **erreichte Punktzahl:** ______

Ab 15 Punkten kannst Du zu Test 105 weitergehen, bei 18 Punkten zu Test 107.

Test 105 | vermischte Dreisatzberechnungen

Schwierigkeitsgrad: ▲▲▲

1. 7 Bauarbeiter brauchen für die Sanierung einer Straße 8 Wochen, wenn sie jeden Tag 6 Stunden arbeiten (5 Tage die Woche).

   Wie viele Bauarbeiter muss die Stadt einsetzen, wenn die Arbeiter zwar 9 Stunden pro Tag arbeiten, aber in 2 Wochen fertig sein sollen?

2. Ein Kind nascht im Schnitt 40 Gummibärchen pro Stunde. Nach 2 Stunden kommt ein weiteres Kind hinzu.

   Wie lange reichen die Gummibärchenreserven bei insgesamt 460 Stück?

3. Eine Maschine produziert 1 500 Nägel in der Stunde.

   Wie viele Maschinen muss man einsetzen, wenn 9 000 Nägel in 2 Stunden hergestellt werden sollen?

4. Nach einem Schreibmaschinenkurs kann ein Teilnehmer einen Text im Schnitt mit 140 Anschlägen in der Minute tippen.

   Wie lange brauchen 2 Absolventen im Schnitt für 30 Seiten von je 2 800 Anschlägen?

5. 3 Reinigungskräfte benötigen zum Putzen eines Bürogebäudes jeden Tag 2 Stunden.
   Wie viele Reinigungskräfte müssen eingesetzt werden, wenn nur alle 2 Tage geputzt wird und die Arbeitszeit von 2 Stunden einer Kraft pro Tag nicht überschritten werden darf?

6. Ein Bäcker benötigt für 40 Brötchen ca. 15 min Minuten Arbeitszeit.

   Wie lange brauchen 2 Bäcker für 780 Brötchen?

bearbeitet am: **erreichte Punktzahl:**

Ab 15 Punkten kannst Du zu Test 106 weitergehen, bei 18 Punkten zu Test 107.

Test 106 | vermischte Dreisatzberechnungen

Schwierigkeitsgrad: ▲▲▲

1. Jonas will seine 2 Zimmer renovieren. Alleine schafft er eins in 5 Tagen.

   Wie lange braucht er für beide, wenn ihm noch 5 Freunde helfen?

2. Eine Eismaschine produziert in 4 Stunden 300 Liter Eis.

   Wie viel würden 3 Eismaschinen in 9 Stunden schaffen?

3. Ein Maler arbeitet 4 Stunden am Tag und benötigt für ein großes Bild 3 Wochen (5 Arbeitstage die Woche).

   Wie lange braucht er für 6 Bilder, wenn er 10 Stunden am Tag malt?

4. Claras Mutter schafft es, 1 Kuchen in 1 Stunde zu backen.

   Wie lange benötigt die Mutter mit der Hilfe von Clara für 5 Kuchen?

5. Ein Gitarrenbauer braucht ohne Hilfe für eine Gitarre 4 Wochen à 5 Arbeitstage à 8 Stunden.

   Wie viele Gitarren schaffen 8 Gitarrenbauer in 7 Wochen?

6. Ein Orchester braucht mit 4 Proben pro Woche à 6 Stunden 5 Wochen zum Einstudieren einer Symphonie.

   Wie lange benötigt das Orchester mit 5 Proben à 4 Stunden in der Woche?

bearbeitet am: ______ **erreichte Punktzahl:** ______

Bei 18 Punkten kannst Du zu Test 107 weitergehen.

Test 107 Strahlensätze

Schwierigkeitsgrad: △ ▲ ▲

1. Kannst du die Länge x der Seite bestimmen?

a = 5
b = 3
c = x
d = 2

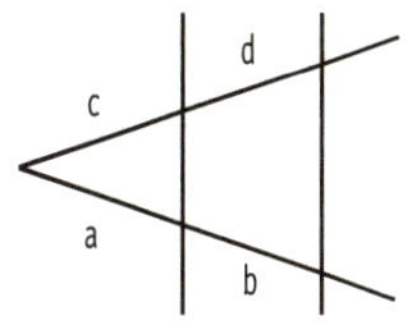

2. Bestimme die Länge x der Seite.

a = 2
b = 1
c = x
d = 4

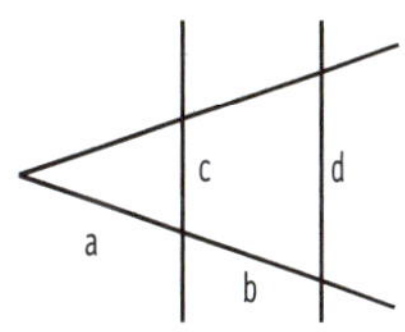

3. Stelle die Länge x der Seite fest.

c = x
d = 7
e = 4
f = 3

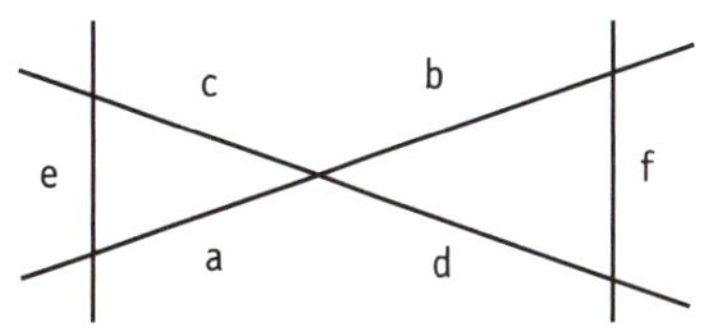

4. Bestimme die Länge x der Seite.

a = 9
b = x
c = 8
d = 2

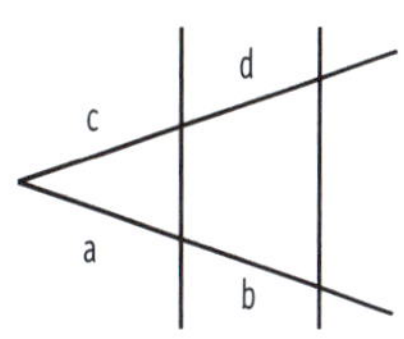

5. Versuche, die Länge x der Seite zu bestimmen.

a = 3
b = 7
c = 1
d = x

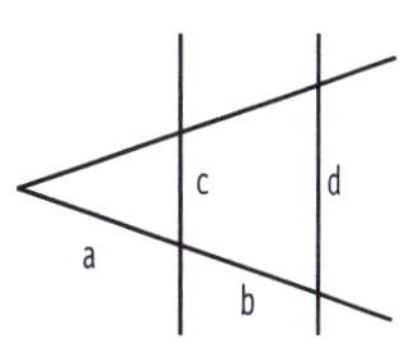

6. Bestimme die Länge x der Seite.

c = 2
d = 16
e = 4
f = x

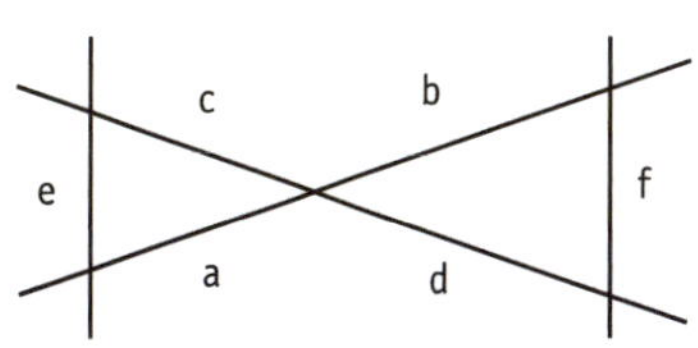

bearbeitet am: ______ **erreichte Punktzahl:** ______

Ab 15 Punkten kannst Du zu Test 108 weitergehen, bei 18 Punkten zu Test 110.

Test 108 | Strahlensätze

Schwierigkeitsgrad: △▲▲

1. Kannst du die Länge x der Seite bestimmen?
a = 2
b = 16
c = 14
d = x

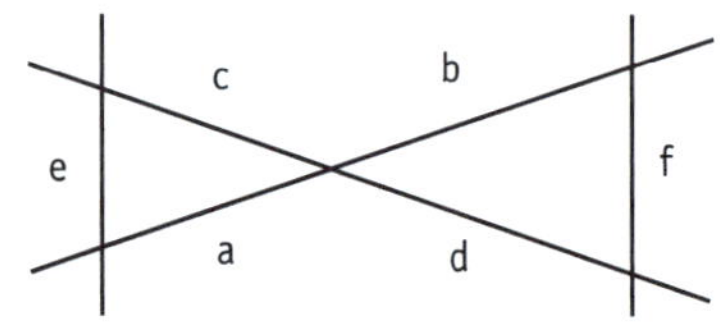

2. Bestimme die Länge x der Seite.
a = 7
b = 2
c = 4
d = x

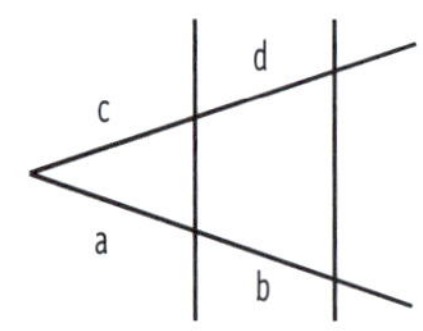

3. Stelle die Länge x der Seite fest.
a = 7
b = x
c = 8
d = 9

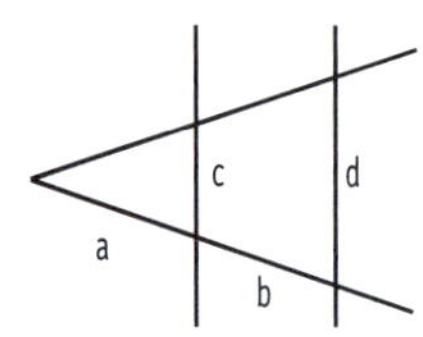

4. Bestimme die Länge x der Seite.
a = 14
b = 7
e = x
f = 9

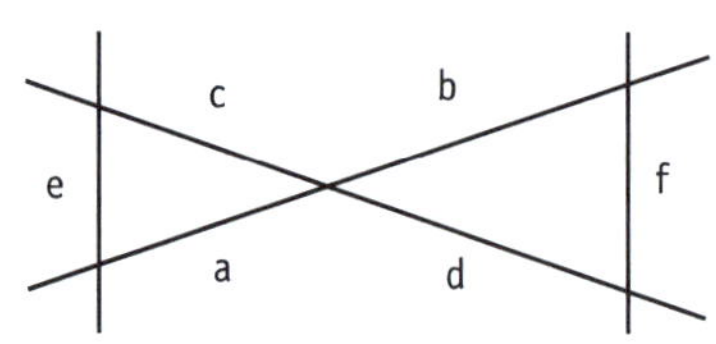

5. Versuche, die Länge x der Seite zu bestimmen.
a = x
b = 10
c = 12
d = 4

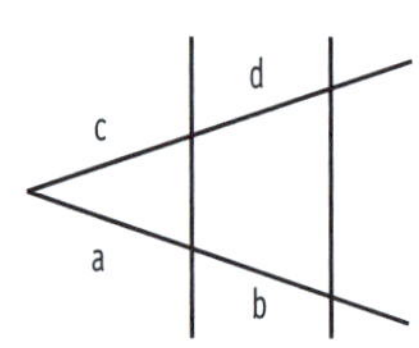

6. Bestimme die Länge x der Seite.
a = 10
b = 10
c = x
d = 2

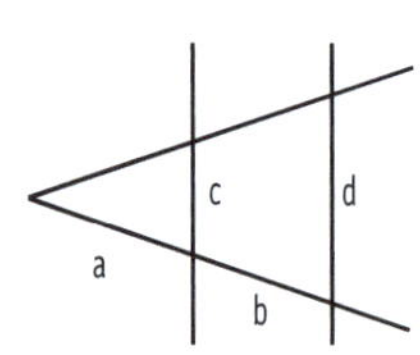

bearbeitet am: ______ **erreichte Punktzahl:** ______

Ab 15 Punkten kannst Du zu Test 109 weitergehen, bei 18 Punkten zu Test 110.

Test 109 | Strahlensätze

Schwierigkeitsgrad: △▲▲

1. Kannst du die Länge x der Seite bestimmen?
a = 2
b = 4
c = 3
d = x

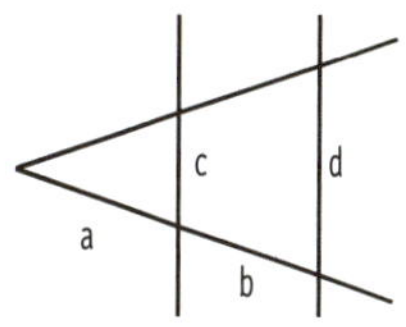

2. Bestimme die Länge x der Seite.
a = 3
b = 8
e = x
f = 2

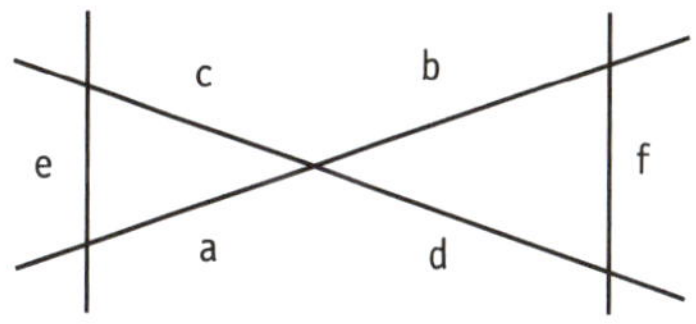

3. Stelle die Länge x der Seite fest.
a = x
b = 1
c = 3
d = 2

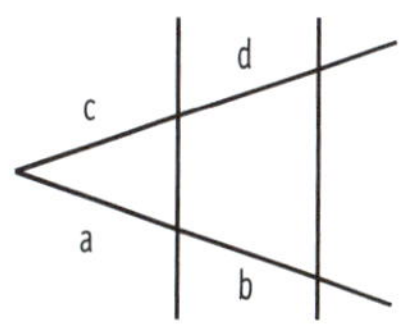

4. Bestimme die Länge x der Seite.
a = 14
b = 6
c = x
d = 4

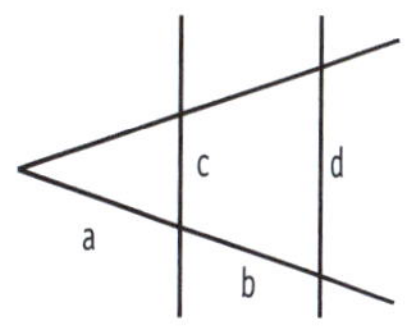

5. Versuche, die Länge x der Seite zu bestimmen.
a = 12
b = 8
c = 10
d = x

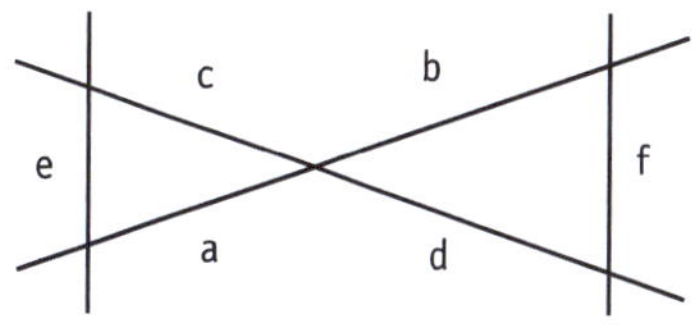

6. Bestimme die Länge x der Seite.
a = 3
b = 4
c = 5
d = x

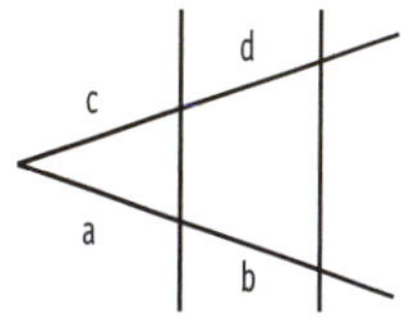

bearbeitet am: ____ **erreichte Punktzahl:** ____

Ab 15 Punkten kannst Du zu Test 110 weitergehen.

Test 110 | Strahlensätze

Schwierigkeitsgrad: △ △ ▲

1. Kannst du die Länge x der Seite bestimmen?
a = 0,5
b = 1
c = 3,5
d = x

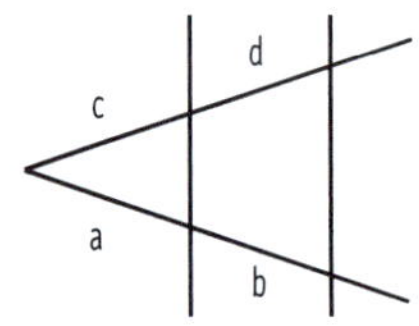

2. Bestimme die Länge x der Seite.
a = 5
b = 10
c = 6
d = x

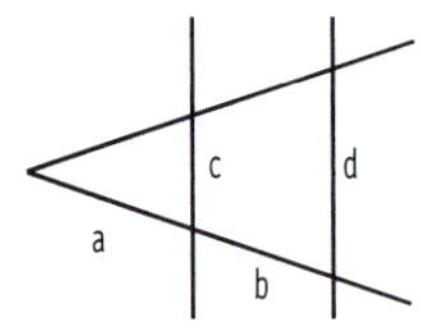

3. Stelle die Länge x der Seite fest.
a = 2
b = 9
c = x
d = 13

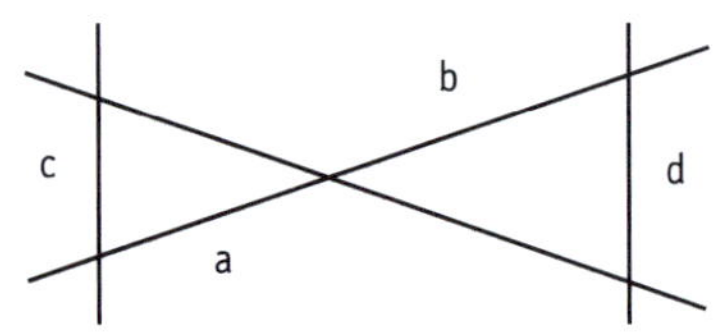

4. Bestimme die Länge x der Seite.
a = 7
b = 5
c = 15
d = x

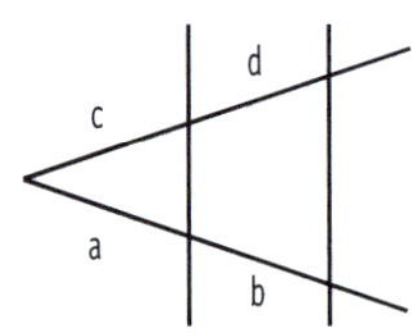

5. Versuche, die Länge x der Seite zu bestimmen.
a = $\frac{2}{7}$
b = 2
c = x
d = 7

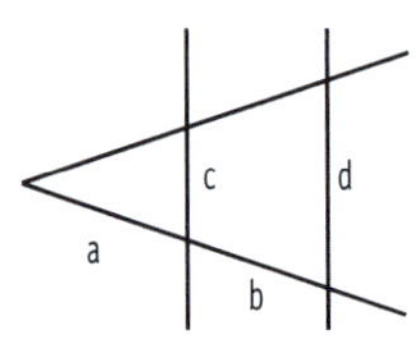

6. Bestimme die Länge x der Seite.
a = 20
b = 14
c = 25
d = x

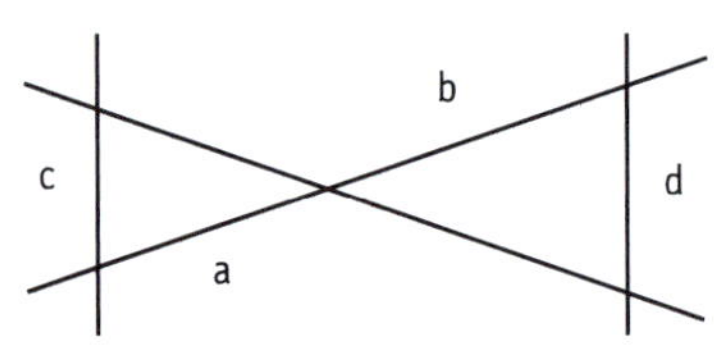

bearbeitet am: ______ **erreichte Punktzahl:** ______

Ab 15 Punkten kannst Du zu Test 111 weitergehen, bei 18 Punkten zu Test 113.

Test 111 | Strahlensätze

Schwierigkeitsgrad: △ △ ▲

1. Kannst du die Länge x der Seite bestimmen?

a = x
b = 17
c = 20
d = 0,5

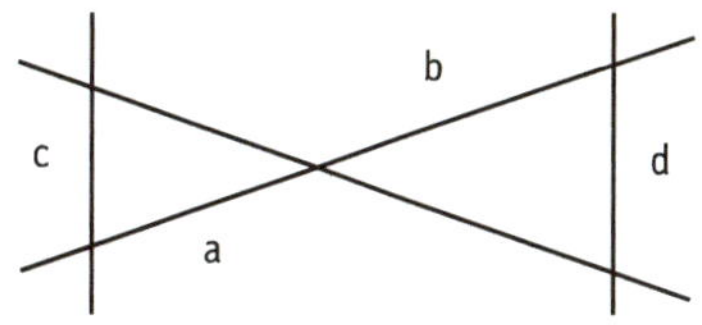

2. Bestimme die Länge x der Seite.

a = $\frac{1}{3}$
b = $2\frac{2}{3}$
c = x
d = 3

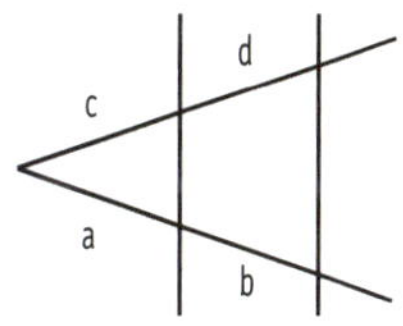

3. Stelle die Länge x der Seite fest.

a = x
b = 17
c = 2
d = 11

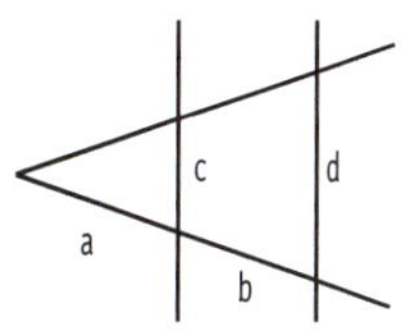

4. Bestimme die Länge x der Seite.

a = 11
b = 22
c = 0,3
d = x

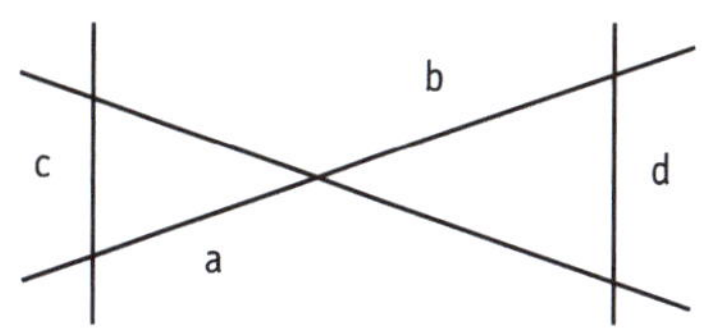

5. Versuche, die Länge x der Seite zu bestimmen.

a = $1\frac{3}{4}$
b = x
c = $2\frac{1}{2}$
d = 2

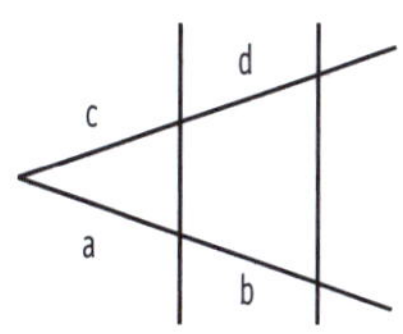

6. Bestimme die Länge x der Seite.

a = 0,5
b = 0,75
c = 0,25
d = x

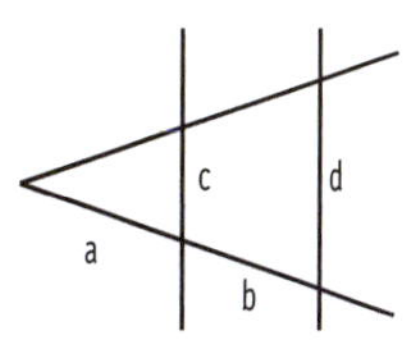

bearbeitet am: ______ **erreichte Punktzahl:** ______

Ab 15 Punkten kannst Du zu Test 112 weitergehen, bei 18 Punkten zu Test 113.

Test 112 | Strahlensätze

Schwierigkeitsgrad: △ △ ▲

1. Kannst du die Länge x der Seite bestimmen?
a = 7
b = 2
c = x
d = 8

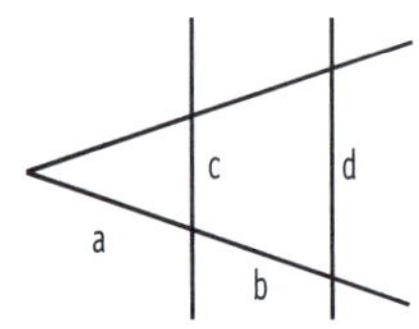

2. Bestimme die Länge x der Seite.
a = $\frac{1}{4}$
b = x
c = 8
d = ½

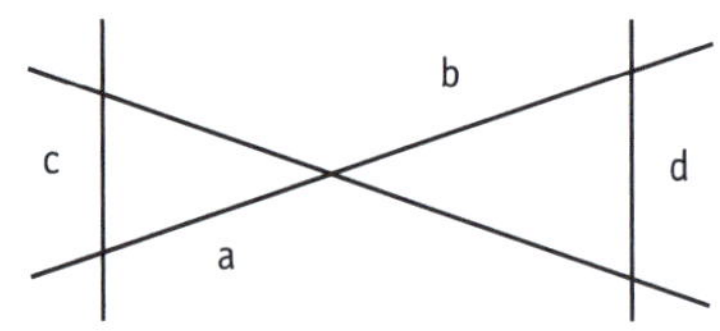

3. Stelle die Länge x der Seite fest.
a = 1 ½
b = x
c = 2
d = 3 ½

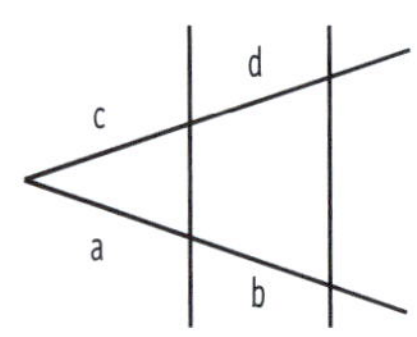

4. Bestimme die Länge x der Seite.
a = 3
b = x
c = 0,5
d = 9

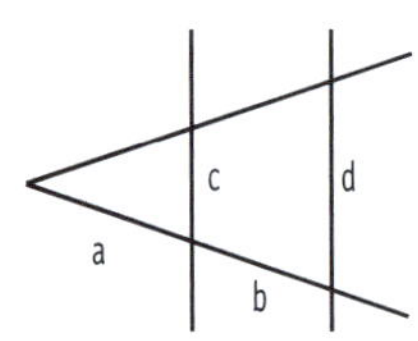

5. Versuche, die Länge x der Seite zu bestimmen.
a = 0,4
b = x
c = 0,7
d = 0,8

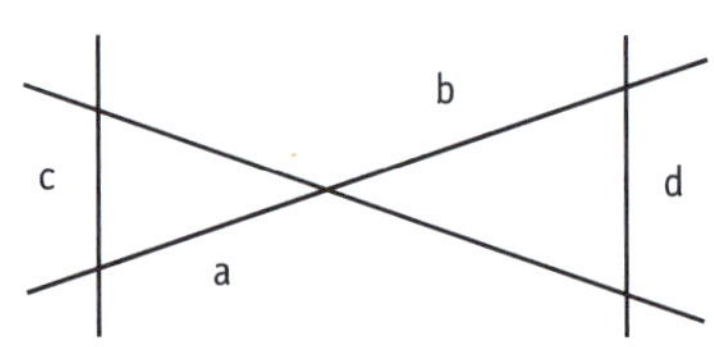

6. Bestimme die Länge x der Seite.
a = x
b = 13
c = 19
d = 8

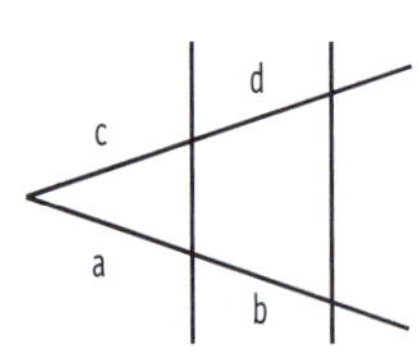

bearbeitet am: **erreichte Punktzahl:**

Ab 17 Punkten kannst Du zu Test 113 weitergehen.

Test 113 | Strahlensätze

Schwierigkeitsgrad: ▲▲▲

1. Kannst du die Länge x der Seite bestimmen?
a = 19; b = x
c = 2; d = 7
e = 6; f = 3

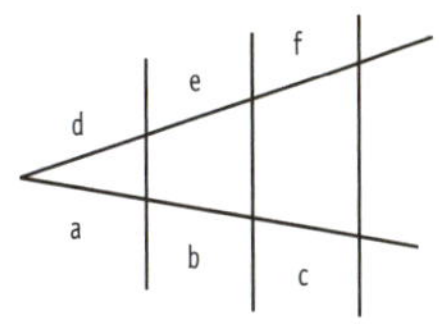

2. Bestimme die Länge x der Seite.
a = 7
b = 9
d = x
e = 3

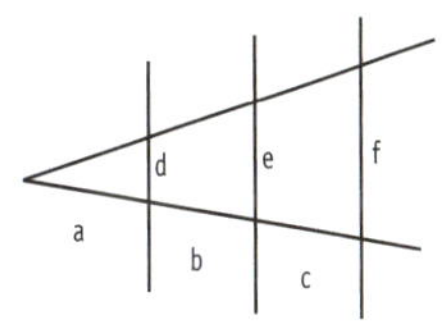

3. Stelle die Länge x der Seite fest.
a = 5; b = 26; c = x
d = 7; e = 12; f = 6
g = 19; h = 13; i = 7

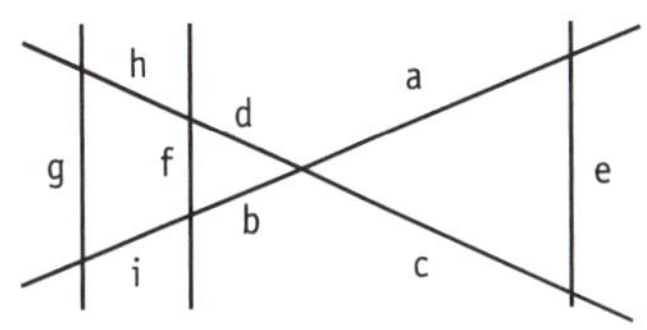

4. Bestimme die Länge x der Seite.
a = x; b = 36
c = 11; d = 2 ½
e = 13; f = 2

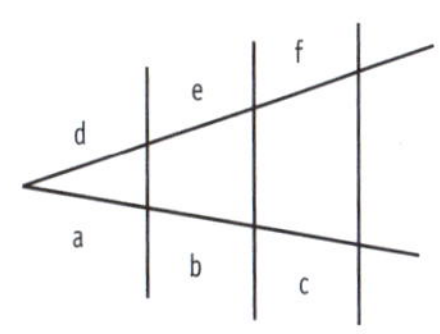

5. Versuche, die Länge x der Seite zu bestimmen.
a = 5; b = 23
c = 19; e = 7
f = x

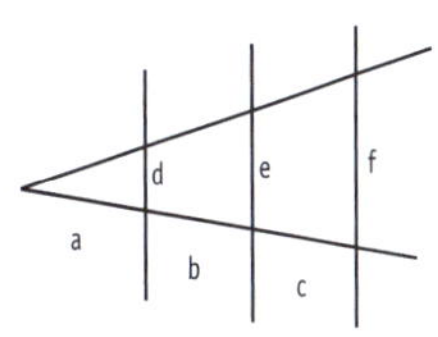

6. Bestimme die Länge x der Seite.
a = 4; b = 1;
e = 5; g = 7;
i = x

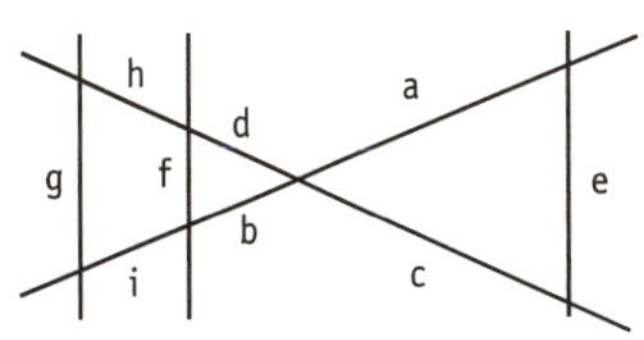

bearbeitet am: ______ **erreichte Punktzahl:** ______

Ab 15 Punkten kannst Du zu Test 114 weitergehen, bei 18 Punkten zu Test 116.

Test 114 | Strahlensätze

Schwierigkeitsgrad: ▲▲▲

1. Kannst du die Länge x der Seite bestimmen?
a = 55; b = 33; c = 2
d = 9; e = 11; f = 1
g = x; h = 6; i = 5

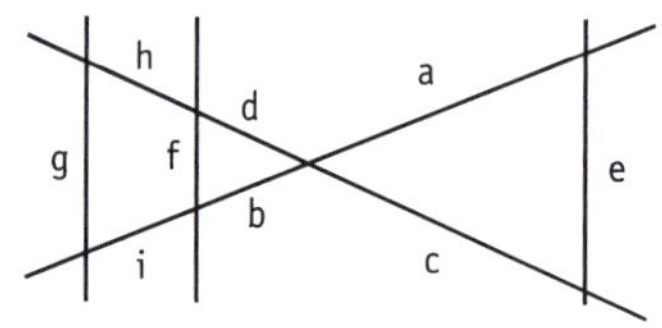

2. Bestimme die Länge x der Seite.
a = 11
b = 5
d = x
e = 13

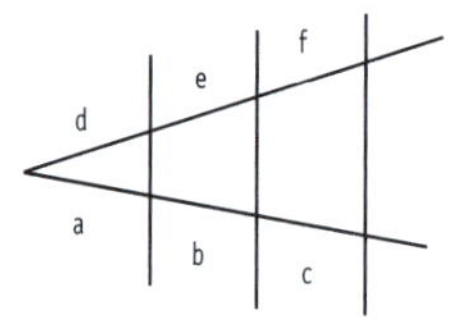

3. Stelle die Länge x der Seite fest.
a = 0,5; b = 3
c = 9; d = x
f = 6

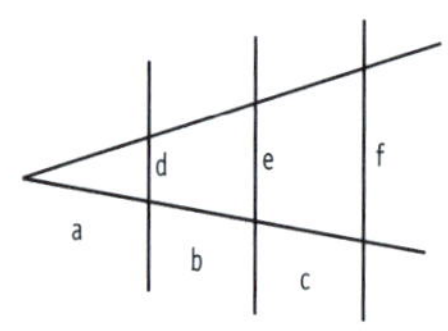

4. Bestimme die Länge x der Seite.
a = 12; b = 21; c = 37
d = 25; e = x; f = 9
g = 16; h = 17; i = 3

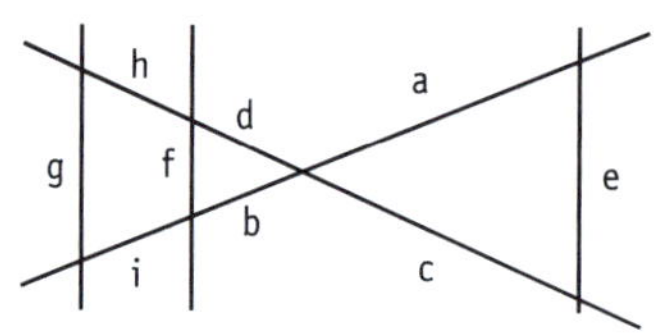

5. Versuche, die Länge x der Seite zu bestimmen.
a = 21; b = 7
c = 5; d = 9
e = 3; f = x

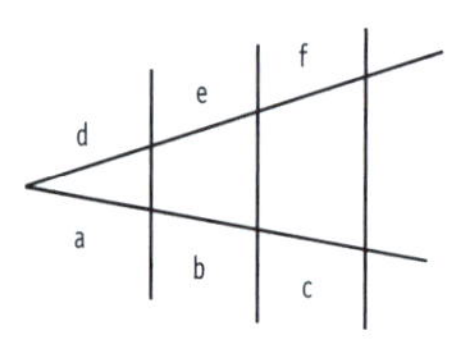

6. Bestimme die Länge x der Seite.
a = 2; b = 9
c = 2; d = 5
f = x

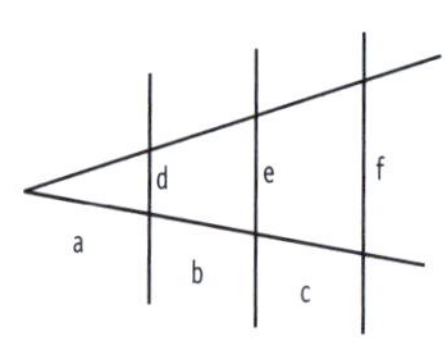

bearbeitet am: ______ **erreichte Punktzahl:** ______

Ab 15 Punkten kannst Du zu Test 115 weitergehen, bei 18 Punkten zu Test 116.

Test 115 | Strahlensätze

Schwierigkeitsgrad: ▲▲▲

1. Kannst du die Länge x der Seite bestimmen?
a = 1; b = 2
c = 3; e = 4
f = x

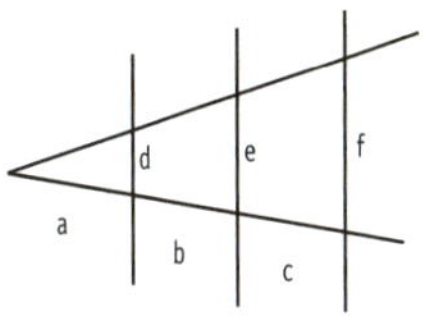

2. Bestimme die Länge x der Seite.
a = 27; b = 19; c = 3
d = x; e = 9; f = 5
h = 33; i = 2

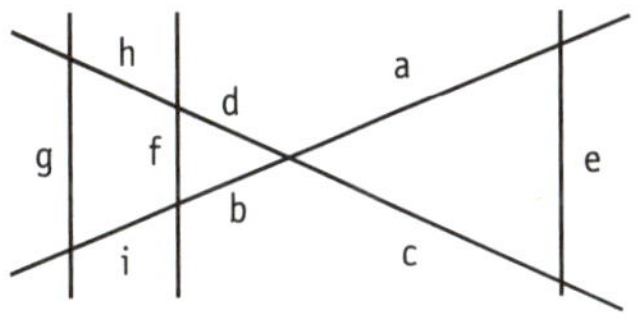

3. Stelle die Länge x der Seite fest.
a = 7; b = 24,5
c = x; d = 2
e = 7; f = 3 ½

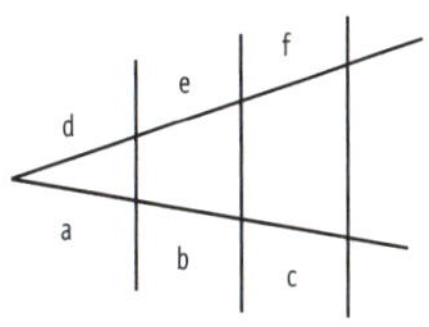

4. Bestimme die Länge x der Seite.
a = 22
b = x
d = 5
e = 7

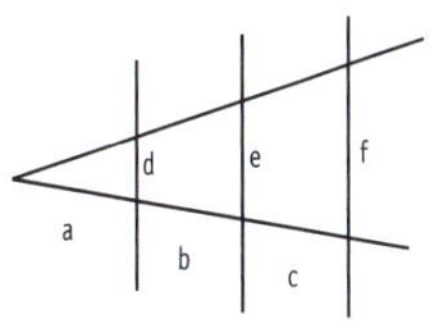

5. Versuche, die Länge x der Seite zu bestimmen.
a = x; b = 5;
e = 15; f = 20

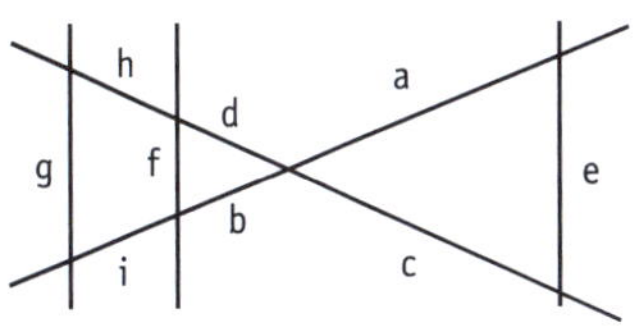

6. Bestimme die Länge x der Seite.
a = 17; b = 1
d = 2; e = x;

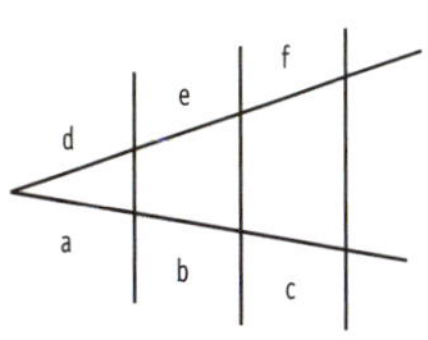

bearbeitet am: ______ **erreichte Punktzahl:** ______

Bei 18 Punkten kannst Du zu Test 116 weitergehen.

Test 116 | Katheten- und Höhensatz des Euklid am Dreieck

Schwierigkeitsgrad: △ ▲ ▲

1. Versuche jeweils h, p oder q zu berechnen.

a) p = 3 cm; q = 4 cm
b) p = 6 cm; q = 9 cm
c) p = 5 cm; q = 8 cm

2. Wie kannst du die jeweils fehlende Seite berechnen?

a) a = $\sqrt{15}$ cm; c = 3 cm
b) a = $\sqrt{12}$ cm; c = 4 cm
c) a = $\sqrt{18}$ cm; c = 6 cm

3. Berechne je die fehlende Seite.

a) b = 5 cm; c = 2 cm
b) b = $\sqrt{14}$ cm; q = 3 cm
c) b = $\sqrt{18}$ cm; q = 6 cm

4. Berechne je h, p oder q.

a) p = 1 cm; h = $\sqrt{20}$ cm
b) p = 6 cm; h = $\sqrt{16}$ cm;
c) p = 4 cm; h = 3 cm

5. Kannst du die jeweils fehlende Seite berechnen?

a) b = $\sqrt{24}$ cm; q = 12 cm
b) b = $\sqrt{8}$ cm; q = 2 cm
c) b = $\sqrt{11}$ cm; q = 2 cm

6. Berechne je die fehlende Seite.

a) c =3 cm; q = 2 cm
b) c =7 cm; q = 9 cm
c) b = $\sqrt{16}$ cm; c =4 cm

bearbeitet am: ______ **erreichte Punktzahl:** ______

Ab 15 Punkten kannst Du zu Test 117 weitergehen, bei 18 Punkten zu Test 119.

Test 117 | Katheten- und Höhensatz des Euklid am Dreieck

Schwierigkeitsgrad: △▲▲

1. Wie kannst du die jeweils fehlende Seite berechnen?

a) $p = 4$ cm; $h = \sqrt{13}$ cm
b) $p = 2$ cm; $q = 9$ cm
c) $q = 3$ cm; $h = 3$ cm

2. Versuche jeweils h, p oder q zu berechnen.

a) $p = 2$ cm; $q = 8$ cm
b) $p = 7$ cm; $q = 9$ cm
c) $p = 4$ cm; $q = 6$ cm

3. Berechne je die fehlende Seite.

a) $a = \sqrt{19}$ cm; $p = 19$ cm
b) $a = \sqrt{20}$ cm; $p = 4$ cm
c) $a = \sqrt{22}$ cm; $p = 2$ cm

4. Kannst du die jeweils fehlende Seite berechnen?

a) $p = 4$ cm; $h = \sqrt{10}$ cm
b) $p = 7$ cm; $q = 10$ cm
c) $q = 10$ cm; $h = \sqrt{30}$ cm

5. Berechne je h, p oder q.

a) $q = 5$ cm; $h = 5$ cm
b) $q = 8$ cm; $h = 6$ cm
c) $q = 12$ cm; $h = \sqrt{21}$ cm

6. Die jeweils fehlende Seite soll berechnet werden.

a) $b = \sqrt{7}$ cm; $c = 3$ cm
b) $b = \sqrt{17}$ cm; $c = 8$ cm
c) $b = \sqrt{26}$ cm; $c = 13$ cm

bearbeitet am: ______ **erreichte Punktzahl:** ______

Ab 15 Punkten kannst Du zu Test 118 weitergehen, bei 18 Punkten zu Test 119.

Test 118 | Katheten- und Höhensatz des Euklid am Dreieck

Schwierigkeitsgrad: △▲▲

1. Kannst du die jeweils fehlende Seite berechnen?

a) $c = 2$ cm; $p = 5$ cm
b) $c = 3$ cm; $p = 4$ cm
c) $c = 8$ cm; $p = 6$ cm

2. Berechne je die fehlende Seite.

a) $a = 6$ cm; $c = 9$ cm
b) $a = 4$ cm; $p = \sqrt{26}$ cm
c) $c = \sqrt{28}$ cm; $p = 28$ cm

3. Versuche jeweils h, p oder q zu berechnen.

a) $p = 2$ cm; $h = \sqrt{10}$ cm
b) $p = 7$ cm; $h = \sqrt{13}$ cm
c) $p = 3$ cm; $h = \sqrt{19}$ cm

4. Wie kannst du die jeweils fehlende Seite berechnen?

a) $c = 1$ cm; $q = 7$ cm
b) $c = 6$ cm; $q = 9$ cm
c) $c = 5$ cm; $q = 3$ cm

5. Die jeweils fehlende Seite soll berechnet werden.

a) $c = 2$ cm; $p = 2$ cm
b) $a = \sqrt{8}$ cm; $c = 6$ cm
c) $a = \sqrt{27}$ cm; $p = 3$ cm

6. Berechne je h, p oder q.

a) $q = 9$ cm; $h = \sqrt{26}$ cm
b) $q = 11$ cm; $h = 8$ cm
c) $q = 2$ cm; $h = \sqrt{7}$ cm

bearbeitet am: ______ **erreichte Punktzahl:** ______

Ab 15 Punkten kannst Du zu Test 119 weitergehen.

Test 119 | Katheten- und Höhensatz des Euklid am Dreieck

Schwierigkeitsgrad: △ △ ▲

1. Versuche jeweils h, p oder q zu berechnen.

a) $p = 4{,}6$ cm; $q = 3{,}2$ cm
b) $p = 1{,}7$ cm; $q = 2{,}4$ cm
c) $p = 4{,}4$ cm; $q = 2{,}1$ cm

2. Wie kannst du die jeweils fehlende Seite berechnen?

a) $a = \sqrt{23{,}2}$ cm; $c = 4{,}9$ cm
b) $a = \sqrt{24{,}8}$ cm; $c = 6{,}9$ cm
c) $a = \sqrt{1{,}99}$ cm; $c = 8{,}3$ cm

3. Berechne je die fehlende Seite.

a) $b = \sqrt{26{,}6}$ cm; $q = 10{,}3$ cm
b) $b = \sqrt{21{,}3}$ cm; $c = 2{,}8$ cm
c) $c = 3{,}7$ cm; $q = 2{,}9$ cm

4. Berechne je h, p oder q.

a) $p = 1{,}2$ cm; $h = \sqrt{2{,}7}$ cm
b) $p = 2{,}9$ cm; $h = \sqrt{4{,}3}$ cm
c) $p = 4{,}8$ cm; $h = \sqrt{8{,}3}$ cm

5. Kannst du die jeweils fehlende Seite berechnen?

a) $b = \sqrt{29{,}1}$ cm; $c = 10{,}1$ cm
b) $b = \sqrt{27{,}4}$ cm; $c = 13{,}4$ cm
c) $b = \sqrt{20{,}1}$ cm; $c = 12{,}8$ cm

6. Versuche, die jeweils fehlende Seite zu berechnen.

a) $b = \sqrt{16{,}2}$ cm; $c = 3{,}9$ cm
b) $b = \sqrt{13{,}8}$ cm; $q = 5$ cm
c) $c = 4{,}7$ cm; $q = 2{,}3$ cm

bearbeitet am: ______ **erreichte Punktzahl:** ______

Ab 15 Punkten kannst Du zu Test 120 weitergehen, bei 18 Punkten zu Test 122.

Test 120 | Katheten- und Höhensatz des Euklid am Dreieck

Schwierigkeitsgrad: △ △ ▲

1. Wie kannst du die jeweils fehlende Seite berechnen?

a) p = 2,7 cm; q = 1,6 cm
b) p = 6,2 cm; h = $\sqrt{11,3}$ cm
c) q = 5,1 cm; h = $\sqrt{27,8}$ cm

2. Versuche jeweils h, p oder q zu berechnen.

a) p = 1,4 cm; q = 2,7 cm
b) p = 5,2 cm; q = 1,1 cm
c) p = 6,1 cm; q = 0,5 cm

3. Berechne je die fehlende Seite.

a) a = $\sqrt{17,6}$ cm; p = 4,8 cm
b) a = $\sqrt{14,7}$ cm; p = 5,3 cm
c) a = $\sqrt{16,6}$ cm; p = 7,1 cm

4. Kannst du die jeweils fehlende Seite berechnen?

a) p = 4,6 cm; h = $\sqrt{0,9}$ cm
b) q = 9,3 cm; h = $\sqrt{16,3}$ cm
c) p = 3,6 cm; q = 6,4 cm

5. Berechne je h, p oder q.

a) q = 4 cm; h = $\sqrt{3,7}$ cm
b) q = 2,9 cm; h = $\sqrt{15}$ cm
c) q = 3,7 cm; h = $\sqrt{9,1}$ cm

6. Versuche, die jeweils fehlende Seite zu berechnen.

a) b = $\sqrt{13}$ cm; q = 5,7 cm
b) b = $\sqrt{12,8}$ cm; q = 6,1 cm
c) b = $\sqrt{15,5}$ cm; q = 8,6 cm

bearbeitet am: ______ **erreichte Punktzahl:** ______

Ab 15 Punkten kannst Du zu Test 121 weitergehen, bei 18 Punkten zu Test 122.

Test 121 | Katheten- und Höhensatz des Euklid am Dreieck

Schwierigkeitsgrad: △ △ ▲

1. Kannst du die jeweils fehlende Seite berechnen?

a) c = 2,1 cm; p = 3,8 cm
b) c = 6,2 cm; p = 0,9 cm
c) c = 8,7 cm; p = 0,2 cm

2. Wie kannst du die jeweils fehlende Seite berechnen?

a) $a = \sqrt{13{,}2}$ cm; c = 4,2 cm
b) $a = \sqrt{9{,}1}$ cm; c = 7,2 cm
c) c = 4,2 cm; p = 1,9 cm

3. Versuche jeweils h, p oder q zu berechnen.

a) p = 2,8 cm; $h = \sqrt{21{,}6}$ cm
b) p = 1,6 cm; $h = \sqrt{10{,}2}$ cm
c) p = 0,3 cm; $h = \sqrt{1{,}7}$ cm

4. Berechne je die fehlende Seite.

a) c = 3,6 cm; q = 2,2 cm
b) c = 4,4 cm; q = 4,7 cm
c) c = 1,1 cm; q = 3,9 cm

5. Versuche, die jeweils fehlende Seite zu berechnen.

a) $a = \sqrt{14{,}9}$ cm; c= 7,3 cm
b) $a = \sqrt{17{,}4}$ cm; p= 13,2 cm
c) c = 1,3 cm; p = 4,5 cm

6. Berechne je h, p oder q.

a) q = 5,3 cm; $h = \sqrt{11{,}6}$ cm
b) q = 3,6 cm; $h = \sqrt{17{,}3}$ cm
c) q = 4,2 cm; $h = \sqrt{13{,}7}$ cm

bearbeitet am: ______ **erreichte Punktzahl:** ______

Ab 17 Punkten kannst Du zu Test 122 weitergehen.

Test 122 | Katheten- und Höhensatz des Euklid am Dreieck

Schwierigkeitsgrad: ▲▲▲

1. Versuche jeweils h, p oder q zu berechnen.

a) $p = 2a$; $q = 4a$
b) $p = a$; $q = 7a$ c) $p = 9a$; $q = 0{,}5a$

2. Kannst du die jeweils fehlende Seite berechnen?

a) $a = \sqrt{17}\,x$; $p = 5x$
b) $a = \sqrt{29}\,x$; $p = 14x$
c) $a = \sqrt{15}\,x$; $p = 12x$

3. Versuche, die jeweils fehlende Seite zu berechnen.

a) $b = \sqrt{20}\,x$; $q = 14\frac{1}{3}\,x$
b) $b = \sqrt{10}\,x$; $c = 3{,}4x$
c) $c = 1{,}8x$; $q = 5x$

4. Berechne je h, p oder q.

a) $p = 7a$; $h = \sqrt{14}\,a$
b) $p = 6a$; $h = \sqrt{18}\,a$
c) $p = 11a$; $h = \sqrt{2}\,a$

5. Wie kannst du die jeweils fehlende Seite berechnen?

a) $b = \sqrt{31}\,x$; $c = 4{,}43x$
b) $b = \sqrt{35}\,x$; $c = 2{,}5x$
c) $b = \sqrt{3}\,x$; $c = 0{,}375x$

6. Berechne je die fehlende Seite.

a) $c = 7{,}6x$; $q = 2x$
b) $b = \sqrt{18}\,x$; $c = 9{,}5x$
c) $b = \sqrt{26}\,x$; $q = 22x$

bearbeitet am: ______ **erreichte Punktzahl:** ______

Ab 15 Punkten kannst Du zu Test 123 weitergehen, bei 18 Punkten zu Test 125.

Test 123 | Katheten- und Höhensatz des Euklid am Dreieck

Schwierigkeitsgrad: ▲▲▲

1. Wie kannst du die jeweils fehlende Seite berechnen?

a) $p = 8x$; $h = 4x$
b) $q = 2x$; $h = x$
c) $p = 6\frac{1}{2}x$; $q = 10x$

---

2. Versuche jeweils h, p oder q zu berechnen.

a) $p = 2\frac{1}{2}a$; $q = 4a$
b) $p = \frac{1}{3}a$; $q = 6a$
c) $p = 3\frac{1}{2}a$; $q = 9a$

---

3. Kannst du die jeweils fehlende Seite berechnen?

a) $c = 3x$; $p = 7x$
b) $c = 4x$; $p = 9x$
c) $c = 6x$; $p = 2x$

---

4. Berechne jeweils die fehlende Seite.

a) $p = 3\frac{1}{2}x$; $q = 16x$
b) $p = 4\frac{2}{3}x$; $h = \sqrt{17}\,x$
c) $q = 2{,}6x$; $h = \sqrt{30}\,x$

---

5. Berechne jeweils h, p oder q.

a) $q = 6a$; $h = \sqrt{24}\,a$
b) $q = 5a$; $h = \sqrt{20}\,a$
c) $q = 12a$; $h = \sqrt{12}\,a$

---

6. Versuche, die jeweils fehlende Seite zu berechnen.

a) $c = x$; $q = 2\frac{1}{2}x$
b) $c = 3\frac{1}{3}x$; $q = 3x$
c) $c = 6\frac{1}{2}x$; $q = 4x$

---

bearbeitet am: | **erreichte Punktzahl:**

Ab 15 Punkten kannst Du zu Test 124 weitergehen, bei 18 Punkten zu Test 125.

Test 124 | Katheten- und Höhensatz des Euklid am Dreieck

Schwierigkeitsgrad: ▲▲▲

1. Kannst du die jeweils fehlende Seite berechnen?

a) $a = \sqrt{4}\ x$; $c = 2x$
b) $a = \sqrt{7}\ x$; $c = 14x$
c) $a = \sqrt{11}\ x$; $c = 20x$

2. Wie kannst du die jeweils fehlende Seite berechnen?

a) $a = \sqrt{8}\ x$; $c = 12x$
b) $a = \sqrt{19}\ x$; $p = 13x$
c) $c = 2\frac{2}{3}\ x$; $p = 4\frac{1}{3}\ x$

3. Versuche, jeweils h, p oder q zu berechnen.

a) $p = 2a$; $h = 3a$
b) $p = a$; $h = 2a$
c) $p = 3a$; $h = 4a$

4. Berechne jeweils die fehlende Seite.

a) $b = \sqrt{20}\ x$; $q = 4x$
b) $b = \sqrt{26}\ x$; $q = 13x$
c) $b = \sqrt{14}\ x$; $q = 28x$

5. Versuche, die jeweils fehlende Seite zu berechnen.

a) $c = 9\frac{1}{4}\ x$; $p = 8x$
b) $a = \sqrt{33}\ x$; $p = 17{,}5x$
c) $a = \sqrt{21}\ x$; $c = 12\frac{2}{3}\ x$

6. Berechne je h, p oder q.

a) $q = 16a$; $h = \sqrt{8}\ a$
b) $q = 0{,}5a$; $h = \sqrt{2}\ a$
c) $q = 0{,}4a$; $h = \sqrt{5}\ a$

bearbeitet am: ______ **erreichte Punktzahl:** ______

Bei 18 Punkten kannst Du zu Test 125 weitergehen.

Test 125 | Prismen (Dreieckprisma)

Schwierigkeitsgrad: △ ▲ ▲

1. Kannst du das Volumen der Dreieckprismen berechnen?

a) $A_{Dreieck} = 9\ cm^2$; $h = 3\ cm$
b) $A_{Dreieck} = 5\ cm^2$; $h = 7\ cm$
c) $A_{Dreieck} = 10\ cm^2$; $h = 2\ cm$

2. Berechne das Volumen der Dreieckprismen!

a) $A_{Dreieck} = 2{,}5\ cm^2$; $h = 8\ cm$
b) $A_{Dreieck} = 6{,}5\ cm^2$; $h = 4\ cm$
c) $A_{Dreieck} = 6{,}2\ cm^2$; $h = 5\ cm$

3. Auch hier sollst du das Volumen des Dreieckprismas ausrechnen. Die Dreiecke sind rechtwinklig mit den Katheten a und b.

$a = 3\ cm$; $b = 4\ cm$; $c = 5\ cm$; $h_{Prisma} = 8\ cm$

4. Errechne das Volumen des Dreieckprismas! Die Dreiecke sind rechtwinklig mit den Katheten a und b.

$a = 8\ cm$; $b = 6\ cm$; $c = 10\ cm$; $h_{Prisma} = 3\ cm$

5. Berechne das Volumen des Dreieckprismas. Die Dreiecke sind rechtwinklig mit den Katheten a und b.

$a = 5\ cm$; $b = 4\ cm$; $c = \sqrt{41}\,cm$; $h_{Prisma} = 5\ cm$

6. Und noch einmal sollst du das Volumen eines Dreieckprismas ausrechnen. Die Dreiecke sind rechtwinklig mit den Katheten a und b.

$a = 10\ cm$; $b = 14\ cm$; $c = \sqrt{296}\ cm$; $h_{Prisma} = 10\ cm$

bearbeitet am: ______ **erreichte Punktzahl:** ______

Ab 15 Punkten kannst Du zu Test 126 weitergehen, bei 18 Punkten zu Test 127.

Test 126 | Prismen (Dreieckprisma)

Schwierigkeitsgrad: △▲▲

1. Berechne das Volumen des Dreieckprismas. Die Dreiecke sind rechtwinklig mit den Katheten a und b.

$a = 6$ cm; $b = 7$ cm; $c = \sqrt{85}$ cm; $h_{Prisma} = 5$ cm

2. Rechne das Volumen des Dreieckprismas aus! Die Dreiecke sind rechtwinklig mit den Katheten a und b.

$a = 14$ cm; $b = 2$ cm; $c = \sqrt{200}$ cm; $h_{Prisma} = 3$ cm

3. Auch hier sollst du das Volumen des Dreieckprismas ausrechnen. Die Dreiecke sind rechtwinklig mit den Katheten a und b.

$a = 5$ cm; $b = 11$ cm; $c = \sqrt{146}$ cm; $h_{Prisma} = 13$ cm

4. Kannst du die Mantelfläche (M) der Dreieckprismen berechnen?

a) $a = 3$ cm; $b = 4$ cm; $c = 1$ cm; $h_{Prisma} = 2$ cm
b) $a = 5$ cm; $b = 4$ cm; $c = 1$ cm; $h_{Prisma} = 5$ cm

5. Errechne die Mantelfläche (M) der Dreieckprismen.

a) $a = 7$ cm; $b = 9$ cm; $c = 4$ cm; $h_{Prisma} = 10$ cm
b) $a = 0{,}5$ cm; $b = 1{,}5$ cm; $c = 1$ cm; $h_{Prisma} = 6$ cm

6. Und noch einmal sollst du die Mantelfläche (M) der Dreieckprismen ausrechnen:

a) $a = 2{,}5$ cm; $b = 4{,}5$ cm; $c = 9{,}5$ cm; $h_{Prisma} = 8$ cm
b) $a = 7$ cm; $b = 14$ cm; $c = 28$ cm; $h_{Prisma} = 13$ cm

bearbeitet am: ______ **erreichte Punktzahl:** ______

Ab 15 Punkten kannst Du zu Test 127 weitergehen.

Test 127 | Prismen (Dreieckprisma)

Schwierigkeitsgrad: △ △ ▲

1. Kannst du die Oberfläche des Dreieckprismas berechnen? (Dreiecke sind rechtwinklig; runde auf 2 Kommastellen bei Wurzeln)

$a = 3$ cm; $b = 4$ cm; $c = 5$ cm; $h_{Prisma} = 5$ cm

2. Berechne die Oberfläche des Dreieckprismas! (Dreiecke sind rechtwinklig; runde auf 2 Kommastellen bei Wurzeln)

$a = 8$ cm; $b = 6$ cm; $c = 10$ cm; $h_{Prisma} = 6$ cm

3. Auch hier sollst du die Oberfläche des Dreieckprismas ausrechnen. (Dreiecke sind rechtwinklig; runde auf 2 Kommastellen bei Wurzeln)

$a = 2$ cm; $b = 2$ cm; $c = \sqrt{8}$ cm $\approx 2{,}83$ cm; $h_{Prisma} = 2$ cm

4. Berechne die Oberfläche des Dreieckprismas. (Dreiecke sind rechtwinklig; runde auf 2 Kommastellen bei Wurzeln)

$a = 9$ cm; $b = 2$ cm; $c = \sqrt{85}$ cm; $h_{Prisma} = 6$ cm

5. Hier sollst du das Volumen des Dreieckprismas berechnen. (Dreiecke sind rechtwinklig)

$a = 19$ cm; $b = 5$ cm; $c = \sqrt{386}$ cm; $h_{Prisma} = 5$ cm

6. Und noch einmal sollst du das Volumen eines Dreieckprismas ausrechnen! (Dreiecke sind rechtwinklig)

$\alpha = 90°$; $a = 26$ cm; $b = 4$ cm; $h_{Prisma} = 2{,}5$ cm

bearbeitet am: ____ **erreichte Punktzahl:** ____

Ab 15 Punkten kannst Du zu Test 128 weitergehen, bei 18 Punkten zu Test 129.

Test 128 | Prismen (Dreieckprisma)

Schwierigkeitsgrad: △ △ ▲

1. Kannst du die Oberfläche des Dreieckprismas berechnen? (Dreiecke sind rechtwinklig; runde auf 2 Kommastellen bei Wurzeln)

   $a = 7$ cm; $b = 2$ cm; $c = \sqrt{53}$ cm; $h_{Prisma} = 3$ cm

2. Berechne die Oberfläche des Dreieckprismas. (Dreiecke sind rechtwinklig; runde auf 2 Kommastellen bei Wurzeln)

   $a = 12$ cm; $b = 5$ cm; $c = 13$ cm; $h_{Prisma} = 7$ cm

3. Auch hier sollst du die Oberfläche des Dreieckprismas ausrechnen. (Dreiecke sind rechtwinklig; runde auf 2 Kommastellen bei Wurzeln)

   $a = 16$ cm; $b = 3$ cm; $c = \sqrt{265}$ cm; $h_{Prisma} = 10$ cm

4. Berechne die Oberfläche des Dreieckprismas. (Dreiecke sind rechtwinklig; runde auf 2 Kommastellen bei Wurzeln)

   $a = 2{,}5$ cm; $b = 10$ cm; $c = \sqrt{102{,}25}$ cm; $h_{Prisma} = 1{,}5$ cm

5. Hier sollst du das Volumen des Dreieckprismas berechnen. (Dreiecke sind rechtwinklig)

   $\alpha = 90°$; $a = 26$ cm; $b = 7$ cm; $h_{Prisma} = 9{,}5$ cm

6. Und noch einmal sollst du das Volumen eines Dreieckprismas ausrechnen! (Dreiecke sind rechtwinklig)

   $\alpha = 90°$; $a = 12$ cm; $b = 8$ cm; $h_{Prisma} = 4{,}5$ cm

bearbeitet am: ______ **erreichte Punktzahl:** ______

Ab 15 Punkten kannst Du zu Test 129 weitergehen.

Test 129 | Prismen (Sechseckprisma)

Schwierigkeitsgrad: ▲▲▲

1. Kannst du das Volumen des Sechseckprismas berechnen? (Sechsecke sind gleichmäßig)

   $a = 4$ cm; $h_{Prisma} = 5$

2. Berechne das Volumen des Sechseckprismas! (Sechsecke sind gleichmäßig)

   $a = 5$ cm; $h_{Prisma} = 2{,}5$

3. Auch hier sollst du das Volumen des Sechseckprismas ausrechnen. (Sechsecke sind gleichmäßig)

   $a = 12$ cm; $h_{Prisma} = 0{,}9$

4. Errechne die Oberfläche des Sechseckprismas! (Sechsecke sind gleichmäßig)

   $a = 3$ cm; $h_{Prisma} = 2$ cm

5. Berechne die Oberfläche des Sechseckprismas! (Sechsecke sind gleichmäßig)

   $a = 7$ cm; $h_{Prisma} = 3$ cm

6. Und noch einmal sollst du die Oberfläche eines Sechseckprismas ausrechnen. (Sechsecke sind gleichmäßig)

   $a = 0{,}5$ cm; $h_{Prisma} = 1{,}5$ cm

bearbeitet am: ____ **erreichte Punktzahl:** ____

Ab 15 Punkten kannst Du zu Test 130 weitergehen, bei 18 Punkten zu Test 131.

Test 130 | Prismen (Sechseckprisma)

Schwierigkeitsgrad: ▲▲▲

1. Kannst du das Volumen des Sechseckprismas berechnen? (Sechsecke sind gleichmäßig)

$a = 13$ cm; $h_{Prisma} = 1{,}1$ cm

2. Berechne das Volumen des Sechseckprismas! (Sechsecke sind gleichmäßig)

$a = 0{,}5$ cm; $h_{Prisma} = 6$ cm

3. Auch hier sollst du das Volumen des Sechseckprismas ausrechnen. (Sechsecke sind gleichmäßig)

$a = 2{,}1$ cm; $h_{Prisma} = 15$ cm

4. Kannst du die Oberfläche des Sechseckprismas berechnen? (Sechsecke sind gleichmäßig)

$a = 8$ cm; $h_{Prisma} = 6$ cm

5. Berechne die Oberfläche des Sechseckprismas. (Sechsecke sind gleichmäßig)

$a = 0{,}2$ cm; $h_{Prisma} = 1{,}8$ cm

6. Und noch einmal sollst du die Oberfläche eines Sechseckprismas ausrechnen. (Sechsecke sind gleichmäßig)

$a = 0{,}1$ cm; $h_{Prisma} = 1$ cm

bearbeitet am: ______ **erreichte Punktzahl:** ______

Bei 18 Punkten kannst Du zu Test 131 weitergehen.

Test 131 | Pyramiden (gerade quadratische Pyramide)

Schwierigkeitsgrad: △▲▲

1. Kannst du das Volumen der quadratischen Pyramiden ausrechnen?

a) a = 5 cm; h = 3 cm
b) a = 8 cm; h = 24 cm
c) a = 1 cm; h = 9 cm

2. Berechne das Volumen der quadratischen Pyramiden:

a) a = 2 cm; h = 6 cm
b) a = 9 cm; h = 27 cm
c) a = 10 cm; h = 12 cm

3. Hier sollst du die Kantenlänge (s) der quadratischen Pyramiden errechnen. (Tipp: Benutze den Satz des Pythagoras.)
a) a = 1 cm; h = 1 cm
b) a = 4 cm; h = 6 cm
c) a = 3 cm; h = 9 cm

4. Berechne die Kantenlänge (s) der quadratischen Pyramiden:

a) a = 2 cm; h = 7 cm
b) a = 6 cm; h = 3 cm
c) a = 2 cm; h = 11 cm

5. Hier sollst du die Oberfläche der quadratischen Pyramiden ausrechnen:

a) a = 2 cm; h = 2 cm
b) a = 5 cm; h = 7 cm

6. Berechne die Oberfläche der quadratischen Pyramiden:

a) a = 10 cm; h = 8 cm
b) a = 0,5 cm; h = 5 cm

bearbeitet am: ______ **erreichte Punktzahl:** ______

Ab 15 Punkten kannst Du zu Test 132 weitergehen, bei 18 Punkten zu Test 134.

Test 132 | Pyramiden (gerade quadratische Pyramide)

Schwierigkeitsgrad: △ ▲ ▲

1. Kannst du das Volumen der quadratischen Pyramiden ausrechnen?

a) a = 7 cm; h = 15 cm
b) a = 12 cm; h = 12 cm
c) a = 6 cm; h = 18 cm

2. Berechne das Volumen der quadratischen Pyramiden:

a) a = 3 cm; h = 36 cm
b) a = 3 cm; h = 72 cm
c) a = 0,5 cm; h = 90 cm

3. Hier sollst du die Kantenlänge (s) der quadratischen Pyramiden errechnen:

a) a = 3 cm; h = 4 cm
b) a = 5 cm; h = 7 cm
c) a = 10 cm; h = 12 cm

4. Berechne die Kantenlänge(s) der quadratischen Pyramiden:

a) a = 9 cm; h = 1 cm
b) a = 8 cm; h = 14 cm
c) a = 4 cm; h = 7 cm

5. Hier sollst du die Oberfläche der quadratischen Pyramiden ausrechnen:

a) a = 6 cm; h = 1 cm
b) a = 8 cm; h = 6 cm

6. Berechne die Oberfläche der quadratischen Pyramiden:

a) a = 1 cm; h = 4 cm
b) a = 2 cm; h = 8 cm

bearbeitet am: ______ **erreichte Punktzahl:** ______

Ab 15 Punkten kannst Du zu Test 133 weitergehen, bei 18 Punkten zu Test 134.

Test 133 | Pyramiden (gerade quadratische Pyramide)

Schwierigkeitsgrad: △▲▲

1. Kannst du das Volumen der quadratischen Pyramiden ausrechnen?

a) $a = 11$ cm; $h = 18$ cm
b) $a = 12$ cm; $h = 48$ cm
c) $a = 6$ cm; $h = 1{,}8$ cm

2. Berechne das Volumen der quadratischen Pyramiden:

a) $a = 5$ cm; $h = 60$ cm
b) $a = 9$ cm; $h = 33$ cm
c) $a = 1$ cm; $h = 0{,}3$ cm

3. Hier sollst du die Kantenlänge (s) der quadratischen Pyramiden errechnen:

a) $a = 8$ cm; $h = 7$ cm
b) $a = 7$ cm; $h = 2$ cm
c) $a = 2$ cm; $h = 8$ cm

4. Berechne die Kantenlänge(s) der quadratischen Pyramiden:

a) $a = 9$ cm; $h = 10$ cm
b) $a = 3$ cm; $h = 5$ cm
c) $a = 4$ cm; $h = 9$ cm

5. Hier sollst du die Oberfläche der quadratischen Pyramiden ausrechnen:

a) $a = 16$ cm; $h = 0{,}5$ cm
b) $a = 19$ cm; $h = 12$ cm

6. Berechne die Oberfläche der quadratischen Pyramiden:

a) $a = 50$ cm; $h = 100$ cm
b) $a = 0{,}1$ cm; $h = 1$ cm

bearbeitet am: ____ **erreichte Punktzahl:** ____

Bei 18 Punkten kannst Du zu Test 134 weitergehen.

Test 134 | Pyramiden (regelmäßige dreiseitige Pyramide = Tetraeder)

Schwierigkeitsgrad: ▲▲▲

1. Kannst du das Volumen der Tetraeder ausrechnen? (runde auf 3 Kommastellen)

a) a = 9 cm
b) a = 3 cm
c) a = 1 cm

2. Berechne das Volumen der Tetraeder! (runde auf 3 Kommastellen)

a) a = 7 cm
b) a = 6 cm
c) a = 4 cm

3. Hier sollst du die Höhe der Tetraeder errechnen. (Benutze den Satz des Pythagoras.)
a) a = 1 cm
b) a = 4 cm
c) a = 3 cm

4. Berechne die Höhe der Tetraeder!

a) a = 2 cm
b) a = 6 cm
c) a = 9 cm

5. Rechne die Oberfläche der Tetraeder aus!

a) a = 2 cm
b) a = 5 cm

6. Auch hier sollst du die Oberfläche der Tetraeder berechnen!

a) a = 10 cm
b) a = 0,5 cm

bearbeitet am: ______ **erreichte Punktzahl:** ______

Ab 15 Punkten kannst Du zu Test 135 weitergehen, bei 18 Punkten zu Test 137.

Test 135 | **Pyramiden (regelmäßige dreiseitige Pyramide = Tetraeder)**

Schwierigkeitsgrad: △ △ ▲

1. Kannst du das Volumen der Tetraeder ausrechnen? (runde auf 2 Kommastellen)

a) a = 5 cm
b) a = 10 cm
c) a = 8 cm

2. Berechne das Volumen der Tetraeder! (runde auf 2 Kommastellen)

a) a = 3 cm
b) a = 1 cm
c) a = 2 cm

3. Hier sollst du die Höhe der Tetraeder errechnen.

a) a = 10 cm
b) a = 12 cm
c) a = 5 cm

4. Berechne die Höhe der Tetraeder!

a) a = 11 cm
b) a = 18 cm
c) a = 0,3 cm

5. Rechne die Oberfläche der Tetraeder aus!

a) a = 5 cm
b) a = 7 cm

6. Auch hier sollst du die Oberfläche der Tetraeder berechnen!

a) a = 12 cm
b) a = 0,1 cm

bearbeitet am: ____ **erreichte Punktzahl:** ____

Ab 15 Punkten kannst Du zu Test 136 weitergehen, bei 18 Punkten zu Test 137.

Test 136 | Pyramiden (regelmäßige dreiseitige Pyramide = Tetraeder)

Schwierigkeitsgrad: ▲▲▲

1. Kannst du das Volumen der Tetraeder ausrechnen? (runde auf 2 Kommastellen)

a) a = 6 cm
b) a = 0,5 cm
c) a = 15 cm

2. Berechne das Volumen der Tetraeder! (runde auf 2 Kommastellen)

a) a = 9 cm
b) a = 12 cm
c) a = 14 cm

3. Hier sollst du die Höhe der Tetraeder errechnen.

a) a = 27 cm
b) a = 31 cm
c) a = 0,7 cm

4. Berechne die Höhe der Tetraeder!

a) a = 7 cm
b) a = 4,5 cm
c) a = 7,9 cm

5. Rechne die Oberfläche der Tetraeder aus!

a) a = 13 cm
b) a = 20 cm

6. Auch hier sollst du die Oberfläche der Tetraeder berechnen!

a) a = 0,8 cm
b) a = 0,125 cm

bearbeitet am: ________ **erreichte Punktzahl:** ________

Bei 18 Punkten kannst Du zu Test 137 weitergehen.

Test 137 | Pyramiden (-stumpf)

Schwierigkeitsgrad: ▲▲▲

1. Kannst du das Volumen der Pyramidenstümpfe ausrechnen? (runde auf 2 Kommastellen)

a) $\text{Grundfläche}_2 = 1\ \text{cm}^2$; $\text{Grundfläche}_1 = 16\ \text{cm}^2$; $h_{\text{Stumpf}} = 6\ \text{cm}$
b) $\text{Grundfläche}_2 = 4\ \text{cm}^2$; $\text{Grundfläche}_1 = 25\ \text{cm}^2$; $h_{\text{Stumpf}} = 9\ \text{cm}$

2. Berechne das Volumen der Pyramidenstümpfe! (runde auf 2 Kommastellen)

a) $\text{Grundfläche}_2 = 1\ \text{cm}^2$; $\text{Grundfläche}_1 = 4\ \text{cm}^2$; $h_{\text{Stumpf}} = 2\ \text{cm}$
b) $\text{Grundfläche}_2 = 0{,}25\ \text{cm}^2$; $\text{Grundfläche}_1 = 2\ \text{cm}^2$; $h_{\text{Stumpf}} = 5\ \text{cm}$

3. Auch hier sollst du das Volumen der Pyramidenstümpfe errechnen! (runde auf 2 Kommastellen)

a) $\text{Grundfläche}_2 = 3\ \text{cm}^2$; $\text{Grundfläche}_1 = 7\ \text{cm}^2$; $h_{\text{Stumpf}} = 6\ \text{cm}$
b) $\text{Grundfläche}_2 = 8\ \text{cm}^2$; $\text{Grundfläche}_1 = 12\ \text{cm}^2$; $h_{\text{Stumpf}} = 1\ \text{cm}$

4. Kannst du die Oberfläche des Pyramidenstumpfes (quadratische Pyramide) berechnen?

$a = 3\ \text{cm}$; $a' = 2\ \text{cm}$; $h_{\text{Trapeze}} = 1\ \text{cm}$

5. Berechne die Oberfläche des Pyramidenstumpfes (quadratische Pyramide):

$a = 8\ \text{cm}$; $a' = 6\ \text{cm}$; $h_{\text{Trapeze}} = 3\ \text{cm}$

6. Auch hier sollst du die Oberfläche eines Pyramidenstumpfes (quadratische Pyramide) ausrechnen:

$a = 17\ \text{cm}$; $a' = 16\ \text{cm}$; $h_{\text{Trapeze}} = 9\ \text{cm}$

bearbeitet am: ______ **erreichte Punktzahl:** ______

Ab 15 Punkten kannst Du zu Test 138 weitergehen, bei 18 Punkten zu Test 140.

Test 138 | Pyramiden (-stumpf)

Schwierigkeitsgrad: ▲▲▲

1. Kannst du das Volumen der Pyramidenstümpfe ausrechnen? (runde auf 2 Kommastellen)

a) $Grundfläche_2 = 0{,}3\ cm^2$; $Grundfläche_1 = 8\ cm^2$; $h_{Stumpf} = 4\ cm$
b) $Grundfläche_2 = 0{,}1\ cm^2$; $Grundfläche_1 = 6{,}5\ cm^2$; $h_{Stumpf} = 10\ cm$

2. Berechne das Volumen der Pyramidenstümpfe! (runde auf 2 Kommastellen)

a) $Grundfläche_2 = 0{,}9\ cm^2$; $Grundfläche_1 = 1{,}2\ cm^2$; $h_{Stumpf} = 8\ cm$
b) $Grundfläche_2 = 0{,}7\ cm^2$; $Grundfläche_1 = 0{,}9\ cm^2$; $h_{Stumpf} = 7\ cm$

3. Auch hier sollst du das Volumen der Pyramidenstümpfe errechnen! (runde auf 2 Kommastellen)

a) $Grundfläche_2 = 1{,}2\ cm^2$; $Grundfläche_1 = 3\ cm^2$; $h_{Stumpf} = 5{,}6\ cm$
b) $Grundfläche_2 = 4{,}9\ cm^2$; $Grundfläche_1 = 5{,}1\ cm^2$; $h_{Stumpf} = 9\ cm$

4. Kannst du die Oberfläche des Pyramidenstumpfes (quadratische Pyramide) berechnen?

$a = 25\ cm$; $a' = 24\ cm$; $h_{Trapeze} = 23\ cm$

5. Berechne die Oberfläche des Pyramidenstumpfes (quadratische Pyramide):

$a = 0{,}5\ cm$; $a' = 0{,}3\ cm$; $h_{Trapeze} = 2\ cm$

6. Auch hier sollst du die Oberfläche eines Pyramidenstumpfes (quadratische Pyramide) ausrechnen:

$a = 53\ cm$; $a' = 50\ cm$; $h_{Trapeze} = 100\ cm$

bearbeitet am: ______ **erreichte Punktzahl:** ______

Ab 15 Punkten kannst Du zu Test 139 weitergehen, bei 18 Punkten zu Test 140.

Test 139 Pyramiden (-stumpf)

Schwierigkeitsgrad: ▲▲▲

1. Kannst du das Volumen der Pyramidenstümpfe ausrechnen? (runde auf 2 Kommastellen)

a) $Grundfläche_2 = 1\ cm^2$; $Grundfläche_1 = 50\ cm^2$; $h_{Stumpf} = 3{,}5\ cm$
b) $Grundfläche_2 = 0{,}8\ cm^2$; $Grundfläche_1 = 100\ cm^2$; $h_{Stumpf} = 8\ cm$

2. Berechne das Volumen der Pyramidenstümpfe! (runde auf 2 Kommastellen)

a) $Grundfläche_2 = 0{,}21\ cm^2$; $Grundfläche_1 = 0{,}3\ cm^2$; $h_{Stumpf} = 50\ cm$
b) $Grundfläche_2 = 0{,}05\ cm^2$; $Grundfläche_1 = 0{,}1\ cm^2$; $h_{Stumpf} = 13\ cm$

3. Auch hier sollst du das Volumen der Pyramidenstümpfe errechnen! (runde auf 2 Kommastellen)

a) $Grundfläche_2 = 3{,}2\ cm^2$; $Grundfläche_1 = 5\ cm^2$; $h_{Stumpf} = 8\ cm$
b) $Grundfläche_2 = 0{,}2\ cm^2$; $Grundfläche_1 = 2\ cm^2$; $h_{Stumpf} = 5\ cm$

4. Kannst du die Oberfläche des Pyramidenstumpfes (quadratische Pyramide) berechnen?

$a = 19\ cm$; $a' = 10\ cm$; $h_{Trapeze} = 8\ cm$

5. Berechne die Oberfläche des Pyramidenstumpfes (quadratische Pyramide):

$a = 28 cm$; $a' = 0{,}6\ cm$; $h_{Trapeze} = 2\ cm$

6. Auch hier sollst du die Oberfläche eines Pyramidenstumpfes (quadratische Pyramide) ausrechnen:

$a = 0{,}5\ cm$; $a' = 0{,}001\ cm$; $h_{Trapeze} = 100\ cm$

bearbeitet am: **erreichte Punktzahl:**

Bei 18 Punkten kannst Du zu Test 140 weitergehen.

Test 140 | Zylinder (gerader Zylinder)

Schwierigkeitsgrad: △ ▲ ▲

1. Kannst du das Volumen der Zylinder ausrechnen? (runde auf 2 Kommastellen)

a) r = 2 cm; h = 5 cm
b) r = 6 cm; h = 2 cm
c) r = 1 cm; h = 8 cm

2. Berechne das Volumen der Zylinder! (runde auf 2 Kommastellen)

a) r = 3 cm; h = 7 cm
b) r = 4 cm; h = 6 cm
c) r = 5 cm; h = 3 cm

3. Rechne das Volumen der Zylinder aus! (runde auf 2 Kommastellen)

a) r = 7 cm; h = 1 cm
b) r = 11 cm; h = 2,5 cm
c) r = 12 cm; h = 10 cm

4. Rechne die Oberfläche der Zylinder aus! (runde auf 3 Kommastellen)

a) r = 1 cm; h = 2 cm
b) r = 3 cm; h = 5 cm
c) r = 5 cm; h = 7 cm

5. Berechne die Oberfläche der Zylinder. (runde auf 3 Kommastellen)

a) r = 9 cm; h = 3 cm
b) r = 4 cm; h = 9 cm
c) r = 8 cm; h = 1 cm

6. Wie groß ist die Oberfläche der Zylinder? (runde auf 3 Kommastellen)

a) r = 6 cm; h = 7 cm
b) r = 2 cm; h = 3 cm
c) r = 11 cm; h = 8 cm

bearbeitet am: ________ **erreichte Punktzahl:** ________

Ab 15 Punkten kannst Du zu Test 141 weitergehen, bei 18 Punkten zu Test 143.

Test 141 | Zylinder (gerader Zylinder)

Schwierigkeitsgrad: △ ▲ ▲

1. Kannst du das Volumen der Zylinder ausrechnen? (runde auf 2 Kommastellen)

a) r = 8 cm; h = 8 cm
b) r = 2 cm; h = 6 cm
c) r = 3 cm; h = 12 cm

2. Berechne das Volumen der Zylinder! (runde auf 2 Kommastellen)

a) r = 1 cm; h = 7 cm
b) r = 0,5 cm; h = 10 cm
c) r = 9 cm; h = 9 cm

3. Rechne das Volumen der Zylinder aus! (runde auf 2 Kommastellen)

a) r = 5 cm; h = 1 cm
b) r = 4 cm: h = 5 cm
c) r = 10 cm; h = 11 cm

4. Rechne die Oberfläche der Zylinder aus! (runde auf 3 Kommastellen)

a) r = 8 cm; h = 6 cm
b) r = 1 cm; h = 5 cm
c) r = 9 cm; h = 3 cm

5. Berechne die Oberfläche der Zylinder. (runde auf 3 Kommastellen)

a) r = 2 cm; h = 8 cm
b) r = 7 cm; h = 7 cm
c) r = 3 cm; h = 4 cm

6. Wie groß ist die Oberfläche der Zylinder? (runde auf 3 Kommastellen)

a) r = 7 cm; h = 3 cm
b) r = 2 cm; h = 6 cm
c) r = 9 cm; h = 1 cm

bearbeitet am: ______ **erreichte Punktzahl:** ______

Ab 15 Punkten kannst Du zu Test 142 weitergehen, bei 18 Punkten zu Test 143.

Test 142 | Zylinder (gerader Zylinder)

Schwierigkeitsgrad: △ ▲ ▲

1. Kannst du das Volumen der Zylinder ausrechnen? (runde auf 2 Kommastellen)

a) r = 10 cm; h = 1 cm
b) r = 2,5 cm; h = 9 cm
c) r = 9 cm; h = 11 cm

2. Berechne das Volumen der Zylinder! (runde auf 2 Kommastellen)

a) r = 6 cm; h = 8 cm
b) r = 5 cm; h = 3 cm
c) r = 2 cm; h = 7 cm

3. Rechne das Volumen der Zylinder aus! (runde auf 2 Kommastellen)

a) r = 4 cm; h = 8 cm
b) r = 7 cm; h = 15 cm
c) r = 8 cm; h = 3 cm

4. Rechne die Oberfläche der Zylinder aus! (runde auf 3 Kommastellen)

a) r = 8 cm; h = 7 cm
b) r = 5 cm; h = 10 cm
c) r = 3 cm; h = 9 cm

5. Berechne die Oberfläche der Zylinder. (runde auf 3 Kommastellen)

a) r = 9 cm; h = 7 cm
b) r = 4 cm; h = 11 cm
c) r = 12 cm; h = 1 cm

6. Wie groß ist die Oberfläche der Zylinder? (runde auf 3 Kommastellen)

a) r = 10 cm; h = 3 cm
b) r = 7 cm; h = 3 cm
c) r = 16 cm; h = 7 cm

bearbeitet am: ______ **erreichte Punktzahl:** ______

Bei 18 Punkten kannst Du zu Test 143 weitergehen.

Test 143 | Zylinder (gerader Zylinder)

Schwierigkeitsgrad: ▲▲▲

1. Kannst du den Radius der Zylinder ausrechnen?

a) $V = 32\ \pi\ cm^3$; $h = 2\ cm$
b) $V = 81\ \pi\ cm^3$; $h = 10\ cm$

2. Berechne den Radius der Zylinder:

a) $V = 63\ \pi\ cm^3$; $h = 7\ cm$
b) $V = 128\ \pi\ cm^3$; $h = 8\ cm$

3. Auch hier sollst du den Radius der Zylinder berechnen!

a) $V = 45\ \pi\ cm^3$; $h = 5\ cm$
b) $V = 200\ \pi\ cm^3$; $h = 2\ cm$

4. Rechne den Radius der Zylinder aus:

a) $O = 286\ \pi\ cm^2$; $h = 2\ cm$
b) $O = 216\ \pi\ cm^2$; $h = 12\ cm$

5. Errechne den Radius der Zylinder!

a) $O = 234\ \pi\ cm^2$; $h = 4\ cm$
b) $O = 1{,}5\ \pi\ cm^2$; $h = 1\ cm$

6. Und noch einmal sollst du den Radius von Zylindern ausrechnen:

a) $O = 25{,}5\ \pi\ cm^2$; $h = 7\ cm$
b) $O = 76\ \pi\ cm^2$; $h = 5{,}5\ cm$

bearbeitet am: ______ **erreichte Punktzahl:** ______

Ab 15 Punkten kannst Du zu Test 144 weitergehen, bei 18 Punkten zu Test 146.

Test 144 | Zylinder (gerader Zylinder)

Schwierigkeitsgrad: ▲▲▲

1. Kannst du den Radius der Zylinder ausrechnen?

a) $V = 9\,\pi\ cm^3$; $h = 1\ cm$
b) $V = 45\,\pi\ cm^3$; $h = 5\ cm$

2. Berechne den Radius der Zylinder!

a) $V = 72\,\pi\ cm^3$; $h = 2\ cm$
b) $V = 147\,\pi\ cm^3$; $h = 3\ cm$

3. Auch hier sollst du den Radius der Zylinder berechnen!

a) $V = 40\,\pi\ cm^3$; $h = 10\ cm$
b) $V = 96\,\pi\ cm^3$; $h = 6\ cm$

4. Rechne den Radius der Zylinder aus:

a) $O = 3\,\pi\ cm^2$; $h = 0{,}5\ cm$
b) $O = 45{,}5\,\pi\ cm^2$; $h = 3\ cm$

5. Errechne den Radius der Zylinder!

a) $O = 20\,\pi\ cm^2$; $h = 9\ cm$
b) $O = 156\,\pi\ cm^2$; $h = 7\ cm$

6. Und noch einmal sollst du den Radius von Zylindern ausrechnen:

a) $O = 1008\,\pi\ cm^2$; $h = 3\ cm$
b) $O = 516\,\pi\ cm^2$; $h = 9{,}5\ cm$

bearbeitet am: ______ **erreichte Punktzahl:** ______

Ab 15 Punkten kannst Du zu Test 145 weitergehen, bei 18 Punkten zu Test 146.

Test 145 | Zylinder (gerader Zylinder)

Schwierigkeitsgrad: △ △ ▲

1. Kannst du die Höhe der Zylinder ausrechnen?

a) $V = 9\ \pi\ cm^3$; $r = 1$ cm
b) $V = 380{,}25\ \pi\ cm^3$; $r = 6{,}5$ cm

2. Berechne die Höhe der Zylinder!

a) $V = 40\ \pi\ cm^3$; $r = 3{,}5$ cm
b) $V = 196\ \pi\ cm^3$; $r = 6$ cm

3. Auch hier sollst du die Höhe der Zylinder ausrechnen:

a) $O = 217\ \pi\ cm^2$; $r = 7$ cm
b) $O = 82\ \pi\ cm^2$; $r = 2$ cm

4. Errechne die Höhe der Zylinder:

a) $O = 721{,}6\ \pi\ cm^2$; $r = 11$ cm
b) $O = 5{,}82\ \pi\ cm^2$; $r = 0{,}1$ cm

5. Berechne die Oberfläche eines Zylinders, der ein Volumen von $\approx 7\,238{,}229\ m^3$ hat und 24 m breit ist.

6. Ermittle das Volumen eines Zylinders, der eine Oberfläche von $\approx 3\,204{,}425\ mm^3$ und einen Umfang von $30\ \pi$ mm hat.

bearbeitet am: **erreichte Punktzahl:**

Bei 18 Punkten kannst Du zu Test 146 weitergehen.

Test 146 | Zylinder (gerader Hohlzylinder)

Schwierigkeitsgrad: ▲▲▲

1. Kannst du das Innenvolumen der Zylinder errechnen?

a) r_{innen} = 3 cm; $r_{außen}$ = 5 cm; h = 8 cm
b) r_{innen} =7 cm; $r_{außen}$ = 11 cm; h = 12 cm

2. Berechne das Innenvolumen des Zylinders!

$r_{außen}$ = 3 cm; h = 5 cm; Wanddicke = 1 cm

3. Ermittle das Innenvolumen des Zylinders:

$O_{außen} = 288\ \pi\ cm^2$; $r_{außen}$ = 8 cm; Wanddicke = 4 cm

4. Kannst du den Innendurchmesser eines Zylinders ausrechnen?

$r_{außen}$ = 10 cm; $V_{innen} = 1500\ \pi\ cm^3$; h = 15 cm

5. Berechne den Innendurchmesser des Zylinders:

$r_{außen}$ = 10 cm; $V_{innen} = 960\ \pi\ cm^3$; h = 15 cm

6. Auch hier sollst du noch einmal den Innendurchmesser eines Zylinders ausrechnen:

$r_{außen}$ = 5 cm; $V_{innen} = 240\ \pi\ cm^3$; h = 15 cm

bearbeitet am: ______ **erreichte Punktzahl:** ______

Ab 15 Punkten kannst Du zu Test 147 weitergehen, bei 18 Punkten zu Test 149.

Test 147 | Zylinder (gerader Hohlzylinder)

Schwierigkeitsgrad: ▲▲▲

1. Kannst du das Innenvolumen der Zylinder errechnen?

a) $r_{innen} = 3$ cm; $r_{außen} = 9$ cm; $h = 8$ cm
b) $r_{innen} = 7$ cm; $r_{außen} = 20$ cm; $h = 12$ cm

2. Berechne das Innenvolumen des Zylinders!

$r_{außen} = 1{,}75$ cm; $h = 9$ cm; Wanddicke = 0,25 cm

3. Ermittle das Innenvolumen des Zylinders!

$O_{außen} = 10\,600\ \pi\ cm^2$; $r_{außen} = 50$ cm; Wanddicke = 28 cm

4. Kannst du den Innendurchmesser des Zylinders ausrechnen?

$r_{außen} = 9$ cm; $V_{innen} = 576\ \pi\ cm^3$; $h = 16$ cm

5. Berechne den Innendurchmesser des Zylinders:

$r_{außen} = 5$ cm; $V_{innen} = 192\ \pi$ cm; $h = 12$ cm

6. Auch hier sollst du noch einmal den Innendurchmesser eines Zylinders ausrechnen:

$r_{außen} = 1$ cm; $V_{innen} = 0{,}125\ \pi$ cm; $h = 2$ cm

bearbeitet am: ______ **erreichte Punktzahl:** ______

Ab 15 Punkten kannst Du zu Test 148 weitergehen, bei 18 Punkten zu Test 149.

Test 148 | Zylinder (gerader Hohlzylinder)

Schwierigkeitsgrad: ▲▲▲

1. Kannst du das Innenvolumen des Zylinders errechnen?

$r_{außen} = 8$ cm; h = 12 cm; Wanddicke = 0,5 cm

2. Berechne das Innenvolumen des Zylinders!

$O_{außen} = 1\,110\ \pi\ cm^2$; $r_{außen} = 15$ cm; Wanddicke = 3,7 cm

3. Berechne den Innendurchmesser des Zylinders!

$r_{außen} = 17$ cm; $V_{innen} = 4\,176\ \pi\ cm^3$; h = 29 cm

4. Berechne den Innendurchmesser des Zylinders!

$r_{außen} = 28$ cm; $V_{innen} = 9\,408\ \pi$ cm; h = 48 cm

5. Eine Litfaßsäule mit 2,90 m Höhe hatte anfangs eine Oberfläche von $33\,400\ \pi\ cm^2$. Nach 3 Jahren hat sie einen Umfang von 120 π cm.

Wie dick ist die aufgeklebte Papierschicht?

6. Ein 5 Meter langes Rohr soll 80 Liter fassen können.

Wie groß muss der Außendurchmesser des Stahlzylinders sein, wenn er eine Wanddicke von 5 cm haben soll?

bearbeitet am: ____ **erreichte Punktzahl:** ____

Bei 18 Punkten kannst Du zu Test 149 weitergehen.

Test 149 | Kreiskegel

Schwierigkeitsgrad: ▲▲▲

1. Kannst du das Volumen der Kreiskegel ausrechnen?

a) r = 3 cm; h = 5 cm
b) r = 8 cm; h = 12 cm
c) r = 1 cm; h = 21 cm

2. Berechne das Volumen der Kreiskegel!

a) r = 7 cm; h = 3 cm
b) r = 5 cm; h = 6 cm
c) r = 9 cm; h = 20 cm

3. Auch hier sollst du das Volumen der Kreiskegel ermitteln:

a) r = 12 cm; h = 13 cm
b) r = 6 cm; h = 7 cm
c) r = 3 cm; h = 4 cm

4. Kannst du die Oberfläche der Kreiskegel ausrechnen? (s = Seitenkante)

a) r = 3 cm; s = 6 cm
b) r = 8 cm; s = 12 cm

5. Berechne die Oberfläche der Kreiskegel! (s = Seitenkante)

a) r = 7 cm; s = 18 cm
b) r = 0,5 cm; s = 1 cm

6. Und noch einmal sollst du die Oberfläche der Kreiskegel ermitteln. (s = Seitenkante)

a) r = 2 cm; s = 3 cm
b) r = 1 cm; s = 4 cm

bearbeitet am: ______ **erreichte Punktzahl:** ______

Ab 15 Punkten kannst Du zu Test 150 weitergehen, bei 18 Punkten zu Test 152.

Test 150 | Kreiskegel

Schwierigkeitsgrad: △ ▲ ▲

1. Kannst du das Volumen der Kreiskegel ausrechnen?

a) r = 6 cm; h = 7 cm
b) r = 2 cm; h = 3 cm
c) r = 8 cm; h = 9 cm

2. Berechne das Volumen der Kreiskegel!

a) r = 15 cm; h = 5 cm
b) r = 19 cm; h = 36 cm
c) r = 12 cm; h = 29 cm

3. Auch hier sollst du das Volumen der Kreiskegel ermitteln:

a) r = 7 cm; h = 21 cm
b) r = 18 cm; h = 13 cm
c) r = 11 cm; h = 3 cm

4. Kannst du die Oberfläche der Kreiskegel ausrechnen? (s = Seitenkante)

a) r = 9 cm; s = 12 cm
b) r = 4 cm; s = 5 cm

5. Berechne die Oberfläche der Kreiskegel. (s = Seitenkante)

a) r = 9 cm; s = 11 cm
b) r = 0,1 cm; s = 0,9 cm

6. Und noch einmal sollst du die Oberfläche der Kreiskegel ermitteln.
(s = Seitenkante)

a) r = 5 cm; s = 7 cm
b) r = 18 cm; s = 22 cm

bearbeitet am: ______ **erreichte Punktzahl:** ______

Ab 15 Punkten kannst Du zu Test 151 weitergehen, bei 18 Punkten zu Test 152.

Test 151 | Kreiskegel

Schwierigkeitsgrad: △▲▲

1. Kannst du das Volumen der Kreiskegel ausrechnen?

a) r = 8 cm; h = 18 cm
b) r = 16 cm; h = 6 cm
c) r = 23 cm; h = 21 cm

2. Berechne das Volumen der Kreiskegel!

a) r = 38 cm; h = 36 cm
b) r = 12 cm; h = 25 cm
c) r = 68 cm; h = 300 cm

3. Auch hier sollst du das Volumen der Kreiskegel ermitteln:

a) r = 6 cm; h = 250 cm
b) r = 27 cm; h = 73 cm
c) r = 33 cm; h = 68 cm

4. Kannst du die Oberfläche der Kreiskegel ausrechnen? (s = Seitenkante)

a) r = 1,5 cm; s = 2 cm
b) r = 8 cm; s = 25 cm

5. Berechne die Oberfläche der Kreiskegel! (s = Seitenkante)

a) r = 3 cm; s = 13 cm
b) r = 3,5 cm; s = 8 cm

6. Und noch einmal sollst du die Oberfläche der Kreiskegel ermitteln. (s = Seitenkante)

a) r = 2,5 cm; s = 3 cm
b) r = 0,5 cm; s = 0,6 cm

bearbeitet am: ______ **erreichte Punktzahl:** ______

Bei 18 Punkten kannst Du zu Test 152 weitergehen.

Test 152 | Kreiskegel

Schwierigkeitsgrad: △ △ ▲

1. Ermittle das Volumen des Kreiskegels!

$r = 2{,}5$ cm; $h = 1{,}8$ cm

2. Berechne das Volumen des Kreiskegels:

$r = 3{,}5$ cm; $h = 2$ cm

3. Rechne den Radius des Kreiskegels aus:

$V = 7\,\pi\ \text{cm}^3$; $h = 21$ cm

4. Berechne die Oberfläche des Kreiskegels!

$r = 1$ cm; $h = 3$ cm

5. Auch hier sollst du die Oberfläche des Kreiskegels berechnen:

$r = 4$ cm; $h = 3$ cm

6. Ermittle die Höhe des Kreiskegels.

$r = 3$ cm; $V = 27\ \text{cm}^3$

bearbeitet am: ________ **erreichte Punktzahl:** ________

Ab 15 Punkten kannst Du zu Test 153 weitergehen, bei 18 Punkten zu Test 155.

Test 153 | Kreiskegel

Schwierigkeitsgrad: △ △ ▲

1. Ermittle das Volumen des Kreiskegels!

$r = 0,75$ cm; $h = 11$ cm

2. Berechne das Volumen des Kreiskegels:

$r = 0,9$ cm; $h = 1$ cm

3. Rechne den Radius des Kreiskegels aus.

$V = 182\ \pi\ cm^3$; $h = 39$ cm

4. Berechne die Oberfläche des Kreiskegels:

$r = 3$ cm; $h = 4$ cm

5. Auch hier sollst du die Oberfläche des Kreiskegels ausrechnen!

$r = 9$ cm; $h = 12$ cm

6. Ermittle die Höhe des Kreiskegels:

$r = 6$ cm; $V = 224\ cm^3$

bearbeitet am: **erreichte Punktzahl:**

Ab 15 Punkten kannst Du zu Test 154 weitergehen, bei 18 Punkten zu Test 155.

Test 154 | Kreiskegel

Schwierigkeitsgrad: △ △ ▲

1. Ermittle den Radius des Kreiskegels:

$O \approx 213{,}665\ cm^2$; $h = 7\ cm$

2. Berechne das Volumen des Kreiskegels!

$r = 0{,}01\ cm$; $h = 0{,}03\ cm$

3. Auch hier sollst du das Volumen des Kreiskegels ausrechnen:

$r = 130\ cm$; $h = 966\ cm$

4. Berechne die Oberfläche des Kreiskegels!

$r = 7\ cm$; $h = 8\ cm$

5. Ermittle die Höhe des Kreiskegels:

$r = 9\ cm$; $O \approx 749{,}068\ cm^2$

6. Und noch einmal sollst du die Höhe des Kreiskegels ausrechnen!

$r = 10$; $O \approx 804{,}892\ cm^2$

bearbeitet am: ______ **erreichte Punktzahl:** ______

Bei 18 Punkten kannst Du zu Test 155 weitergehen.

Test 155 | Kreiskegel (-stumpf)

Schwierigkeitsgrad: ▲▲▲

1. Kannst du das Volumen eines Kegelstumpfes ausrechnen? (r = Radius Deckfläche; R = Radius Grundfläche)

a) r = 2 cm; R = 3 cm; h = 5 cm
b) r = 1 cm; R = 7 cm; h = 8 cm

2. Berechne das Volumen der Kegelstümpfe! (r = Radius Deckfläche; R = Radius Grundfläche)

a) r = 9 cm; R = 12 cm; h = 7 cm
b) r = 7 cm; R = 14 cm; h = 6 cm

3. Auch hier sollst du das Volumen der Kegelstümpfe ermitteln. (r = Radius Deckfläche; R = Radius Grundfläche)

a) r = 6 cm; R = 16 cm; h = 3 cm
b) r = 4 cm; R = 15 cm; h = 9 cm

4. Berechne die Oberfläche des Kegelstumpfes! (r = Radius Deckfläche; R = Radius Grundfläche)

r = 2 cm; R = 4 cm; h = 3 cm

5. Rechne die Oberfläche des Kegelstumpfes aus! (r = Radius Deckfläche; R = Radius Grundfläche)

r = 1 cm; R = 3 cm; h = 4 cm

6. Und noch einmal sollst du die Oberfläche eines Kegelstumpfes ermitteln! (r = Radius Deckfläche; R = Radius Grundfläche)

r = 6 cm; R = 8 cm; h = 10 cm

bearbeitet am: **erreichte Punktzahl:**

Ab 15 Punkten kannst Du zu Test 156 weitergehen, bei 18 Punkten zu Test 158.

Test 156 | Kreiskegel (-stumpf)

Schwierigkeitsgrad: ▲▲▲

1. Kannst du das Volumen eines Kegelstumpfes ausrechnen? (r = Radius Deckfläche; R = Radius Grundfläche)

a) r = 9 cm; R = 10 cm; h = 3 cm
b) r = 1 cm; R = 3 cm; h = 5 cm

2. Berechne das Volumen der Kegelstümpfe! (r = Radius Deckfläche; R = Radius Grundfläche)

a) r = 7 cm; R = 8 cm; h = 6 cm
b) r = 9 cm; R = 14 cm; h = 7 cm

3. Auch hier sollst du das Volumen der Kegelstümpfe ermitteln. (r = Radius Deckfläche; R = Radius Grundfläche)

a) r = 7 cm; R = 11 cm; h = 1 cm
b) r = 6 cm; R = 8 cm; h = 3 cm

4. Berechne die Oberfläche des Kegelstumpfes! (r = Radius Deckfläche; R = Radius Grundfläche)

r = 1 cm; R = 5 cm; h = 7 cm

5. Rechne die Oberfläche des Kegelstumpfes aus! (r = Radius Deckfläche; R = Radius Grundfläche)

r = 10 cm; R = 12 cm; h = 2 cm

6. Und noch einmal sollst du die Oberfläche eines Kegelstumpfes ermitteln! (r = Radius Deckfläche; R = Radius Grundfläche)

r = 2 cm; R = 9 cm; h = 5 cm

bearbeitet am: ____ **erreichte Punktzahl:** ____

Ab 15 Punkten kannst Du zu Test 157 weitergehen, bei 18 Punkten zu Test 158.

Test 157 | Kreiskegel (-stumpf)

Schwierigkeitsgrad: ▲▲▲

1. Kannst du das Volumen eines Kegelstumpfes ausrechnen? (r = Radius Deckfläche; R = Radius Grundfläche)

a) r = 8 cm; R = 8,5 cm; h = 6 cm
b) r = 6 cm; R = 8 cm; h = 8 cm

2. Berechne das Volumen der Kegelstümpfe! (r = Radius Deckfläche; R = Radius Grundfläche)

a) r = 12 cm; R = 15 cm; h = 0,5 cm
b) r = 0,2 cm; R = 9 cm; h = 3 cm

3. Auch hier sollst du das Volumen der Kegelstümpfe ermitteln. (r = Radius Deckfläche; R = Radius Grundfläche)

a) r = 0,1 cm; R = 1 cm; h = 90 cm
b) r = 9 cm; R = 9,1 cm; h = 0,1 cm

4. Berechne die Oberfläche des Kegelstumpfes! (r = Radius Deckfläche; R = Radius Grundfläche)

r = 5,3 cm; R = 6 cm; h = 7 cm

5. Rechne die Oberfläche des Kegelstumpfes aus! (r = Radius Deckfläche; R = Radius Grundfläche)

r = 1,7 cm; R = 8 cm; h = 2,9 cm

6. Und noch einmal sollst du die Oberfläche eines Kegelstumpfes ermitteln! (r = Radius Deckfläche; R = Radius Grundfläche)

r = 3,5 cm; R = 9,3 cm; h = 7 cm

bearbeitet am: ________ **erreichte Punktzahl:** ________

Bei 18 Punkten kannst Du zu Test 158 weitergehen.

Test 158 Kugel

Schwierigkeitsgrad: ▲▲▲

1. Kannst du das Volumen der Kugeln berechnen?

a) r = 3 cm
b) r = 6 cm
c) r = 1 cm

2. Berechne das Volumen der Kugeln:

a) r = 7 cm
b) r = 9 cm
c) r = 2 cm

3. Auch hier sollst du das Volumen der Kugeln ermitteln:

a) r = 4 cm
b) r = 8 cm
c) r = 5 cm

4. Kannst du die Oberfläche von Kugeln ausrechnen?

a) r = 1 cm
b) r = 4 cm
c) r = 7 cm

5. Rechne die Oberfläche der Kugeln aus:

a) r = 2 cm
b) r = 5 cm
c) r = 9 cm

6. Und noch einmal sollst du die Oberfläche von Kugeln ermitteln:

a) r = 8 cm
b) r = 3 cm
c) r = 6 cm

bearbeitet am: ____ **erreichte Punktzahl:** ____

Ab 15 Punkten kannst Du zu Test 159 weitergehen, bei 18 Punkten zu Test 161.

Test 159 | Kugel

Schwierigkeitsgrad: △ ▲ ▲

1. Kannst du das Volumen von Kugeln berechnen?

a) r = 10 cm
b) r = 12 cm
c) r = 11 cm

2. Berechne das Volumen der Kugeln:

a) r = 3 cm
b) r = 7 cm
c) r = 4 cm

3. Auch hier sollst du das Volumen der Kugeln ermitteln:

a) r = 0,3 cm
b) r = 5 cm
c) r = 1,5 cm

4. Kannst du die Oberfläche von Kugeln ausrechnen?

a) r = 10 cm
b) r = 19 cm
c) r = 12 cm

5. Rechne die Oberfläche der Kugeln aus:

a) r = 20 cm
b) r = 15 cm
c) r = 18 cm

6. Und noch einmal sollst du die Oberfläche von Kugeln ermitteln:

a) r = 11cm
b) r = 17cm
c) r = 16cm

bearbeitet am: ______ **erreichte Punktzahl:** ______

Ab 15 Punkten kannst Du zu Test 160 weitergehen, bei 18 Punkten zu Test 161.

Test 160 | Kugel

Schwierigkeitsgrad: △ ▲ ▲

1. Kannst du das Volumen von Kugeln berechnen?

a) r = 1,2 cm
b) r = 3,6 cm
c) r = 6,3 cm

2. Berechne das Volumen der Kugeln:

a) r = 4,2 cm
b) r = 5,1 cm
c) r = 8,1 cm

3. Auch hier sollst du das Volumen der Kugeln ermitteln:

a) r = 7,2 cm
b) r = 12,3 cm
c) r = 3,9 cm

4. Kannst du die Oberfläche von Kugeln ausrechnen?

a) r = 1,5 cm
b) r = 7,8 cm
c) r = 3,5 cm

5. Rechne die Oberfläche der Kugeln aus:

a) r = 8,4 cm
b) r = 1,3 cm
c) r = 0,6 cm

6. Und noch einmal sollst du die Oberfläche von Kugeln ermitteln:

a) r = 1,4 cm
b) r = 1,8 cm
c) r = 11,2 cm

bearbeitet am: ______ **erreichte Punktzahl:** ______

Bei 18 Punkten kannst Du zu Test 161 weitergehen.

Test 161 | Kugelabschnitt und Kugelschicht

Schwierigkeitsgrad: △ △ ▲

1. Kannst du das Volumen von Kugelsegmenten ermitteln? (r = Radius der ganzen Kugel)

a) $r = 5$ cm; $h = 3$ cm
b) $r = 7$ cm; $h = 6$ cm

2. Bestimme das Volumen der Kugelsegmente! (r = Radius der ganzen Kugel)

a) $r = 12$ cm; $h = 9$ cm
b) $r = 21$ cm; $h = 12$ cm

3. Rechne das Volumen der Kugelsegmente aus. (r = Radius der ganzen Kugel)

a) $r = 5$ cm; $h = 0{,}3$ cm
b) $r = 8$ cm; $h = 1{,}2$ cm

4. Kannst du die Oberfläche der Kugelsegmente errechnen? (r = Radius des Schnittkreises)

a) $r = 8$ cm; $h = 6$ cm
b) $r = 5{,}5$ cm; $h = 3{,}5$ cm

5. Bestimme die Oberfläche der Kugelsegmente! (r = Radius des Schnittkreises)

a) $r = 10$ cm; $h = 9$ cm
b) $r = 15$ cm; $h = 14{,}9$ cm

6. Und noch einmal sollst du die Oberfläche der Kugelsegmente ermitteln. (r = Radius des Schnittkreises)

a) $r = 0{,}1$ cm; $h = 0{,}09$ cm
b) $r = 12{,}2$ cm; $h = 1{,}2$ cm

bearbeitet am: ______ **erreichte Punktzahl:** ______

Ab 15 Punkten kannst Du zu Test 162 weitergehen, bei 18 Punkten zu Test 164.

Test 162 | Kugelabschnitt und Kugelschicht

Schwierigkeitsgrad: △△▲

1. Kannst du das Volumen von Kugelsegmenten ermitteln?
(r = Radius der ganzen Kugel)

a) r = 2 cm; h = 1,5 cm
b) r = 8,1 cm; h = 8 cm

2. Bestimme das Volumen der Kugelsegmente! (r = Radius der ganzen Kugel)

a) r = 5,5 cm; h = 5,3 cm
b) r = 6 cm; h = 1,02 cm

3. Rechne das Volumen der Kugelsegmente aus. (r = Radius der ganzen Kugel)

a) r = 7 cm; h = 6 cm
b) r = 5 cm; h = 4,5 cm

4. Kannst du das Volumen der Kugelschicht ermitteln? (r_1 = Radius des oberen Schnittkreises; r_2 = Radius des unteren Schnittkreises; h = Höhe der Schicht)

r_1 = 4 cm; r_2 = 4 cm; h = 8 cm

5. Berechne das Volumen der Kugelschicht! (r_1 = Radius des oberen Schnittkreises; r_2 = Radius des unteren Schnittkreises; h = Höhe der Schicht)

r_1 = 3 cm; r_2 = 1 cm; h = 9 cm

6. Auch hier sollst du das Volumen der Kugelschicht ausrechnen! (r_1 = Radius des oberen Schnittkreises; r_2 = Radius des unteren Schnittkreises; h = Höhe der Schicht)

r_1 = 2,5 cm; r_2 = 1,75 cm; h = 10 cm

bearbeitet am: ______ **erreichte Punktzahl:** ______

Ab 15 Punkten kannst Du zu Test 163 weitergehen, bei 18 Punkten zu Test 164.

Test 163 Kugelabschnitt und Kugelschicht

Schwierigkeitsgrad: △ △ ▲

1. Kannst du die Oberfläche der Kugelsegmente errechnen? (r = Radius des Schnittkreises)

a) r = 2 cm; h = 1 cm
b) r = 5 cm; h = 3 cm

2. Rechne die Oberfläche der Kugelsegmente aus. (r = Radius des Schnittkreises)

a) r = 7 cm; h = 4 cm
b) r = 9 cm; h = 6 cm

3. Bestimme die Oberfläche der Kugelsegmente! (r = Radius des Schnittkreises)

a) r = 1 cm; h = 0,5 cm
b) r = 2,5 cm; h = 1,3 cm

4. Kannst du die Oberfläche der Kugelschicht ermitteln? (r = Radius der ganzen Kugel; r_1 = Radius des oberen Schnittkreises; r_2 = Radius des unteren Schnittkreises; h = Höhe der Schicht)

r_1 = 4 cm; r_2 = 3 cm; h = 7 cm; r = 5 cm;

5. Berechne die Oberfläche der Kugelschicht! (r = Radius der ganzen Kugel; r_1 = Radius des oberen Schnittkreises; r_2 = Radius des unteren Schnittkreises; h = Höhe der Schicht)

r_1 = 7,75 cm; r_2 = 7,42 cm; h = 5 cm; r = 8 cm

6. Und noch einmal sollst du die Oberfläche der Kugelschicht ermitteltn! (r = Radius der ganzen Kugel; r_1 = Radius des oberen Schnittkreises; r_2 = Radius des unteren Schnittkreises; h = Höhe der Schicht)

r_1 = 24 cm; r_2 = 23,32 cm; h = 16 cm; r = 25 cm

bearbeitet am: ______ **erreichte Punktzahl:** ______

Bei 18 Punkten kannst Du zu Test 164 weitergehen.

Test 164 | **Kugelausschnitt**

Schwierigkeitsgrad: △△△

1. Kannst du das Volumen des Kugelsektors ermitteln?

a) $r = 5$ cm; $h = 3$ cm
b) $r = 3$ cm; $h = 1$ cm

2. Berechne jeweils das Volumen des Kugelsektors:

a) $r = 11$ cm; $h = 9$ cm
b) $r = 12$ cm; $h = 4$ cm

3. Auch hier sollst du jeweils das Volumen des Kugelsektors ausrechnen.

a) $r = 5$ cm; $h = 1{,}5$ cm
b) $r = 7$ cm; $h = 3{,}6$ cm

4. Ermittle die Höhe und die Oberfläche des Kugelsektors:

$r_1 = 3$ cm; $r = 5$ cm; $h = r - x$

5. Berechne die Höhe und die Oberfläche des Kugelsektors!

$r_1 = 4$ cm; $r = 6$ cm

6. Und noch einmal sollst du die Höhe und die Oberfläche des Kugelsektors ausrechnen!

$r_1 = 8$ cm; $r = 9$ cm

bearbeitet am: ______ **erreichte Punktzahl:** ______

Bei 18 Punkten kannst Du zum Abschlusstest weitergehen.

Test 165 | Kugelausschnitt

Schwierigkeitsgrad: ▲▲▲

1. Kannst du das Volumen des Kugelsektors ermitteln?

a) r = 15 cm; h = 11 cm
b) r = 18 cm; h = 4 cm

2. Berechne jeweils das Volumen des Kugelsektors:

a) r = 21 cm; h = 17 cm
b) r = 23 cm; h = 12 cm

3. Auch hier sollst du jeweils das Volumen des Kugelsektors ausrechnen.

a) r = 2 cm; h = 1,2 cm
b) r = 1 cm; h = 0,6 cm

4. Ermittle die Höhe und die Oberfläche des Kugelsektors:

r_1 = 7 cm; r = 10 cm

5. Berechne die Höhe und die Oberfläche des Kugelsektors!

r_1 = 11 cm; r = 15 cm

6. Und noch einmal sollst du die Höhe und die Oberfläche des Kugelsektors ausrechnen!

r_1 = 0,5 cm; r = 1 cm

bearbeitet am: **erreichte Punktzahl:**

Bei 18 Punkten kannst Du zum Abschlusstest weitergehen.

Test 166 | Kugelausschnitt

Schwierigkeitsgrad: ▲▲▲

1. Kannst du das Volumen des Kugelsektors ermitteln?
(r_1 = Radius des „Kegelbodens“ bzw. des „Schnittkreises“)

a) $r_1 = 3$ cm; $h = 0{,}5$ cm
b) $r_1 = 3$ cm; $h = 1$ cm

2. Berechne jeweils das Volumen des Kugelsektors! (r_1 = Radius des „Kegelbodens“ bzw. des „Schnittkreises“)

a) $r_1 = 8$ cm; $h = 6$ cm
b) $r_1 = 12$ cm; $h = 4$ cm

3. Auch hier sollst du jeweils das Volumen des Kugelsektors ausrechnen.
(r_1 = Radius des „Kegelbodens“ bzw. des „Schnittkreises“)

a) $r_1 = 0{,}9$ cm; $h = 0{,}6$ cm
b) $r_1 = 1{,}5$ cm; $h = 1{,}2$ cm

4. Ermittle die Höhe und die Oberfläche des Kugelsektors:

$r_1 = 6$ cm; $r = 12$ cm

5. Berechne die Höhe und die Oberfläche des Kugelsektors!

$r_1 = 0{,}5$ cm; $r = 3$ cm;

6. Und noch einmal sollst du die Höhe und die Oberfläche des Kugelsektors ausrechnen!

$r_1 = 16$ cm; $r = 20$ cm

bearbeitet am: ______ **erreichte Punktzahl:** ______

Bei 18 Punkten kannst Du zum Abschlusstest weitergehen.

1 Teste nochmals dein Können!

Teil 1 / Seite 1

1. Ein Kredit beträgt 2 500 Euro, die Zinsen betragen insgesamt über die ganze Laufzeit gerechnet 11 %.

Wie viel muss man mindestens pro Monat abbezahlen, um nach spätestens $1\frac{1}{2}$ Jahren schuldenfrei zu sein?

2. Es werden 750 Euro zu einem Zinssatz von 1,9 % angelegt.

Wie hoch ist das Kapital nach 7 Jahren?

3. In einem Geschäft kostet eine Jeans im Angebot 20 % weniger, mit Kundenkarte werden nochmals 5 % Rabatt abgezogen. Am Ende kostet die Jeans noch 22,50 Euro. Wie viel hat die Hose vor den Reduzierungen gekostet? Es gibt die Möglichkeit, auch mit Schweizer Franken zu zahlen. Rechne den neuen Preis in Franken um (1 Euro = 1,5 ChF).

4. Fülle die folgende Tabelle umgekehrt proportional aus.

x =	a	5	$\frac{5}{3}$	b	90
y =	2	c	d	$\frac{2}{3}$	$\frac{1}{3}$

5. Berechne die Höhe der Pyramide und die Höhe der Seiten mit einer Seitenlänge von 30 m und einer Kantenlänge von 50 m.

6. Ein Kegel (Radius = 3 cm, Höhe = 15 cm) wird auf 12 cm gekürzt und hat den neuen Radius 2,4 cm.

Wie viel Volumen geht verloren?

bearbeitet am: **erreichte Punktzahl:**

Maximale Punktzahl: 18 Punkte

2 Teste nochmals dein Können!

Teil 1 / Seite 2

1. Jenny kauft ein Kleid und zahlt 43,70 Euro. Da sie eine Kundenkarte besitzt, bekommt sie 6 % Rabatt, und weil das Kleid eine unsaubere Naht hat, weitere 3 % Nachlass.

Berechne den alten Preis des Kleides.

2. Reiner hatte 6 000 Euro angelegt. Nach 31 Jahren hat sich dieser Betrag nun verdreifacht.

Errechne seinen Zinssatz.

3. Herbert, Gerlinde und Annette haben sich zusammen eine Dose Kekse gekauft. Herbert hat die Hälfte bezahlt. Vom Rest haben Gerlinde 1/3 und Annette 2/3 gezahlt.

Wie viele der 36 Kekse bekommt jeder? Stelle zunächst das Verhältnis auf.

4. Frau Meier hatte ihr Konto 10 Tage lang um 200 Euro überzogen.

Wie viel Zinsen muss sie bei einem Zinssatz von 9,8 % dafür bezahlen?

5. Berechne das Volumen des Kegelstumpfes mit:

$R = 3$ cm; $r = 1$ cm; $h = 7$ cm

6. Kannst du das Volumen des Kugelsegmentes berechnen?

$r = 6$ cm; $h = 2$ cm

bearbeitet am: **erreichte Punktzahl:**

Maximale Punktzahl: 18 Punkte

3 Teste nochmals dein Können!

Teil 2 / Seite 1

1. Ein Händler kauft Ware im Wert von 4 900 Euro. Er errechnet einen Verkaufspreis mit 17 % Gewinn. Aufgrund der schlechten Wirtschaftslage kann er 20 % jedoch nicht verkaufen.
Berechne den ehemaligen Verkaufspreis des Händlers und seinen tatsächlichen Verlust.

2. Otto, Gregor und Steffi wetten. Der Gewinner erhält den gesamten Wetteinsatz über 65 Euro. Davon stammen 30 Euro von Otto, 20 Euro von Gregor und 15 Euro von Steffi.
Stelle zunächst das Verhältnis auf und berechne anschließend Ottos, Gregors bzw. Steffis Gewinn in %. Wer würde den größten Gewinn machen?

3. Bei seiner Einschulung (mit 6 Jahren) hat Thorstens Vater Geld zu einem Zinssatz von 5,2 % angelegt. Zu Thorstens Abitur (mit 19 Jahren) sind es 9 600 Euro.

Wie viel hat Thorstens Vater angelegt?

4. In einem Kuchen sind 20 % Eier, 55 % Mehl und 25 % gemischter Zucker. Insgesamt wiegt der Kuchen 1,3 kg.

Berechne wie viel Gramm Eier, Mehl und Zucker jeweils enthalten sind.

5. Die Cheopspyramide in Ägypten war bei ihrer Erbauung 146,6 m hoch und hatte eine Seitenlänge von 230 m.

Wie viele Steine von je 10 cm Breite und Länge sowie 5 cm Höhe hätte man mindestens verbauen müssen?

6. Berechne die Oberfläche im Inneren einer Dose mit dem Durchmesser von 10 cm, einer Höhe von 15 cm und einer Wanddicke von ca. 0,5 mm.

bearbeitet am: ____ **erreichte Punktzahl:** ____

Maximale Punktzahl: 18 Punkte

4 Teste nochmals dein Können!

Teil 2 / Seite 2

1. Britta kauft für 20 Euro Nüsse und verkauft sie für 25 Euro weiter.

Berechne Brittas Gewinn in Prozent. Wenn Sie den Gewinn für zehn Jahre zu einem Zinssatz von 4,1 % anlegt, wie hoch wird der Gesamtgewinn in Euro und Prozent?

2. Lars schließt einen Handyvertrag ab. Dabei hat er die Wahl, in den ersten drei Monaten entweder je 5 Euro weniger zahlen zu müssen oder 12 % weniger. Was wäre sinnvoller, wenn Lars jeden Monat 21 Euro für sein Handy zahlt? Wie viel Prozent machen dabei 5 Euro und wie viel Euro 12 % aus? Wie hoch müssten seine monatlichen Kosten sein, damit die Angebote gleich wären?

3. Eine Einzelfahrkarte kostet 4,20 Euro, ein Wochenticket 25 Euro.

Wie viel Prozent spart man mit dem Wochenticket?

4. In ein Abwasserrohr sollen pro Meter mindestens 1 000 l fließen können.

Welchen Außendurchmesser muss das Rohr mindestens haben, wenn es 10 % seines Druchmessers als Wanddicke haben muss?

5. Ein kugelrundes, aber oben offenes Goldfischglas soll mit speziellem Wasser gefüllt werden. Es hat einen Durchmesser von 30 cm und eine Höhe von 25 cm.

Wie teuer ist das Wasser, wenn 100 ml 0,75 Euro kosten?

6. Berechne die seitliche Fläche (Mantelfläche) einer Kugelzone mit:

h1 = 4,16 cm; h2 = 3,75 cm; r = 15,5 cm

bearbeitet am: ______ **erreichte Punktzahl:** ______

Maximale Punktzahl: 18 Punkte

Lösungen zu Test 1

1 (3 Punkte): a) Prozentwert = Grundwert · Prozentsatz : 100 = 0,8 Euro
b) P ≈ 0,01 Euro c) P = 4,2 Euro

2 (3 Punkte): a) P = 79 g b) P = 9,1 kg c) P = 0,1 Pf

3 (3 Punkte): a) P = 2,25 ml b) P = 1,8 l c) P = 264 cl

4 (3 Punkte): a) P = 3,99 Euro b) P = 55,80 Euro c) P = 40,56 Euro

5 (3 Punkte): a) P = 7,5 m^3 b) P = 11,9 m^2 c) P = 2,76 m

6 (3 Punkte): a) P = 2,97 cm b) P = 5,07 mm c) P = 61,2 mm

Lösungen zu Test 2

1 (3 Punkte): a) Prozentwert = Grundwert · Prozentsatz : 100 ≈ 1,41 Euro
b) P ≈ 0,01 Euro c) P = 13,3 Euro

2 (3 Punkte): a) P = 5,18 g b) P = 1,68 kg c) P = 1,3 Pf

3 (3 Punkte): a) P = 0,6 ml b) P = 4,8 l c) P = 368,5 cl

4 (3 Punkte): a) P = 4,4 Euro b) P = 35,78 Euro c) P ≈ 17,64 Euro

5 (3 Punkte): a) P ≈ 44,66 m^3 b) P = 61,82 m^2 c) P = 12,9 m

6 (3 Punkte): a) P ≈ 4,74 cm b) P ≈ 2,26 mm c) P = 57,24 mm

Lösungen zu Test 3

1 (3 Punkte): a) 1,70 Euro b) 2,19 Euro c) 0,33 Euro

2 (3 Punkte): Schüler: 0,45 Euro Kleinkinder: 0,90 Euro
Schüler zahlen also 4,50 Euro - 0,45 Euro = 4,05 Euro
Kleinkinder zahlen also 4,50 Euro - 0,90 Euro = 3,60 Euro

3 (3 Punkte): 0,161 m^2

4 (3 Punkte): a) 1,5 l b) 0,81 l c) 0,15 l

5 (3 Punkte): 0,96 ml

6 (3 Punkte): a) 83,6 Euro b) 237,38 Euro c) 37,4 Euro

Lösungen zu Test 4

1 (3 Punkte): a) Nektar: 1,5 l · 55 % = 0,825 l (1,5 l · 55 : 100 = 0,825 l)
b) Fruchtsaftgetränk: 1,5 l · 7 % = 0,105 l
c) Limonade: 1,5 l · 4 % = 0,06 l

2 (3 Punkte): Es sind 14 rote Kugeln, 21 blaue Kugeln, 28 gelbe Kugeln und 7 grüne Kugeln.

3 (3 Punkte): a) 4,77 Euro (29,90 Euro = 119 %; also: (29,90 · 19 : 119)
b) 6,37 Euro c) 17,56 Euro

4 (3 Punkte): Birgit möchte 12,92 kg abnehmen.

5 (3 Punkte): Der Schwamm enthält 180 g Wasser.

6 (3 Punkte): Der Ring enthält 6,875 g Silber.

Lösungen zu Test 5

1 (3 Punkte): Torsten verdrängt 81 l.

2 (3 Punkte): Er muss 0,08 l, also 80 ml, aufnehmen.

3 (3 Punkte): Auto A: 328 Befürworter; Auto B: 174 Befürworter
Auto C: 522 Befürworter; (328 + 174 + 522 = 1024)

4 (3 Punkte): 2,8 ml (0,4 l = 400 ml)

5 (3 Punkte): 1,4 m^2

6 (3 Punkte): Es werden 128 t Mais weniger angebaut.

Lösungen zu Test 6

1 (3 Punkte): Grün: 50 g Rot: 100 g Gelb: 100 g

2 (3 Punkte): Bei Händler B ist das Sofa um 4 Euro günstiger.
(Händler A: 320 – 25 % => 240 + 19 % = 285,60
Händler B: 320 – 12 % = 281,60; 285,60 – 281,60 = 4,0)

3 (3 Punkte): Es sind je Farbe 60 g Gummibärchen in der Tüte.
(40 % => 120 g : 2 = 60 g; 60 % => 180 g : 3 = 60 g;
60 g · 5 (Farben) = 300 g)

4 (3 Punkte): Paul bekommt 18 Euro, Karsten 36 Euro und Lilli 6 Euro Taschengeld.

5 (3 Punkte): 0,75 l Schorle enthalten 375 ml Sprudel, 225 ml Apfelsaft und 150 ml Zitronensaft.

6 (3 Punkte): Die Holzwürmer haben bereits 0,5 m^3 des Holzblocks zerstört.

Lösungen zu Test 7

1 (3 Punkte): a) Prozentsatz = Prozentwert · 100 : Grundwert = 7,5 %
(Ergebnis: 7,46 % gerundet) b) p % = 54,2 %
c) p % = 25 %

2 (3 Punkte): a) p % = 7,1 % b) p % = 21,6 % c) p % = 18,5 %

3 (3 Punkte): a) p % = 7,7 % b) p % = 10 % c) p % = 39,6 %

4 (3 Punkte): a) 5,8 % b) 8,3 % c) 17,9 %

5 (3 Punkte): a) 7,2 % b) 6,25 % c) 27,9 %

6 (3 Punkte): a) 10,7 % b) 2,5 % c) 9,7 %

Lösungen zu Test 8

1 (3 Punkte): a) Prozentsatz = Prozentwert · 100 : Grundwert = 16,1 %
b) p % = 45,9 % c) p % = 22,1 %

2 (3 Punkte): a) p % = 40,3 % b) p % = 15,2 % c) p % = 6,5 %

3 (3 Punkte): a) p % = 9,9 % b) p % = 37,5 % c) p % = 34,4 %

4 (3 Punkte): a) 33,3 % b) 12,7 % c) 2,2 %

5 (3 Punkte): a) 72,4 % b) 32,4 % c) 23,3 %

6 (3 Punkte): a) 0,7 % b) 50,4 % c) 1,5 %

Lösungen zu Test 9

1 (3 Punkte): a) p % = P · 100 : G = 7,8 %
b) p % = 45,7 % c) p % = 4,0 %

2 (3 Punkte): Kandidat A: 49,3 %
Kandidat B: 29,6 %
Kandidat C: 21,1 %

3 (3 Punkte): 1. Saft: 13,3 %
2. Saft: 20 %
Der zweite Saft hat mehr Zucker.

4 (3 Punkte): 11,4 %

5 (3 Punkte): Nickel 32,8 %
Kupfer 67,2 % (Die Münze wiegt 20,4 g [6,7 + 13,7]; Grundwert = 20,4 g)

6 (3 Punkte): Apfelsaft: 28,6 %
Sprudel: 71,4 % (Grundwert = 0,7 l)

Lösungen zu Test 10

1 (3 Punkte): 50,4 % 11,7 % 6,7 %

2 (3 Punkte): Blau: 59,1 %
Grün: 40,9 % (6,5 + 4,5 = 11; Grundwert = 11 l)

3 (3 Punkte): 23,1 % des Jahres sind frei.

4 (3 Punkte): 15,2 %

5 (3 Punkte): Joghurt A: 37,1 %
Joghurt B: 62,9 %

6 (3 Punkte): 30 % Fruchtanteil

Lösungen zu Test 11

1 (3 Punkte): Die Zehnerkarte ist um 10 % günstiger. (6 · 10 = 60; Grundwert = 60 Euro)

2 (3 Punkte): nach einer Stunde: 20 %
nach zwei Stunden: 32,5 %

3 (3 Punkte): Die Wahrscheinlichkeit liegt bei 20,9 %.
(Grundwert = 670; Prozentwert = 140)

4 (3 Punkte): Rosinen: 10,3 %; Haferflocken: 25,6 %
Nüsse: 7,7 %; Schokoladensplitter: 5,1 %
Milch: 51,3 %
(Grundwert = 195 g)

5 (3 Punkte): 6,25 % (Grundwert = 22,4 Euro; Prozentwert = 22,4 Euro – 21 Euro = 1,4 Euro)

6 (3 Punkte): 5 % (Grundwert = 3 000; Prozentwert = 3 000 – 2 850 = 150)

Lösungen zu Test 12

1 (3 Punkte): Im Monat bzw. im Jahr: 20,34 % (Grundwert = 24,98; Prozentwert = 24,98 – 19,90 = 5,08)

2 (3 Punkte): 6,4 % (Grundwert = 70 + 40 = 110; Prozentwert = 5 + 2 = 7)

3 (3 Punkte): 6,3 % der Wörter sind falsch. (25 % von 12 = 3;
Prozentwert = 12 – 3 = 9)

4 (3 Punkte): 10,7 % (Erster Nachlass = 7 % von 95,99 Euro = 6,72 Euro;
zweiter Nachlass = 4 % von 89,27 Euro = 3,57 Euro;
6,72 + 3,57 = 10,29 Euro = 10,7 %)

5 (3 Punkte): 0,8 % (Zuerst 5 % schlechte Verarbeitung, dann 4,2 %;
5 – 4,2 = 0,8)

6 (3 Punkte): Kümmel 58,3 %
Salz 16,7 %
Pfeffer 25 %
(Grundwert = 35 + 10 + 15 = 60)

Lösungen zu Test 13

1 (3 Punkte): a) Grundwert = Prozentwert · 100 : Prozentsatz
= 28,57 Euro
b) G = 26,67 Euro c) G = 19,33 Euro

2 (3 Punkte): a) G = 40,91 kg b) G = 7 352,94 g c) G = 100 t

3 (3 Punkte): a) G = 352,94 m b) G = 168,67 m^2 c) G = 106,67 m^3

4 (3 Punkte): a) G = 75,52 Euro b) G = 1,58 kg c) G = 4,26 min

5 (3 Punkte): a) G = 40,97 t b) G = 126,98 l c) G = 402,06 Euro

6 (3 Punkte): a) G = 15,83 m b) G = 23,81 Euro c) G = 6,06 min

Lösungen zu Test 14

1 (3 Punkte): a) Grundwert = Prozentwert · 100 : Prozentsatz
= 17,27 Euro
b) G = 1,83 Euro c) G = 61,58 Euro

2 (3 Punkte): a) G = 32,61 kg b) G = 1 119,40 g c) G = 4,44 t

3 (3 Punkte): a) G = 158,33 m b) G = 25,19 m^2 c) G = 108,62 m^3

4 (3 Punkte): a) G = 61,88 Euro b) G = 6,30 kg c) G = 8,14 min

5 (3 Punkte): a) G = 6,30 t b) G = 68,33 l c) G = 1 743,24 Euro

6 (3 Punkte): a) G = 14,47 m b) G = 1 551,02 Euro c) G = 9,38 min

Lösungen zu Test 15

1 (3 Punkte): a) Grundwert = Prozentwert · 100 : Prozentsatz
= 25,79 Euro
b) G = 135,26 Euro c) G = 6,58 Euro

2 (3 Punkte): Wert 171,43 Euro

3 (3 Punkte): 45 min

4 (3 Punkte): 19,90 Euro

5 (3 Punkte): 300 ml

6 (3 Punkte): 421,43 Euro

Lösungen zu Test 16

1 (3 Punkte): a) Grundwert = Prozentwert · 100 : Prozentsatz = 30,42 Euro b) 2,47 Euro c) 1019,11 Euro

2 (3 Punkte): Es wurden 18127 Personen befragt.

3 (3 Punkte): Sie hat 30 Tage Ferien.

4 (3 Punkte): Es wurden insgesamt 571 Blusen verkauft.

5 (3 Punkte): 6,88 Euro

6 (3 Punkte): 3,63 Euro

Lösungen zu Test 17

1 (3 Punkte): Grundwert = Prozentwert · 100 : Prozentsatz = 3,69 Euro (Grundwert = 24 : 7 = 3,43)

2 (3 Punkte): 26 Euro (29,90 = 115 %; 15 % = 3,90; 29,90 – 3,90 = 26)

3 (3 Punkte): Konzentrat: 114,29 mg
Nektar: 1142,86 mg
Saft: 10000 mg

4 (3 Punkte): Den neuen Radiosender haben insgesamt 2063 Personen gehört.

5 (3 Punkte): 2857,14 l

6 (3 Punkte): 5 Antworten (100 : 20 = 5)

Lösungen zu Test 18

1 (3 Punkte): Es sind insgesamt 2307,69 ml = 2,31 l Putzmittel.
Nein, der Maximalwert von 30 ml auf 2 l wird somit nicht überschritten.

2 (3 Punkte): Grundwert (Monat) = 13,76 Euro : 10 (Besuche) = 1,38 Euro;
1,50 Euro · 10 = 15 Euro; 15 Euro – 13,76 =>
1,24 Euro Gesamtersparnis : 10
= 0,12 Euro Ersparnis pro Tag

3 (3 Punkte): Es sind insgesamt 207,79 ml Saft.
(36,36 ml + 171,43 ml = 207,79 ml)

4 (3 Punkte): Er hat 4 Bücher bekommen und ein Buch für 19,30 Euro geschenkt erhalten.
(33 % = 1 Drittel; 57,90 : 3 = 19,30)

5 (3 Punkte): Friedrich hat von der Gewürzmischung insgesamt 16,13 g benutzt.
(Grundwert = 5 g · 100 : 31 = 16,13 g);
Paprika: 9,36 g ((16,13 g : 100) · 58 = 9,36 g) ;
geheime Zutat: 1,77 g ((16,13 g : 100) · 11 = 1,77 g)

6 (3 Punkte): Der Tisch hat ursprünglich 211,13 Euro gekostet.
(168,90 Euro = 80 %; 100 % = (168,90 Euro : 80) · 100 = 211,13 Euro)

Lösungen zu Test 19

1 (3 Punkte): A: a) ≈ 260 (65 % von 400) b) ≈ 208 (52 % von 400)
B: a) ≈ 140 (35 % von 400) b) ≈ 192 (48 % von 400)

2 (3 Punkte): A: a) ≈ 550 (55 % von 1 000) b) ≈ 620 (62 % von 1 000)
B: a) ≈ 450 (45 % von 1 000) b) ≈ 380 (38 % von 1 000)

3 (3 Punkte): gut: a) ≈ 496 (62 % von 800) b) ≈ 456 (57 % von 800)
schlecht: a) ≈ 304 (38 % von 800) b) ≈ 344 (43 % von 800)

Lösungen zu Test 20

1 (3 Punkte): A: a) ≈ 630 (18 % von 3 500) b) ≈ 350 (10 % von 3 500)
B: a) ≈ 1 505 (43 % von 3 500) b) ≈ 1 820 (52 % von 3 500)
B: a) ≈ 1 365 (39 % von 3 500) b) ≈ 1 330 (38 % von 3 500)

2 (3 Punkte): gut: a) ≈ 90 (75 % von 120) b) ≈ 48 (40 % von 120)
schlecht: a) ≈ 30 (25 % von 120) b) ≈ 72 (60 % von 120)

3 (3 Punkte): Rücken: a) ≈ 330 (55 % von 600) b) ≈ 180 (30 % von 600)
Bauch: a) ≈ 270 (45 % von 600) b) ≈ 420 (70 % von 600)

Lösungen zu Test 21

1 (3 Punkte): A: ≈ 1 200 (24 % von 5 000)
B: ≈ 1 500 (30 % von 5 000)
C: ≈ 900 (18 % von 5 000)
D: ≈ 1 200 (28 % von 5 000)

2 (3 Punkte): A: ≈ 3 080 (28 % von 5 000)
B: ≈ 4 620 (42 % von 5 000)
C: ≈ 3 080 (28 % von 5 000)
D: ≈ 220 (2 % von 5 000)

3 (3 Punkte): A: ≈ 504 (18 % von 2 800)
B: ≈ 1 176 (42 % von 2 800)
C: ≈ 616 (22 % von 2 800)
D: ≈ 504 (18 % von 2 800)

Lösungen zu Test 22

1 (3 Punkte): 12 300 Euro · 1,14 = 14 022 Euro

2 (3 Punkte): Er verdient wahrscheinlich nur 269,31 Euro und hat einen Verlust von 60,69 Euro.
(357 Euro : 100) · 17 = 60,69 Euro; 357 Euro – 60,69 Euro = 296,31 Euro

3 (3 Punkte): 38,64 Euro
33,60 Euro · 1,15 = 38,64 Euro

4 (3 Punkte): 320,4 Euro
17,8 Euro · 45 => (801 Euro : 100) · 40 = 320,4 Euro

5 (3 Punkte): 702 Euro
650 · 1,08 = 702 Euro

6 (3 Punkte): Verlust = 5,27 Euro; neuer Preis = 42,63 Euro
(47,90 Euro : 100) · 11 = 5,27 Euro; 47,90 Euro – 5,27 Euro = 42,63 Euro; oder:
(47,90 : 100) · 89 = 42,63

Lösungen zu Test 23

1 (3 Punkte): 4,44 Euro = 19 % MwSt von 27,80 Euro
((27,80 : 119) · 19 = 4,44)
23,36 Euro = Preis ohne 19 % MwSt
(27,80 : 119) · 100 = 23,36)

2 (3 Punkte): 52,09 Euro
(22,40 : 43) · 100 = 52,09

3 (3 Punkte): alter Preis = 3 025,21 Euro; Gewinn = 574,79 Euro
(3 600 : 119) · 19 = 574,79; 3 600 – 574,79 = 3 025,21;
oder:
(3 600 : 119) · 100 = 3 025,21

4 (3 Punkte): Maklerprovision = 2 175 Euro; Endpreis = 152 175 Euro
(150 000 : 100) · 1,45 => 2 175 + 150 000 = 152 175

5 (3 Punkte): normale Tageseinnahme = 1 062,96 Euro; heutige Tageseinnahme = 775,96 Euro
((287 : 27) · 100 => 1 062,96 – 287 = 775,96)

6 (3 Punkte): Endstand der Erbschaft = 17 150 Euro; Verlust = 7 350 Euro
(24 500 : 100) · 30 = 7 350; 24 500 – 7 350 = 17 150; oder:
(24 500 : 100) · 70 = 17 150

Lösungen zu Test 24

1 (3 Punkte): Gesamtlohn: 5714,29 Euro (1 200 · 100 : 21 = 5714,29)
Überstunden: 75 Überstunden (1 200 : 16 = 75)

2 (3 Punkte): Gewinn pro Schlussverkaufstag = 428,8 Euro
Ja, sie könnte den 7. Tag ohne Verlust frei machen.
(320 : 100) · 134 => 428,80 · 6 = 2 572,80;
320 · 7 = 2 240; 2 572,80 – 2 240 = 332,80

3 (3 Punkte): Julia muss 22,44 Euro für die Bluse bezahlen. Sie spart 7,56 Euro bzw. 25,2 %.
(30 : 100) · 12 = 3,6; 30 – 3,6 = 26,4;
(26,4 : 100) · 15 = 3,96; 26,4 – 3,96 = 22,44;
3,6 + 3,96 = 7,56; (7,56 · 100) : 30 = 25,2

4 (3 Punkte): Tageseinnahmen = 945,95 Euro
Tageslohn für Aushilfe: 350 Euro - 200 Euro = 150 Euro
(Aushilfe wird vom Gewinnverzicht bezahlt.)
Monatslohn für Aushilfe: 150 Euro · 28 = 4200 Euro

5 (3 Punkte): Ursprünglicher Verkaufswert = 4 544 Euro
(3 200 · 1,42 = 4 544)
Der Metzger verliert nur 30 % vom Einkaufspreis: 960 Euro
((3 200 · 30) : 100 = 960)
Das verdorbene Fleisch kann er durch Nachkauf ersetzen.

6 (3 Punkte): Der Stoff kostete ursprünglich 8,36 Euro pro Meter. Der um 15 % reduzierte Preis liegt bei 7,11 Euro. Gerlinde hat einen Verlust von 1,25 Euro pro Meter.
1,17 · 100 : 14 = 8,36; 8,36 : 100 · 15 = 1,25;
8,36 – 1,25 = 7,11

Lösungen zu Test 25

1 (3 Punkte): Barzahlungspreis = 455,7 Euro
(490 : 100) · 7 = 34,3 (Rabatt); 490 – 34,3 = 455,7

2 (3 Punkte): Barzahlungspreis = 1 883,70 Euro
(2 070 : 100) · 9 = 186,30 (Rabatt);
2 070 – 186,30 = 1 883,70

3 (3 Punkte): Tim muss noch 10,97 Euro bezahlen.
(12,90 : 100) · 85 = 10,97

4 (3 Punkte): 4 T-Shirts abzüglich 20 % kosten 50,88 Euro.
15,90 · 4 => 63,60 – 20 % => (63,60 : 100) · 80 =>
50,88 = 12,72 (Nachlass)
oder: 15,90 – 20 % => (15,90 : 100) · 80 =>
12,72 · 4 = 50,88

5 (3 Punkte): Sie muss 30,88 Euro bezahlen.
(33,20 : 100) · 93 = 30,88

6 (3 Punkte): Er muss 15,83 Euro bezahlen.
(17,99 : 100) · 88 = 15,83

Lösungen zu Test 26

1 (3 Punkte): Sie muss 22,77 Euro bezahlen.
(23,97 : 100) · 95 = 22,77

2 (3 Punkte): Er muss 7,18 Euro bezahlen.
(7,80 : 100) · 92 = 7,18

3 (3 Punkte): Die Karte kostet sie 28,40 Euro.
(33,80 (Bruttopreis) : 119) · 100 = 28,40 (Nettopreis)

4 (3 Punkte): Helen musste 153,61 Euro für ihre Brille bezahlen.
(172,60 : 100) · 89 = 153,61

5 (3 Punkte): 2,50 Euro
(2,75 : 100) · 91 = 2,50

6 (3 Punkte): Der Salat kostet jetzt noch 3,60 Euro.
(3,85 (Bruttopreis) : 107) · 100 = 3,60 (Nettopreis)

Lösungen zu Test 27

1 (3 Punkte): Tim muss 22,31 Euro bezahlen, das sind exakt 0,097 Euro für ein Brötchen.
230 · 0,10 => 23 – 0,69 (3 %) => 22,31 : 230 = 0,097

2 (3 Punkte): Er zahlt pro Woche 2,38 Euro weniger.
(3,40 : 100) · 90 = 3,06; 3,40 – 3,06 => 0,34 · 7 = 2,38

3 (3 Punkte): Josef muss 232,46 Euro bezahlen.
16,70 · 10 = 167; 16,70 · 4 => 66,80 – 2 % = 65,46;
167 + 65,40 = 232,46

4 (3 Punkte): Johannes muss 59,10 Euro bezahlen.
72,87 – 10 => 62,87 – 6 % => (62,87 : 100) · 94 = 59,10

5 (3 Punkte): Jakob spart 1,29 Euro.
30 · 0,10 => 3,00 – 3 % => (3 : 100) · 97 = 2,91;
1,20 + 0,09 = 1,29

6 (3 Punkte): Anna muss für beide Blusen 30,58 Euro bezahlen. Durch den Rabatt spart sie 5,40 Euro.
17,99 – 30 % => (17,99 : 100) · 70 => 12,59 + 17,99 = 30,58; 17,99 · 2 => 35,98 – 30,58 = 5,40

Lösungen zu Test 28

1 (3 Punkte): Sandra muss 125,05 Euro bezahlen.
156,94 – 17 % => (156,94 : 100) · 83 => 130,26 – 4 % => (130,26 : 100) · 96 = 125,05

2 (3 Punkte): 200 Teelichter kosten 40,94 Euro.
Pro Teelicht spart man 3 Cent.
200 · 0,23 => 46 – 11 % => (46 : 100) · 89 =>
40,94 : 200 = 0,20; 0,23 – 0,20 = 0,03

3 (3 Punkte): Michaela spart insgesamt 398,38 Euro. Sie muss selbst 2 071,61 für die Behandlung bezahlen.
(2 466,20 : 100) · 16 => 394,59 + 3,79 = 398,38;
2 466,20 – 394,59 = 2 071,61
oder: (2 466,20 : 100) · 84 = 2 071,61

4 (3 Punkte): Das Gerät kostet mit Kundenkarte 494,36 Euro.
(611 : 100) · 87 => 531,57 – 7 % =>
(531,57 : 100) · 93 = 494,36

5 (3 Punkte): Es ist (um 3,71 Euro) günstiger, das Buch im Laden zu kaufen.
(16,70 : 100) · (100 - 45) = 9,19; 12,90 – 9,19 = 3,71

6 (3 Punkte): 450 g Käse kosten 1,17 Euro. Man spart 0,13 Euro.
(2,88 : 1 000) · 450 = 1,30; 10 % von 1,30 = 0,13;
1,30 – 0,13 = 1,17

Lösungen zu Test 29

1 (3 Punkte): zuerst Gutschein, dann Kundenkarte = 80,41 Euro
(97,90 – 15 => 82,90 – 3 % => (82,90 : 100) · 97 = 80,41)
zuerst Kundenkarte, dann Gutschein = 79,96 Euro
(97,90 – 3 % => (97,90 : 100) · 97 => 94,96 – 15 = 79,96)
Wenn er zuerst die Kundenkarte und dann den Gutschein nutzt, spart er nochmals 45 Cent. (80,41 – 79,96 = 0,45)

2 (3 Punkte): Jeder der 30 Schüler muss 2,15 Euro bezahlen.
30 : 5 = 6; 30 – 6 => 24 · 2,20 = 52,80; 2,20 – 12 % => (2,20 : 100) · 88 => 1,94 · 6 => 11,64 + 52,80 => 64,44 : 30 = 2,15

3 (3 Punkte): neue Jahreskosten = 240,24 Euro; jährliche Ersparnis = 71,76 Euro; monatliche Ersparnis = 5,98 Euro
(312 : 100) · 77 = 240,24; 312 – 240,24 => 71,76 : 12 = 5,98

4 (3 Punkte): Er muss 2,73 Euro weniger bezahlen als die anderen Kunden.
0,70 · 12 => (8,40 : 100) · 75 => 6,30 – 0,63 = 5,67; 8,40 – 5,67 = 2,73

5 (3 Punkte): Überweisungsbetrag = 167,37 Euro
(145 : 100) · 119 => 172,55 (Rechnungsbetrag) – 3 % Skonto = 167,37 ((172,55 : 100) · 97)

6 (3 Punkte): Sie muss 84,57 Euro bezahlen. Die Reihenfolge des Rabattabzugs hat keinen Einfluss auf den Endpreis.
132,77 – 30 % => (132,77 : 100) · 70 => 92,939 – 9 % => 92,939 : 100 · 91 = 84,57; 132,77 – 9 % => (132,77 : 100) · 91 => 120,82 – 30 % => (120,82 : 100) · 70 = 84,57

Lösungen zu Test 30

1 (3 Punkte): Dank ihres Gutscheins bezahlt sie 40,1 % weniger.
(30 · 100) : 74,89 = 40,05 ≈ 40,1

2 (3 Punkte): Barzahlung: 9,6 Euro; Lieferkosten: 10 %
Wenn der Händler die Lieferkosten in Höhe von 12 Euro übernimmt, spart der Kunde (um 2,40 Euro) mehr.
(120 : 100) · 92 = 110,40; 120 – 110,40 = 9,60;
120 – 12 = 108; 12 – 9,6 = 2,4

3 (3 Punkte): Die durchschnittliche monatliche Mietersparnis beträgt 94,19 Euro.
15 % von 550 => (550 : 100) · 15 = 82,50; 10 % von 467,50 (550 – 82,50) => 46,75 · 3 = 140,25; 82,50 · 12 = 990;
990 + 140,25 => 1 130,25 : 12 = 94,19 Euro

4 (3 Punkte): Werner spart insgesamt 517,14 Euro.
2579 – 14 % => (2579 : 100) · 86 => 2217,94 – 6 % => (2217,94 : 100) · 94 => 2084,86 – 23 = 2061,86; 2579 – 2061,86 = 517,14

5 (3 Punkte): Erwin hat 14 Kleinteile gekauft.
(3,20 : 17) · 100 => 18,82 : 1,30 = 14,47 ≈ 14

6 (3 Punkte): (53,60 : 100) · 90 => 48,24 – 4,20 = 44,04; 53,60 – 44,04 = 9,56

Lösungen zu Test 31

1 (3 Punkte): Bruttogewicht = 480 g
Ware + Verpackung
(Nettogewicht + Verpackungsgewicht [Tara] = Bruttogewicht)

2 (3 Punkte): Verpackungsgewicht = 120 g
Bruttogewicht – Nettogewicht = Verpackungsgewicht (Tara)

3 (3 Punkte): 203 g
Bruttogewicht – Verpackungsgewicht = Nettogewicht

4 (3 Punkte): Bruttogewicht = 2,35 kg

5 (3 Punkte): Die Dose wiegt 70 g.

6 (3 Punkte): Der Vaseninhalt wiegt 2,5 kg.

Lösungen zu Test 32

1 (3 Punkte): 720 g – 280 g = 440 g; 85 % von 440 g = 374 g

2 (3 Punkte): Nettogewicht = 630 g; Verpackung = 24,1 %; Ware = 75,9 %

3 (3 Punkte): Reingewicht einer Walnuss = 22,3 g
20 g · 40 = 800 g (Schalen); 1700 g – 8 g => 1692 g (Nettogewicht) – 800 g (Schalen) => 892 g : 40 = 22,3 g

4 (3 Punkte): Tara = 70 g; Verpackungsanteil = 22,6 %; Warenanteil = 77,4 %
310 – 240 = 70; 70 · 100 : 310 = 22,6 %; 240 · 100 : 310 = 77,4 %; 77,4 % + 22,6 % = 100 %

5 (3 Punkte): Bruttogewicht = 580 g; neue Menge = 172 g (43 % von 400 g)

6 (3 Punkte): Bruttogewicht = 520 g; Verpackungsanteil = 42,3 %; Warenanteil = 57,7 %
220 · 100 : 520 = 42,3 %; 300 · 100 : 520 = 57,7 %; 57,7 % + 42,3 % = 100 %

Lösungen zu Test 33

1 (3 Punkte): altes Bruttogewicht = 345 g; neues Bruttogewicht = 405 g
80 % von 75 g => (75 : 100) · 80 => 60 g + 75 g => 135 g + 270 g Tara = 405 g

2 (3 Punkte): a) Bruttogewicht = 790 g; Verpackungsanteil = 41,8 %; Warenanteil = 58,2 %
330 · 100 : 790 = 41,8 %; 460 · 100 : 790 = 58,2 %;
41,8 % + 58,2 % = 100 %
b) neues Nettogewicht = 598 g; Bruttogewicht = 928 g; Verpackungsanteil = 35,6 %; Warenanteil = 64,4 %
30 % von 460 g => (460 g : 100) · 30 => 138 g + 460 g => 598 g + 330 g = 928 g;
330 · 100 : 928 = 35,6 %;
598 · 100 : 928 = 64,4 %; 35,6 % + 64,4 % = 100 %

3 (3 Punkte): Nettogewicht = 2,87 kg; Verpackungsanteil = 7,4 %; Warenanteil = 92,6 %
Ja, Extragebühren müssen gezahlt werden, da die Tara weniger als 8 % des Bruttogewichtes von 3,1 kg ausmacht.
0,230 · 100 : 3,1 = 7,4 %; 2,87 · 100 : 3,1 = 92,6 %

4 (3 Punkte): a) Bruttogewicht = 1 057 g; Verpackungsanteil = 18 %; Warenanteil = 82 %
190 · 100 : 1 057 = 18 %; 867 · 100 : 1 057 = 82 %
b) Bruttogewicht = 996,31 g; Verpackungsanteil = 19,1 %; Warenanteil = 80,9 %
7 % von 867 g = 60,69 g; 867 g – 60,69 g = 806,31 g;
190 · 100 : 996,31 = 19,1 %;
806,31 · 100 : 996,31 = 80,9 %

5 (3 Punkte): Tara = 40 g; neues Bruttogewicht = 220 g
290 g – 250 g = 40 g; 28 % von 250 g = 70 g; 290 g – 70 g = 220 g

6 (3 Punkte): Nettogewicht (halbvoll) = 8 g; Nettogewicht (voll) = 16 g; Bruttogewicht (voll) = 26 g
Verpackung = 55,6 % von 18 g => 10 g + 16 g = 26 g

Lösungen zu Test 34

1 (3 Punkte): a) 4/1 000 = 4‰
4 (Promillewert) · 1 000 : 1 000 (Grundwert) = 4 (Promillesatz)
b) 6/200 = 30‰ c) 2/250 = 8‰

2 (3 Punkte): a) 5/20 = 250‰ b) 7/10 = 700‰ c) 12/500 = 24‰

3 (3 Punkte): a) 8/50 = 160‰ b) 17/20 = 850‰ c) 44/5 = 8 800‰

4 (3 Punkte): a) 1 % = 10‰ b) 22 % = 220‰ c) 97 % = 970‰

5 (3 Punkte): a) 18 % = 180‰ b) 10 % = 100‰ c) 9,6 % = 96‰

6 (3 Punkte): a) 3,7 % = 37‰ b) 2,75 % = 27,5‰ c) 88,1 % = 881‰

Lösungen zu Test 35

1 (3 Punkte): a) 7 Euro von 380 Euro = 18,4‰
(7 (Promillewert) · 1000 : 380 (Grundwert))
b) 13 Euro von 17 Euro = 764,7‰

2 (3 Punkte): a) 8 kg von 1903 kg = 4,2‰
b) 298 kg von 3000 kg = 99,3‰

3 (3 Punkte): a) 1,5 l von 4000 l = 0,375‰
b) 0,1 l von 210 l = 0,48‰

4 (3 Punkte): a) 0,25 ha von 27 ha = 9,3‰
b) 12 ha von 1206 ha = 10‰

5 (3 Punkte): a) 2 mm von 1 m = 2‰
b) 5 mm von 0,5 m = 10‰

6 (3 Punkte): a) 2,3 ml von 1,7 l = 1,4‰
b) 8,2 ml von 2,7 l = 3‰

Lösungen zu Test 36

1 (3 Punkte): Konrad hat 0,0098 l Alkohol im Blut.
1,4‰ (Promillesatz) · 7 l (Grundwert) : 1000
= 0,0098 l (Promillewert)

2 (3 Punkte): 0,29‰
100‰ · 20 ml : 1000 = 2 ml = 0,002 l;
0,002 · 1000 : 7 = 0,29‰

3 (3 Punkte): 1,4 mg
0,35‰ · 4 : 1000 = 0,0014 g = 1,4 mg

4 (3 Punkte): 1,9‰
4,5 % = 45‰; 45‰ · 0,5 l : 1000 = 0,0225 l;
60 % von 0,0225 = 0,0135; 0,0135 · 1000 : 7 = 1,9‰

5 (3 Punkte): 0,0248l
3,1‰ · 8 l : 1000 = 0,0248 l

6 (3 Punkte): 1‰
2 % = 20‰; 20‰ · 0,5 l : 1000 = 0,01 l;
70 % von 0,01 = 0,007; 0,007 · 1000 : 7 = 1‰

Lösungen zu Test 37

1 (3 Punkte): a) 20 Euro;
1000 Euro (Startkapital k) · 2 (Zinssatz p) : 100 = 20 Euro
b) 30 Euro c) 45 Euro

2 (3 Punkte): a) 75,38 Euro b) 95,63 Euro c) 112,50 Euro

3 (3 Punkte): a) 105 Euro b) 192,5 Euro c) 122,5 Euro

4 (3 Punkte): a) 35 Euro b) 31,25 Euro c) 28,5 Euro

5 (3 Punkte): a) 67,50 Euro b) 29,25 Euro c) 9,38 Euro

6 (3 Punkte): a) 240 Euro b) 790 Euro c) 925 Euro

Lösungen zu Test 38

1 (3 Punkte): a) 6,12 Euro; Jahreszinsen =
(510 Euro (Startkapital k) · 1,2 (Zinssatz p)) : 100
= 6,12 Euro
b) 38,25 Euro c) 12,75 Euro

2 (3 Punkte): a) 0,6 Euro b) 0,82 Euro c) 1,16 Euro

3 (3 Punkte): a) 8,36 Euro b) 4,18 Euro c) 12,92 Euro

4 (3 Punkte): a) 10,56 Euro b) 29,12 Euro c) 28,16 Euro

5 (3 Punkte): a) 11,22 Euro b) 8,16 Euro c) 14,28 Euro

6 (3 Punkte): a) 40,04 Euro b) 27,72 Euro c) 11,88 Euro

Lösungen zu Test 39

1 (3 Punkte): a) 2,97 Euro; Jahreszinsen =
(30 Euro (Startkapital k) · 9,9 (Zinssatz p)) : 100
= 2,97 Euro
b) 3,36 Euro c) 5,16 Euro

2 (3 Punkte): a) 9,43 Euro b) 0,41 Euro c) 53,3 Euro

3 (3 Punkte): a) 8,54 Euro b) 14,28 Euro c) 23,8 Euro

4 (3 Punkte): a) 10,18 Euro b) 14,43 Euro c) 22,2 Euro

5 (3 Punkte): a) 10,15 Euro b) 24,65 Euro c) 100,78 Euro

6 (3 Punkte): a) 492,75 Euro b) 177,03 Euro c) 136,88 Euro

Lösungen zu Test 40

1 (3 Punkte): a) 9,13 Euro; $k \cdot (1 + p : 100)^n$ = Endkapital (EK);
EK – k = Zinsen (mit Zinseszins)
b) 15,38 Euro c) 23,34 Euro

2 (3 Punkte): a) 66,98 Euro b) 93,55 Euro c) 152,97 Euro

3 (3 Punkte): a) 94,90 Euro b) 23,03 Euro c) 16,07 Euro

4 (3 Punkte): a) 919,50 Euro b) 2094,41 Euro c) 1628,40 Euro

5 (3 Punkte): a) 444,54 Euro b) 131,39 Euro c) 40,54 Euro

6 (3 Punkte): a) 28,02 Euro b) 17,88 Euro c) 158,31 Euro

Lösungen zu Test 41

1 (3 Punkte): a) 82,29 Euro; k · (1 + p : 100)n = EK;
EK – k = Zinsen (mit Zinseszins)
b) 477,24 Euro c) 97,85 Euro

2 (3 Punkte): a) 285,81 Euro b) 405,69 Euro c) 569,06 Euro

3 (3 Punkte): a) 38 Euro b) 17 Euro c) 36 Euro

4 (3 Punkte): a) 189,99 Euro b) 542,61 Euro c) 485,52 Euro

5 (3 Punkte): a) 134,38 Euro b) 1087,70 Euro c) 143,73 Euro

6 (3 Punkte): a) 404,01 Euro b) 725 Euro c) 557,29 Euro

Lösungen zu Test 42

1 (3 Punkte): a) 12,60 Euro; k · (1 + p : 100)n = EK;
EK – k = Zinsen (mit Zinseszins)
b) 1,40 Euro c) 9,48 Euro

2 (3 Punkte): a) 182,57 Euro b) 11,65 Euro c) 13,96 Euro

3 (3 Punkte): a) 1 159,70 Euro b) 95,43 Euro c) 137,94 Euro

4 (3 Punkte): a) 139,27 Euro b) 185,41 Euro c) 27,42 Euro

5 (3 Punkte): a) 8 250,10 Euro b) 17 330,79 Euro c) 1 978,54 Euro

6 (3 Punkte): a) 26 843,84 Euro b) 1 400,97 Euro c) 1 290,49 Euro

Lösungen zu Test 43

1 (3 Punkte): Zinsen = 589,60 Euro

2 (3 Punkte): Zinsen = 149,30 Euro

3 (3 Punkte): Nach 29 Jahren beträgt das Endkapital 2 046,41 Euro (Zinsen = 1 046,41).

4 (3 Punkte): Zinsen = 16 433,51 Euro

5 (3 Punkte): a) Kreditkosten: 5 833,17 Euro
(Zinsen = 5 233,17 + 600 = 5 833,17)
b) Kreditkosten: 5 663,18 Euro (Zinsen = 5 663,18)
Kredit b ist um 169,99 Euro günstiger.

6 (3 Punkte): Endkapital = 18 525,62 Euro
(Startkapital = 12 000 Euro + 6 525,62 Euro Zinsen)

Lösungen zu Test 44

1 (3 Punkte): Zinsen = 264 332,42 Euro

2 (3 Punkte): Das Startkapital von 450 Euro hat sich nach 14 Jahren verdoppelt (Zinsen = 465,02 Euro; Endkapital = 915,02 Euro) und nach 22 Jahren verdreifacht (Zinsen = 922,65 Euro; Endkapital = 1 372,65 Euro).

3 (3 Punkte): a) Endkapital = 6 244,31 Euro (Zinsen = 1 244,31 + 5 000)
b) Endkapital = 6 210,74 Euro
(Zinsen = 1 410,74 – 200 + 5 000)
Bei Angebot a ist das Endkapital um 33,57 Euro höher.

4 (3 Punkte): Zinsen nach 5 Jahren = 153,44 Euro,
nach 10 Jahren = 317,11 Euro

5 (3 Punkte): Zinsen = 48,47 Euro

6 (3 Punkte): Zinsen nach 6 Jahren = 1536,59 Euro; nach 20 Jahren verdoppelt sich das Startkapital dank der Zinsen (Zinsen = 6685,86 + Startkapital 6500 = 13185,86 Endkapital).

Lösungen zu Test 45

1 (3 Punkte): Zinsen nach 5 Jahren = 395,79 Euro
Zinsen nach 10 Jahren = 856,85 Euro
Zinsen nach 15 Jahren = 1393,95 Euro

2 (3 Punkte): a) Kreditkosten = 1508,37 Euro (Zinsen = 1008,37 + 500)
b) Kreditkosten = 1223,97 Euro (Zinsen = 1123,97 + 100)
Kredit b ist um 284,40 Euro günstiger.

3 (3 Punkte): Zinsen nach 18 Jahren = 396,97 Euro

4 (3 Punkte): Zinsen für 6 Jahre = 2029,23 Euro

5 (3 Punkte): Das Startkapital von 2300 Euro hat sich nach 14 Jahren verdoppelt (Endkapital = 4614,94 Euro) und nach 23 Jahren verdreifacht (Endkapital = 7220,88 Euro).

6 (3 Punkte): nach 12 Jahren (Zinsertrag = 75,44 Euro)

Lösungen zu Test 46

1 (3 Punkte): K = 5722,52 Euro
Startkapital K =
6352 (Endkapital EK) : 111 (Zinssatz p) · 100
= 5722,52
b) K = 5827,52 Euro c) K = 6227,45 Euro

2 (3 Punkte): a) K = 104,67 Euro b) K = 95,73 Euro
c) K = 111,44 Euro

3 (3 Punkte): a) K = 8255,37 Euro b) K = 9698,06 Euro
c) K = 9423,58 Euro

4 (3 Punkte): a) K = 115,24 Euro b) K = 112,04 Euro
c) K = 101,68 Euro

5 (3 Punkte): a) K = 2088,12 Euro b) K = 1900 Euro
c) K = 1818,10 Euro

6 (3 Punkte): a) K = 95,12 Euro b) K = 99,15 Euro
c) K = 116,65 Euro

Lösungen zu Test 47

1 (3 Punkte): a) K = 96,59 Euro b) K = 97,83 Euro c) K = 94,65 Euro

2 (3 Punkte): a) K = 1898,20 Euro b) K = 2069,74 Euro
c) K = 1999,05 Euro

3 (3 Punkte): a) K = 446,39 Euro b) K = 419,80 Euro
c) K = 422,90 Euro

4 (3 Punkte): a) K = 8951,70 Euro b) K = 9054,60 Euro
c) K = 9377,98 Euro

5 (3 Punkte): a) K = 22,10 Euro b) K = 20,05 Euro
c) K = 19,66 Euro

6 (3 Punkte): a) K = 1105,22 Euro b) K = 1095,19 Euro
c) K = 1037,80 Euro

Lösungen zu Test 48

1 (3 Punkte): a) K = 219,57 Euro b) K = 200,88 Euro
c) K = 185,66 Euro

2 (3 Punkte): a) K = 1387,84 Euro b) K = 1548,12 Euro
c) K = 1569,70 Euro

3 (3 Punkte): a) K = 8824,85 Euro b) K = 8651,32 Euro
c) K = 8484,48 Euro

4 (3 Punkte): a) K = 7939,91 Euro b) K = 8298,33 Euro
c) K = 8339,25 Euro

5 (3 Punkte): a) K = 6641,90 Euro b) K = 6553,89 Euro
c) K = 6959,66 Euro

6 (3 Punkte): a) K = 6971,60 Euro b) K = 6596,91 Euro
c) K = 7062,77 Euro

Lösungen zu Test 49

1 (3 Punkte): a) K = 5303,68 Euro
$K = EK : (1 + p : 100)^n$
b) K = 4537,73 Euro c) K = 5210,50 Euro

2 (3 Punkte): a) K = 1072,11 Euro b) K = 1408,17 Euro
c) K = 1118,18 Euro

3 (3 Punkte): a) K = 5437,37 Euro b) K = 3640,45 Euro
c) K = 1710,37 Euro

4 (3 Punkte): a) K = 173,29 Euro b) K = 162,50 Euro
c) K = 252,34 Euro

5 (3 Punkte): a) K = 560,76 Euro b) K = 1748,74 Euro
c) K = 348,29 Euro

6 (3 Punkte): a) K = 415,04 Euro b) K = 764,16 Euro
c) K = 2025,10 Euro

Lösungen zu Test 50

1 (3 Punkte): a) K = 137,15 Euro
$K = EK : (1 + p : 100)^n$
b) K = 295,84 Euro c) K = 46,25 Euro

2 (3 Punkte): a) K = 482,28 Euro b) K = 3 446,12 Euro
c) K = 1 803,56 Euro

3 (3 Punkte): a) K = 481,97 Euro b) K = 722,56 Euro
c) K = 135,95 Euro

4 (3 Punkte): a) K = 16,92 Euro b) K = 51,88 Euro
c) K = 7 543,82 Euro

5 (3 Punkte): a) K = 199,81 Euro b) K = 156,72 Euro
c) K = 173,96 Euro

6 (3 Punkte): a) K = 1 201,07 Euro b) K = 1 003,02 Euro
c) K = 959,79 Euro

Lösungen zu Test 51

1 (3 Punkte): a) K = 361,47 Euro
$K = EK : (1 + p : 100)^n$
b) K = 370,54 Euro c) K = 187,80 Euro

2 (3 Punkte): a) K = 430,93 Euro b) K = 260,35 Euro
c) K = 3 093,80 Euro

3 (3 Punkte): a) K = 428,47 Euro b) K = 41,70 Euro
c) K = 3 383,14 Euro

4 (3 Punkte): a) K = 4 603,82 Euro b) K = 6 067,60 Euro
c) K = 5 618,36 Euro

5 (3 Punkte): a) K = 6 854,85 Euro b) K = 6 464,92 Euro
c) K = 5 678,75 Euro

6 (3 Punkte): a) K = 1 502,10 Euro b) K = 628,43 Euro
c) K = 981,79 Euro

Lösungen zu Test 52

1 (3 Punkte): 500 Euro
2 (3 Punkte): 4 292,08 Euro
3 (3 Punkte): 41 282,16 Euro
4 (3 Punkte): 3 433,40 Euro
5 (3 Punkte): 1 000 Euro
6 (3 Punkte): 27 919,38 Euro

Lösungen zu Test 53

1 (3 Punkte): 5 925,24 Euro
2 (3 Punkte): 1 087,12 Euro
3 (3 Punkte): 4 850,04 Euro
4 (3 Punkte): 927,25 Euro

5 (3 Punkte): 542,03 Euro
6 (3 Punkte): 4 665,11 Euro

Lösungen zu Test 54
1 (3 Punkte): 2 841,58 Euro
2 (3 Punkte): 626,41 Euro
3 (3 Punkte): 222,76 Euro
4 (3 Punkte): 5 665,64 Euro
5 (3 Punkte): 5 511,11 Euro
6 (3 Punkte): 2 696,04 Euro

Lösungen zu Test 55
1 (3 Punkte): a) p % = 90,8 %; 1 549 (EK) – 812 (K) = 737 (Zinsen);
Zinssatz p % = 737 (Zinsen) · 100 : 812 (K) = 90,8 %
b) p % = 163,9 % c) p % = 1 449 %
2 (3 Punkte): a) p % = 572,3 % b) p % = 17 698,2 % c) p % = 394,4 %
3 (3 Punkte): a) p % = 364,7 % b) p % = 731,6 % c) p % = 1,6 %
4 (3 Punkte): a) p % = 238,6 % b) p % = 247,5 % c) p % = 81,4 %
5 (3 Punkte): a) p % = 346,6 % b) p % = 467,2 % c) p % = 185,5 %
6 (3 Punkte): a) p % = 350,3 % b) p % = 274,8 % c) p % = 49,9 %

Lösungen zu Test 56
1 (3 Punkte): a) p % = 157,1 % b) p % = 37,1 % c) p % = 179,6 %
2 (3 Punkte): a) p % = 1,0 % b) p % = 28,5 % c) p % = 57,2 %
3 (3 Punkte): a) p % = 213,0 % b) p % = 745,7 % c) p % = 32,5 %
4 (3 Punkte): a) p % = 13,8 % b) p % = 17,0 % c) p % = 75,7 %
5 (3 Punkte): a) p % = 33,6 % b) p % = 11,4 % c) p % = 1,2 %
6 (3 Punkte): a) p % = 1,5 % b) p % = 55,4 % c) p % = 22,1 %

Lösungen zu Test 57
1 (3 Punkte): a) p % = 23,8 % b) p % = 13,8 % c) p % = 37,5 %
2 (3 Punkte): a) p % = 27,9 % b) p % = 51,5 % c) p % = 77,3 %
3 (3 Punkte): a) p % = 4,1 % b) p % = 69,6 % c) p % = 15,1 %
4 (3 Punkte): a) p % = 5,9 % b) p % = 7,3 % c) p % = 9,7 %
5 (3 Punkte): a) p % = 9,9 % b) p % = 2,9 % c) p % = 28,7 %
6 (3 Punkte): a) p % = 0,7 % b) p % = 9,2 % c) p % = 3,9 %

Lösungen zu Test 58
1 (3 Punkte): a) $p\,\% = 100 \cdot ((EK : K)^{1/n} - 1)$; p % = 29,6 %
b) p % = 52,7 % c) p % = 25,1 %
2 (3 Punkte): a) p % = 46,3 % b) p % = 11,8 %
c) p % = 2,4 %
3 (3 Punkte): a) p % = 13,4 % b) p % = 1,4 % c) p % = 3,5 %

4 (3 Punkte): a) p% = 55,3% b) p% = 78,5% c) p% = 17,3%
5 (3 Punkte): a) p% = 13,5% b) p% = 10,2% c) p% = 0,6%
6 (3 Punkte): a) p% = 3,3% b) p% = 5,7% c) p% = 1,3%

Lösungen zu Test 59
1 (3 Punkte): a) p% = 0,6% b) p% = 2,3% c) p% = 4,1%
2 (3 Punkte): a) p% = 2,6% b) p% = 1,0% c) p% = 0,3%
3 (3 Punkte): a) p% = 0,03% b) p% = 0,6% c) p% = 1,0%
4 (3 Punkte): a) p% = 1,6% b) p% = 2,0% c) p% = 3,0%
5 (3 Punkte): a) p% = 15,8% b) p% = 0,7% c) p% = 2,2%
6 (3 Punkte): a) p% = 0,9% b) p% = 1,7% c) p% = 3,6%

Lösungen zu Test 60
1 (3 Punkte): a) p% = 6,2% b) p% = 1,6% c) p% = 5,7%
2 (3 Punkte): a) p% = 10,5% b) p% = 0,8% c) p% = 4,1%
3 (3 Punkte): a) p% = 0,6% b) p% = 4,0% c) p% = 1,5%
4 (3 Punkte): a) p% = 0,8% b) p% = 0,2% c) p% = 0,7%
5 (3 Punkte): a) p% = 0,9% b) p% = 1,9% c) p% = 9,8%
6 (3 Punkte): a) p% = 4,6% b) p% = 20,9% c) p% = 15,1%

Lösungen zu Test 61
1 (3 Punkte): 6,1%
2 (3 Punkte): 5,9%
3 (3 Punkte): 20,8%
4 (3 Punkte): 3,4%
5 (3 Punkte): 4,4%
6 (3 Punkte): 3,5%

Lösungen zu Test 62
1 (3 Punkte): 1,05%
2 (3 Punkte): 4,5%
3 (3 Punkte): 0,2%
4 (3 Punkte): 16,4%
5 (3 Punkte): 3,4%
6 (3 Punkte): 15,4%

Lösungen zu Test 63
1 (3 Punkte): 1,6%
2 (3 Punkte): 24,3%
3 (3 Punkte): 1,9%
4 (3 Punkte): 9,0%
5 (3 Punkte): 5,3%
6 (3 Punkte): 2,4%

Lösungen zu Test 64

1 (3 Punkte): a) $Z = \frac{SK \cdot p \cdot t}{100 \cdot 360}$ => Zinsen = 0,002 Euro (t = Tage)
b) Zinsen = 0,008 Euro
c) Zinsen = 0,007 Euro

2 (3 Punkte): a) Zinsen = 0,009 Euro
b) Zinsen = 0,029 Euro
c) Zinsen = 0,078 Euro

3 (3 Punkte): a) Zinsen = 0,029 Euro
b) Zinsen = 0,093 Euro
c) Zinsen = 0,194 Euro

4 (3 Punkte): a) $Z = \frac{SK \cdot p \cdot m}{100 \cdot 12}$ => Zinsen = 0,103 Euro (m = Monat)
b) Zinsen = 0,046 Euro
c) Zinsen = 0,154 Euro

5 (3 Punkte): a) Zinsen = 0,565 Euro
b) Zinsen = 0,932 Euro
c) Zinsen = 0,007 Euro

6 (3 Punkte): a) Zinsen =1,473 Euro
b) Zinsen = 2,663 Euro
c) Zinsen = 7,367 Euro

Lösungen zu Test 65

1 (3 Punkte): a) $SK = EK : (1 + \frac{p \cdot t}{100 \cdot 360})$ => Startkapital = 554,54 Euro (t = Tage) b) Startkapital = 554,74 Euro
c) Startkapital = 554,66 Euro

2 (3 Punkte): a) Startkapital = 888,75 Euro
b) Startkapital = 888,14 Euro
c) Startkapital = 888,33 Euro

3 (3 Punkte): a) Startkapital = 784,26 Euro
b) Startkapital = 783,52 Euro
c) Startkapital = 784,99 Euro

4 (3 Punkte): a) $SK = EK : (1 + \frac{p \cdot m}{100 \cdot 12})$ => Startkapital = 225,94 Euro (m = Monat) b) Startkapital = 221,93 Euro
c) Startkapital = 219,95 Euro

5 (3 Punkte): a) Startkapital = 969,12 Euro
b) Startkapital = 972,65 Euro
c) Startkapital = 970,80 Euro

6 (3 Punkte): a) Startkapital = 676,81 Euro
b) Startkapital = 652,53 Euro
c) Startkapital = 676,94 Euro

Lösungen zu Test 66

1 (3 Punkte): a) Zinssatz = $\frac{(EK - SK) \cdot 100 \cdot 360}{SK \cdot t}$ => p % = 62,39 % (t = Tage)

b) p % = 377,62 % c) p % = 569,42 %

2 (3 Punkte): a) p % = 35,05 % b) p % = 282,35 % c) p % = 425,2 %

3 (3 Punkte): a) p % = 14,59 % b) p % = 73,08 % c) p % = 117,07 %

4 (3 Punkte): a) Zinssatz = $\frac{(EK - SK) \cdot 100 \cdot 12}{SK \cdot m}$ => p % = 291 % (m = Monat)

b) p % = 369,47 % c) p % = 390,4 %

5 (3 Punkte): a) p % = 35,27 % b) p % = 158,8 % c) p % = 255,86 %

6 (3 Punkte): a) p % = 6,06 % b) p % = 24,62 % c) p % = 56,84 %

Lösungen zu Test 67

1 (3 Punkte): a) Z = $\frac{SK \cdot p \cdot d}{100 \cdot 360}$ => Zinsen = 0,008 Euro

b) Zinsen = 0,028 Euro

c) Zinsen = 0,039 Euro

2 (3 Punkte): a) Zinsen = 0,506 Euro

b) Zinsen = 0,360 Euro

c) Zinsen = 0,233 Euro

3 (3 Punkte): a) Zinsen = 0,257 Euro

b) Zinsen = 1,797 Euro

c) Zinsen = 3,057 Euro

4 (3 Punkte): a) Z = $\frac{SK \cdot p \cdot m}{100 \cdot 12}$ => Zinsen = 0,363 Euro

b) Zinsen = 0,079 Euro

c) Zinsen = 0,344 Euro

5 (3 Punkte): a) Zinsen = 3,903 Euro

b) Zinsen = 0,625 Euro

c) Zinsen = 0,087 Euro

6 (3 Punkte): a) Zinsen = 5,07 Euro

b) Zinsen = 8,84 Euro

c) Zinsen = 1,82 Euro

Lösungen zu Test 68

1 (3 Punkte): a) SK = EK : (1 + $\frac{p \cdot t}{100 \cdot 360}$) => SK = 619,89 Euro

b) SK = 619,94 Euro

c) SK = 619,92 Euro

2 (3 Punkte): a) SK = 866,97 Euro

b) SK = 867,30 Euro

c) SK = 866,46 Euro

3 (3 Punkte): a) SK = 727,91 Euro

b) SK = 728,07 Euro

c) SK = 728,47 Euro

4 (3 Punkte): a) SK = EK : $(1 + \frac{p \cdot m}{100 \cdot 12})$ => SK = 476,58 Euro
b) SK = 470,13 Euro c) SK = 473,76 Euro

5 (3 Punkte): a) SK = 62,17 Euro b) SK = 63,11 Euro c) SK = 63,79 Euro

6 (3 Punkte): a) SK = 617,44 Euro b) SK = 620,21 Euro
c) SK = 618,36 Euro

Lösungen zu Test 69

1 (3 Punkte): a) Zinssatz = $\frac{(EK - SK) \cdot 100 \cdot 360}{SK \cdot t}$ => p % = 35,29 %
b) p % = 70,73 % c) p % = 106,3 %

2 (3 Punkte): a) p % = 4,65 % b) p % = 23,31 % c) p % = 46,84 %

3 (3 Punkte): a) p % = 2,27 % b) p % = 7,96 % c) p % = 11,39 %

4 (3 Punkte): a) Zinssatz = $\frac{(EK - SK) \cdot 100 \cdot 12}{SK \cdot m}$ => p % = 8,84 %
b) p % = 16,63 % c) p % = 27,33 %

5 (3 Punkte): a) p % = 0,64 % c) p % = 1,16 % d) p % = 8,19 %

6 (3 Punkte): a) p % = 1,21 % b) p % = 1,83 % c) p % = 3,09 %

Lösungen zu Test 70

1 (3 Punkte): $Z = \frac{K \cdot p \cdot t}{100 \cdot 360}$ => Z = 0,82 Euro (t = Tage)

2 (3 Punkte): Hinweis für diese und die folgenden Textaufgaben:
Die jeweils nötigen Formeln für Tages- und Monatszinsen findest du bei den Lösungen zu den vorhergehenden Tests.
Zinsen = 12,84 Euro; 688 Euro + 12,84 Euro = 700,84 Euro

3 (3 Punkte): nach einem Monat = 2 708,55 Euro (Zinsen = 8,55 Euro)
nach fünf Monaten = 2 742,75 Euro (Zinsen = 42,75 Euro)
nach zehn Monaten = 2 785,50 Euro (Zinsen = 85,50 Euro)

4 (3 Punkte): Zinsen nach einem Monat = 0,63 Euro
Zinsen nach sechs Monaten = 3,78 Euro

5 (3 Punkte): Zinsen nach 10 Tagen = 0,79 Euro
Zinsen nach 20 Tagen = 1,59 Euro

6 (3 Punkte): Zinsen nach 10 Tagen = 0,60 Euro
Zinsen nach 20 Tagen = 1,21 Euro

Lösungen zu Test 71

1 (3 Punkte): monatliche Zinsbelastung = 1 129,17 Euro
(785,42 + 343,75)

2 (3 Punkte): Schuldzinsen pro Quartal = 3 562,50 Euro
(1 Quartal = 3 Monate)

3 (3 Punkte): Zinsschuld nach fünf Monaten = 15,92 Euro
Zinsschuld nach zehn Monaten = 31,83 Euro

4 (3 Punkte): Gesamtschuld = 693,78 Euro (Zinsen = 5,78)

5 (3 Punkte): Zinsen für einen Tag = 0,11 Euro
Zinsen für einen Monat = 3,18 Euro

6 (3 Punkte): Zinsen pro Monat = 4,78 Euro, pro Quartal = 14,33 Euro

Lösungen zu Test 72

1 (3 Punkte): Überziehungszinsen für 30 Tage = 4,66 Euro,
für 5 Monate = 23,29 Euro
Überziehungszinsen für 9 Monate = 41,92 Euro

2 (3 Punkte): Zinsen pro Quartal = 7 200 Euro

3 (3 Punkte): monatliche Zinsbelastung = 353,33 Euro (258,33 + 95,00)

4 (3 Punkte): Zinsertrag in zwei Monaten = 2,64 Euro, in acht Monaten = 10,55 Euro

5 (3 Punkte): Zinsbelastung pro Tag = 3,05 Euro, Monat = 91,50 Euro
Zinsbelastung pro Quartal = 274,50 Euro

6 (3 Punkte): Tag: 0,01 Euro Monat: 0,21 Euro Quartal: 0,64 Euro

Lösungen zu Test 73

1 (3 Punkte): a) 7 ChF = 4,64 Euro ((1 : 1,51) · 7 = 4,6357)
b) 9 ChF = 5,96 Euro c) 11 ChF = 7,28 Euro

2 (3 Punkte): a) 6 US-$ = 4,02 Euro (6 · 0,67 = 4,02)
b) 11 US-$ = 7,37 Euro c) 3 US-$ = 2,01 Euro

3 (3 Punkte): a) 53 Euro = 80,03 ChF (53 · 1,51)
b) 80 Euro = 120,80 ChF c) 100 Euro = 151,00 ChF

4 (3 Punkte): a) 3 US-$ = 2,01 Euro; 2,01 Euro = 3,04 ChF
b) 64 US-$ = 42,88 Euro; 42,88 Euro = 64,75 ChF

5 (3 Punkte): 60 ChF = 39,74 Euro

6 (3 Punkte): 300 US-$ = 201 Euro; 201 Euro = 303,51 ChF

Lösungen zu Test 74

1 (3 Punkte): Hinweis für diese und die folgende Aufgaben:
Wenn man das Größenverhältnis von Zahlen ähnlich einem Bruch schreibt und kürzt, erhält man die Verhältnisgleichung, auch Proportion genannt. Nimmt man von einer Verhältnisgleichung jeweils die Innen- und Außenglieder und bildet das Produkt, erhält man die Produktengleichung. Sie dient zur Gegenkontrolle der Verhältnisgleichung (Proportion).
a) Verhältnisgleichung: 8 : 4 = 2 : 1;
Produktengleichung: 8 · 1 = 2 · 4
b) Verhältnisgleichung: 30 : 10 = 3 : 1;
Produktengleichung: 30 · 1 = 3 · 10

2 (3 Punkte): a) Verhältnisgleichung: 21 : 3 = 7 : 1;
Produktengleichung: 21 · 1 = 7 · 3
b) Verhältnisgleichung: 120 : 40 = 3 : 1;
Produktengleichung: 120 · 1 = 40 · 3

3 (3 Punkte): a) Verhältnisgleichung: 60 : 30 = 2 : 1;
Produktengleichung: 60 · 1 = 30 · 2
b) Verhältnisgleichung: 80 : 20 = 4 : 1;
Produktengleichung: 80 · 1 = 4 · 20

4 (3 Punkte): a) Verhältnisgleichung: 15 : 3 = 5 : 1;
Produktengleichung: 15 · 1 = 3 · 5
b) Verhältnisgleichung: 6 : 24 = 1 : 4;
Produktengleichung: 6 · 4 = 1 · 24

5 (3 Punkte): a) Verhältnisgleichung: 5 : 40 = 1 : 8;
Produktengleichung: 5 · 8 = 1 · 40
b) Verhältnisgleichung: 10 : 230 = 1 : 23;
Produktengleichung: 10 · 23 = 1 · 230

6 (3 Punkte): a) Verhältnisgleichung: 88 : 11 = 8 : 1;
Produktengleichung: 88 · 1 = 11 · 8
b) Verhältnisgleichung: 81 : 9 = 9 : 1;
Produktengleichung: 81 · 1 = 9 · 9

Lösungen zu Test 75

1 (3 Punkte): a) Verhältnisgleichung: 13 : 39 = 1 : 3;
Produktengleichung: 13 · 3 = 1 · 39
b) Verhältnisgleichung: 32 : 16 = 2 : 1;
Produktengleichung: 32 · 1 = 16 · 2

2 (3 Punkte): a) Verhältnisgleichung: 84 : 3 = 28 : 1;
Produktengleichung: 84 · 1 = 28 · 3
b) Verhältnisgleichung: 11 : 99 = 1 : 9;
Produktengleichung: 11 · 9 = 99 · 1

3 (3 Punkte): a) Verhältnisgleichung: 26 : 104 = 1 : 4;
Produktengleichung: 26 · 4 = 104 · 1
b) Verhältnisgleichung: 120 : 3 = 40 : 1;
Produktengleichung: 120 · 1 = 3 · 40

4 (3 Punkte): a) Verhältnisgleichung: 17 : 85 = 1 : 5;
Produktengleichung: 17 · 5 = 1 · 85
b) Verhältnisgleichung: 76 : 4 = 19 : 1;
Produktengleichung: 76 · 1 = 19 · 4

5 (3 Punkte): a) Verhältnisgleichung: 54 : 9 = 6 : 1;
Produktengleichung: 54 · 1 = 6 · 9
b) Verhältnisgleichung: 93 : 3 = 31 : 1;
Produktengleichung: 93 · 1 = 31 · 3

6 (3 Punkte): a) Verhältnisgleichung: 17 : 136 = 1 : 8;
Produktengleichung: 136 · 1 = 17 · 8
b) Verhältnisgleichung: 108 : 12 = 9 : 1;
Produktengleichung: 108 · 1 = 12 · 9

Lösungen zu Test 76

1 (3 Punkte): a) Verhältnisgleichung: $27 : 12 = 9 : 4$;
Produktengleichung: $27 \cdot 4 = 12 \cdot 9$
b) Verhältnisgleichung: $36 : 16 = 9 : 4$;
Produktengleichung: $36 \cdot 4 = 16 \cdot 9$

2 (3 Punkte): a) Verhältnisgleichung: $55 : 10 = 11 : 2$;
Produktengleichung: $55 \cdot 2 = 11 \cdot 10$
b) Verhältnisgleichung: $81 : 18 = 9 : 2$;
Produktengleichung: $81 \cdot 2 = 18 \cdot 9$

3 (3 Punkte): a) Verhältnisgleichung: $20 : 30 = 2 : 3$;
Produktengleichung: $20 \cdot 3 = 30 \cdot 2$
b) Verhältnisgleichung: $8 : 10 = 4 : 5$;
Produktengleichung: $8 \cdot 5 = 10 \cdot 4$

4 (3 Punkte): a) Verhältnisgleichung: $48 : 78 = 8 : 13$;
Produktengleichung: $48 \cdot 13 = 8 \cdot 78$
b) Verhältnisgleichung: $144 : 60 = 12 : 5$;
Produktengleichung: $144 \cdot 5 = 12 \cdot 60$

5 (3 Punkte): a) Verhältnisgleichung: $45 : 195 = 3 : 13$;
Produktengleichung: $45 \cdot 13 = 195 \cdot 3$
b) Verhältnisgleichung: $88 : 66 = 4 : 3$;
Produktengleichung: $88 \cdot 3 = 66 \cdot 4$

6 (3 Punkte): a) Verhältnisgleichung: $49 : 98 = 7 : 14$;
Produktengleichung: $49 \cdot 14 = 7 \cdot 98$
b) Verhältnisgleichung: $136 : 64 = 17 : 8$;
Produktengleichung: $136 \cdot 8 = 64 \cdot 17$

Lösungen zu Test 77

1 (3 Punkte): a) Verhältnisgleichung: $52 : 91 = 4 : 7$;
Produktengleichung: $52 \cdot 7 = 91 \cdot 4$
b) Verhältnisgleichung: $57 : 133 = 3 : 7$;
Produktengleichung: $57 \cdot 7 = 133 \cdot 3$

2 (3 Punkte): a) Verhältnisgleichung: $154 : 187 = 14 : 17$;
Produktengleichung: $154 \cdot 17 = 187 \cdot 14$
b) Verhältnisgleichung: $38 : 95 = 2 : 5$;
Produktengleichung: $38 \cdot 5 = 95 \cdot 2$

3 (3 Punkte): a) Verhältnisgleichung: $136 : 51 = 8 : 3$;
Produktengleichung: $136 \cdot 3 = 51 \cdot 8$
b) Verhältnisgleichung: $135 : 117 = 15 : 13$;
Produktengleichung: $135 \cdot 13 = 117 \cdot 15$

4 (3 Punkte): a) Verhältnisgleichung: $147 : 273 = 7 : 13$;
Produktengleichung: $147 \cdot 13 = 273 \cdot 7$
b) Verhältnisgleichung: $138 : 114 = 23 : 19$;
Produktengleichung: $138 \cdot 19 = 114 \cdot 23$

5 (3 Punkte): a) Verhältnisgleichung: 216 : 132 = 18 : 11;
Produktengleichung: 216 · 11 = 132 · 18
b) Verhältnisgleichung: 162 : 432 = 3 : 8;
Produktengleichung: 162 · 8 = 432 · 3

6 (3 Punkte): a) Verhältnisgleichung: 76 : 266 = 4 : 14;
Produktengleichung: 76 · 14 = 266 · 4
b) Verhältnisgleichung: 270 : 162 = 15 : 9;
Produktengleichung: 270 · 9 = 162 · 15

Lösungen zu Test 78

1 (3 Punkte): 2 Euro + 3 Euro = 5 Euro; 15 Euro : 5 Euro = 3 Euro
Elena erhält 2 · 3 Euro = 6 Euro.
Laura erhält 3 · 3 Euro = 9 Euro.

2 (3 Punkte): 125 g Mehl ((5 · 50) : 2 = 125)

3 (3 Punkte): Familie Meier zahlt 176,45 Euro. ((388,20 : 11) · 5)
Familie Müller zahlt 211,75 Euro. ((388,20 : 11) · 6)

4 (3 Punkte): 10,29 l Öl ((36 : 7) · 2 = 10,29)

5 (3 Punkte): 23,33 ml Wasser bei 14 ml Konzentrat
((14 : 3) · 5 = 23,33)

6 (3 Punkte): 2,5 ml Aroma reichen für 25 l Shampoo. (100 : 0,1 = 1000;
(2,5 ml : 0,1 ml) · 1000 = 25000 ml = 25 l)

Lösungen zu Test 79

1 (3 Punkte): Kerstin zahlt 2,60 Euro ((7,80 : 6) · 2).
Michelle zahlt 5,20 Euro ((7,80 : 6) · 4).

2 (3 Punkte): Peter zahlt 508,57 Euro ((890 : 7) · 4).
Paul zahlt 381,43 Euro. ((890 : 7) · 3)

3 (3 Punkte): Verhältnisgleichung: 1 : 2 = 180 Euro : x
Fred zahlt 360 Euro. (180 · 2)
Gesamtrechnung: 540 Euro (180 + 360)

4 (3 Punkte): geheime Zutat: 214,29 g ((500 : 7) · 3)

5 (3 Punkte): Zitronensaft: 0,5 l
Sprudel: 4,5 l (Verhältnis: 1 : 9)

6 (3 Punkte): Tinas Einsatz: 102,22 Euro ((230 : (4 + 5)) · 4)
Katrins Einsatz: 127,78 Euro ((230 : (4 + 5)) · 5)

Lösungen zu Test 80

1 (3 Punkte): a) 3 : 4 : 5 b) 6 : 7 : 8

2 (3 Punkte): a) 2 : 7 : 9 b) 4 : 5 : 6

3 (3 Punkte): a) 8 : 12 : 13 b) 11 : 15 : 17

4 (3 Punkte): a) 1 : 5 : 23 b) 5 : 16 : 18

5 (3 Punkte): a) 9 : 13 : 14 b) 17 : 21 : 25

6 (3 Punkte): a) 1 : 9 : 16 b) 18 : 24 : 26

Lösungen zu Test 81

1 (3 Punkte): a) 11 : 17 : 29 b) 13 : 25 : 36
2 (3 Punkte): a) 4 : 20 : 33 b) 24 : 29 : 37
3 (3 Punkte): a) 6 : 17 : 28 b) 3 : 19 : 55
4 (3 Punkte): a) 43 : 77 : 86 b) 10 : 34 : 45
5 (3 Punkte): a) 17 : 51 : 68 b) 7 : 14 : 22
6 (3 Punkte): a) 26 : 37 : 49 b) 11 : 67 : 96

Lösungen zu Test 82

1 (3 Punkte): a) 1 : 4 : 6 b) 1 : 6 : 25
2 (3 Punkte): a) 1 : 9 : 18 b) 1 : 2 : 3
3 (3 Punkte): a) 3 : 7 : 15 b) 1 : 2 : 32
4 (3 Punkte): a) 1 : 2 : 8 b) 1 : 2 : 4
5 (3 Punkte): a) 2 : 3 : 10 b) 1 : 2 : 3
6 (3 Punkte): a) 1 : 7 : 30 b) 11 : 32 : 95

Lösungen zu Test 83

1 (3 Punkte): a) 3 : 5 : 14 b) 1 : 4 : 9
2 (3 Punkte): a) 5 : 16 : 22 b) 7 : 13 : 19
3 (3 Punkte): a) 2 : 6 : 9 b) 11 : 26 : 34
4 (3 Punkte): a) 4 : 13 : 25 b) 16 : 22 : 29
5 (3 Punkte): a) 1 : 5 : 19 b) 4 : 7 : 21
6 (3 Punkte): a) 13 : 22 : 31 b) 1 : 14 : 33

Lösungen zu Test 84

1 (3 Punkte): Mehl: 300 g (($200 \cdot \frac{3}{2}$)
Zucker: 75 g ($50 \cdot \frac{3}{2}$)
2 (3 Punkte): 2 : 4 : 5 (Gesamtzahl der Personen = 11)
Schneider zahlt 68,91 Euro. ((379 : 11) · 2)
Schulze zahlt 137,82 Euro. ((379 : 11) · 4)
Kern zahlt 172,27 Euro. ((379 : 11) · 5)
3 (3 Punkte): 3 : 6 : 7 (Gesamtsumme = 16 Euro)
Torsten bekommt 15,56 Euro. ((83 : 16) · 3)
Anja bekommt 31,13 Euro. ((83 : 16) · 6)
Karina bekommt 36,31 Euro. ((83 : 16) · 7)
4 (3 Punkte): 2 : 3 : 7
Beryllium: 5,71 ml ((20 : 7) · 2)
Eisen: 8,57 ml ((20 : 7) · 3)
5 (3 Punkte): 2 : 3 : 4
Kathrin zahlt 1,54 Euro. ((6,95 : 9) · 2)
Katharina zahlt 2,32 Euro. ((6,95 : 9) · 3)
Jennifer zahlt 3,09 Euro. ((6,95 : 9) · 4)

6 (3 Punkte): 4 : 7 : 9
Die Tüte hat 1 Euro gekostet.
((45 ct : 90) · 200 = 100 ct = 1 Euro)
Lea zahlt 20 Cent. ((45 ct : 90) · 40 = 20 ct)
Sarah zahlt 35 Cent. ((45 ct : 90) · 70 = 35 ct)

Lösungen zu Test 85

1 (3 Punkte): 1 : 2 : 7 (Gesamtsumme der Teile = 10)
Rotbusch: 280 g ((400 : 10) · 7)
Anis: 80 g ((400 : 10) · 2)
Zimt: 40 g ((400 : 10) · 1)

2 (3 Punkte): Haferflocken: 61,77 g ((150 : 17) · 7)
Cornflakes: 52,94 g ((150 : 17) · 6)
Obst: 35,29 g ((150 : 17) · 4)

3 (3 Punkte): Achim verlor 18,20 Euro. (13 : 5 = 2,6; 2,6 · 7 = 18,20)
Bruno verlor 33,80 Euro. (2,6 · 13 = 33,80)
Zusammen haben die drei 65 Euro verloren.
(18,20 + 33,80 + 13,00)

4 (3 Punkte): 75 min : ca. 5 min = ca. 15 Aufgaben insgesamt
Geometrie und Algebra jeweils aufgerundet 6
gemischte Aufgaben: 3 Aufgaben (oder aufgerundet
4 Aufgaben, dann ingesamt 16 Aufgaben)

5 (3 Punkte): Benzol: 0,65 l ((1,3 : 6) · 3)
Chlor: 0,43 l ((1,3 : 6) · 2)
Brom: 0,22 l (1,3 : 6) · 1)

6 (3 Punkte): 2 : 2 : 1 : 1
Jedes Elternteil zahlt 96,33 Euro. ((289 : 6) · 2)
Jedes Kind zahlt 48,17 Euro. (289 : 6)

Lösungen zu Test 86

1 (3 Punkte):

$x \overset{\cdot 2}{=}$	1	2	4	8	16
$y \overset{\cdot 2}{=}$	4	8	16	32	64

2 (3 Punkte):

$x \overset{:2}{=}$	6	12	24	48	96
$y \overset{\cdot 2}{=}$	3	6	12	24	48

3 (3 Punkte):

$x \overset{\cdot 1,5}{=}$	9	13,5	20,25	30,375	45,5625
$y \overset{\cdot 1,5}{=}$	3	4,5	6,75	10,125	15,1875

4 (3 Punkte):

x $\overset{\cdot 2}{=}$	1	2	4	8	16
y $\overset{\cdot 2}{=}$	3	6	12	24	48

5 (3 Punkte):

x $\overset{\cdot 2}{=}$	1	2	4	8	16
y $\overset{\cdot 2}{=}$	2,5	5	10	20	40

6 (3 Punkte):

x $\overset{\cdot 0,5}{=}$	100	50	25	12,5	6,25
y $\overset{\cdot 0,5}{=}$	80	40	20	10	5

Lösungen zu Test 87

1 (3 Punkte):

x $\overset{\cdot 0,5}{=}$	8	4	2	1	0,5
y $\overset{\cdot 0,5}{=}$	16	8	4	2	1

2 (3 Punkte):

x $\overset{\cdot 2}{=}$	5	10	20	40	80
y $\overset{\cdot 2}{=}$	1	2	4	8	16

3 (3 Punkte):

x $\overset{\cdot 1/6}{=}$	216	36	6	1	$\frac{1}{6}$
y $\overset{\cdot 1/6}{=}$	6480	1080	180	30	5

4 (3 Punkte):

x $\overset{\cdot 2}{=}$	0,125	0,25	0,5	1	2
y $\overset{\cdot 2}{=}$	3	6	12	24	48

5 (3 Punkte):

x $\overset{\cdot 2,5}{=}$	1	2,5	6,25	15,625	39,0625
y $\overset{\cdot 2,5}{=}$	2,5	6,25	15,625	39,0625	97,65625

6 (3 Punkte):

x $\overset{\cdot 2}{=}$	3,5	7	14	28	56
y $\overset{\cdot 2}{=}$	19,5	39	78	156	312

Lösungen zu Test 88

1 (3 Punkte):

x $\overset{\cdot 1/3}{=}$	9	3	1	$\frac{1}{3}$	$\frac{1}{9}$
y $\overset{\cdot 1/3}{=}$	243	81	27	9	3

2 (3 Punkte):

x $\overset{\cdot 3}{=}$	18	54	162	486	1458
y $\overset{\cdot 3}{=}$	$\frac{1}{27}$	$\frac{1}{9}$	$\frac{1}{3}$	1	3

3 (3 Punkte):

x $\overset{\cdot 12}{=}$	$\frac{1}{144}$	$\frac{1}{12}$	1	12	144
y $\overset{\cdot 12}{=}$	2	24	288	3456	41472

4 (3 Punkte):

x $\overset{\cdot 0{,}5}{=}$	28	14	7	3,5	1,75
y $\overset{\cdot 0{,}5}{=}$	1024	512	256	128	64

5 (3 Punkte):

x $\overset{\cdot 5}{=}$	$\frac{1}{125}$	$\frac{1}{25}$	0,2	1	5
y $\overset{\cdot 5}{=}$	2,5	12,5	62,5	312,5	1562,5

6 (3 Punkte):

x $\overset{\cdot 0{,}2}{=}$	100	20	4	0,8	0,16
y $\overset{\cdot 0{,}2}{=}$	150	30	6	1,2	0,24

Lösungen zu Test 89

1 (3 Punkte): nein

2 (3 Punkte): ja, das Verhältnis = 1 : 5 184

3 (3 Punkte): nein

4 (3 Punkte): ja, das Verhältnis = 1 : 1,5

5 (3 Punkte): ja, das Verhältnis = 1 : 290

6 (3 Punkte): nein

Lösungen zu Test 90

1 (3 Punkte):

x $\overset{\cdot 3}{=}$	$1\frac{1}{9}$	$3\frac{1}{3}$	10	30	90
y $\overset{\cdot 3}{=}$	5	15	45	135	405

2 (3 Punkte):

x $\overset{\cdot 9}{=}$	19	171	1539	13851	124659
y $\overset{\cdot 9}{=}$	$\frac{1}{81}$	$\frac{1}{9}$	1	9	81

3 (3 Punkte):

x $\overset{\cdot 4{,}6}{=}$	27	124,2	571,32	2628,072	12089,1312
y $\overset{\cdot 4{,}6}{=}$	$\frac{1}{16}$	0,2875	1,3225	6,0835	27,9841

4 (3 Punkte):

x $\overset{\cdot 3{,}8}{=}$	1	3,8	14,44	54,872	208,5136
y $\overset{\cdot 3{,}8}{=}$	$\frac{1}{5}$	0,76	2,888	10,9744	41,70272

5 (3 Punkte): Er hätte nur 300 km fahren müssen.

6 (3 Punkte): Bei einem regulären Einkauf hätte er 9 Eier für 1,44 Euro gekauft.
(4,32 : 3 = 1,44; 1,44 : 0,16 = 9)

Lösungen zu Test 91

1 (3 Punkte): Die Einzelpäckchen zu 0,60 Euro sind um je 2,5 Cent günstiger. (7,50 Euro : 12 = 0,625 Euro)

2 (3 Punkte): Der Preis von Abonnement und Einzelkauf ist identisch.
(78 Euro : 52 = 1,50 Euro)

3 (3 Punkte): Die Handy-Flatrate lohnt sich, da Vicki bei 200 SMS im Monat anstatt 18 Euro (200 · 0,09 Euro = 18 Euro) monatlich nur noch 15 Euro zahlt.

4 (3 Punkte):

x $\overset{\cdot 2,8}{=}$	6	16,8	47,04	131,712	368,7936
y $\overset{\cdot 2,8}{=}$	3	8,4	23,52	65,856	184,3968

5 (3 Punkte):

x $\overset{\cdot 1,5}{=}$	8	12	18	27	40,5
y $\overset{\cdot 1,5}{=}$	9	13,5	20,25	30,375	45,5625

6 (3 Punkte):

x $\overset{\cdot 1,3}{=}$	56	72,8	94,64	123,032	159,9416
y $\overset{\cdot 1,3}{=}$	3	3,9	5,07	6,591	8,5683

Lösungen zu Test 92

1 (3 Punkte):

x $\overset{:2}{=}$	16	8	4	2	1
y $\overset{\cdot 2}{=}$	2	4	8	16	32

2 (3 Punkte):

x $\overset{\cdot 3}{=}$	2	6	18	54	162
y $\overset{:3}{=}$	243	81	27	9	3

3 (3 Punkte):

x $\overset{\cdot 5}{=}$	9	45	225	1125	5625
y $\overset{:5}{=}$	100	20	4	0,8	0,16

4 (3 Punkte):

x $\overset{:2}{=}$	8	4	2	1	0,5
y $\overset{\cdot 2}{=}$	7	14	28	56	112

5 (3 Punkte):

x $\overset{\cdot 5}{=}$	12	60	300	1500	7500
y $\overset{:5}{=}$	9000	1800	360	72	14,4

6 (3 Punkte):

x $\overset{\cdot 4}{=}$	7	28	112	448	1792
y $\overset{:4}{=}$	80	20	5	1,25	0,3125

Lösungen zu Test 93

1 (3 Punkte):

x $\overset{:2}{=}$	18	9	4,5	2,25	1,125
y $\overset{\cdot 2}{=}$	18	36	72	144	288

2 (3 Punkte):

x $\overset{\cdot 2}{=}$	17	34	68	136	272
y $\overset{:2}{=}$	512	256	128	64	32

3 (3 Punkte):

x $\overset{\cdot 4}{=}$	8	32	128	512	2048
y $\overset{:4}{=}$	100	25	6,25	1,5625	0,390625

4 (3 Punkte):

x $\overset{\cdot 3}{=}$	8	24	72	216	648
y $\overset{:3}{=}$	486	162	54	18	6

5 (3 Punkte):

x $\overset{\cdot 2}{=}$	16	32	64	128	256
y $\overset{:2}{=}$	1000	500	250	125	62,5

6 (3 Punkte):

x $\overset{\cdot 4}{=}$	5	20	80	320	1280
y $\overset{:4}{=}$	3	0,75	0,1875	0,046875	0,01171875

Lösungen zu Test 94

1 (3 Punkte):

x $\overset{\cdot 3}{=}$	15	45	135	405	1215
y $\overset{:3}{=}$	202,5	67,5	22,5	7,5	2,5

2 (3 Punkte):

x $\overset{\cdot 0,6}{=}$	27	16,2	9,72	5,832	3,4992
y $\overset{:0,6}{=}$	6,8688	11,448	19,08	31,8	53

3 (3 Punkte):

x $\overset{\cdot 7}{=}$	0,32	2,24	15,68	109,76	768,32
y $\overset{:7}{=}$	8403,5	1200,5	171,5	24,5	3,5

4 (3 Punkte): ja, Produkt = 45 489,6 (= 4,5 · 10108,8 = 27 · 1684,8 = ...)

5 (3 Punkte): nein

6 (3 Punkte): ja, Produkt = 262,5 (= 0,07 · 3750 = 0,35 · 750 = ...)

Lösungen zu Test 95

1 (3 Punkte):

x $\overset{\cdot 7}{=}$	0,33	2,31	16,17	113,19	792,33
y $\overset{:7}{=}$	240,1	34,3	4,9	0,7	0,1

2 (3 Punkte):

x $\overset{:11}{=}$	65884,5	5989,5	544,5	49,5	4,5
y $\overset{\cdot 11}{=}$	3,4	37,4	411,4	4525,4	49779,4

3 (3 Punkte):

x $\overset{\cdot 2}{=}$	6,43	12,86	25,72	51,44	102,88
y $\overset{:2}{=}$	94,24	47,12	23,56	11,78	5,89

4 (3 Punkte): ja, Produkt = 234,375 (= 3 · 78,125 = 7,5 · 31,25 = ...)

5 (3 Punkte): nein

6 (3 Punkte): nein

Lösungen zu Test 96

1 (3 Punkte):

x $\overset{\cdot 3}{=}$	$\frac{1}{3}$	3	9	27	81
y $\overset{:3}{=}$	3	1	$\frac{1}{3}$	$\frac{1}{9}$	$\frac{1}{27}$

2 (3 Punkte):

x $\overset{\cdot 7}{=}$	0,2	1,4	9,8	68,6	480,2
y $\overset{:7}{=}$	600,25	85,75	12,25	1,75	0,25

3 (3 Punkte):

x $\overset{\cdot 7}{=}$	$\frac{1}{8}$	0,875	6,125	42,875	300,125
y $\overset{:7}{=}$	$114\frac{1}{3}$	$16\frac{1}{3}$	$2\frac{1}{3}$	$\frac{1}{3}$	$\frac{1}{21}$

4 (3 Punkte): Zu dritt schaffen sie den gesamten Garten in 4 Stunden. (12 : 3)

5 (3 Punkte): Er muss täglich 8 Stunden und 45 Minuten arbeiten, um sein Kunstwerk in 2 Tagen zu beenden. (3,5 Stunden · 5 => 17,5 Stunden : 2 = 8,75 Stunden)

6 (3 Punkte): ja, Produkt = 17,2571875 (= 0,5 · 34,514375 = 1,75 · 9,86125 = ...)

Lösungen zu Test 97

1 (3 Punkte):

$x \overset{:3}{=}$	1080	360	120	40	$13\frac{1}{3}$
$y \overset{\cdot 3}{=}$	0,25	0,75	2,25	6,75	20,25

2 (3 Punkte):

$x \overset{\cdot 2}{=}$	0,529	1,058	2,116	4,232	8,464
$y \overset{:2}{=}$	$\frac{1}{64}$	$\frac{1}{128}$	$\frac{1}{256}$	$\frac{1}{512}$	$\frac{1}{1024}$

3 (3 Punkte):

$x \overset{:14}{=}$	2689,12	192,08	13,72	0,98	0,07
$y \overset{\cdot 14}{=}$	$\frac{1}{32}$	0,4375	6,125	85,75	1200,5

4 (3 Punkte): ja, Produkt = 826,686 (= 0,21 · 3936,6 = …)

5 (3 Punkte): ja, Produkt = 18670,176 (6,3 · 2963,52 = …)

6 (3 Punkte): Er muss 1,5-mal so schnell, d. h. statt 8 km/h muss er 12 km/h laufen.
(45 : 30 = 1,5; 2 km in 15 min => 8 km in 60 min = 8 km/h;
6 km in 30 min => 12 km/h; 8 km/h · 1,5 = 12 km/h)

Lösungen zu Test 98

1 (3 Punkte):

$x \overset{\cdot 2}{=}$	3	6	12	24	48
$y \overset{\cdot 2}{=}$	12	24	48	96	192
$z \overset{:2}{=}$	24	12	6	3	1,5

2 (3 Punkte):

$x \overset{\cdot 3}{=}$	1	3	9	27	81
$y \overset{:3}{=}$	324	108	36	12	4
$z \overset{\cdot 3}{=}$	5	15	45	135	405

3 (3 Punkte):

$x \overset{\cdot 4}{=}$	1	4	16	64	256
$y \overset{\cdot 4}{=}$	3	12	48	192	768
$z \overset{:4}{=}$	384	96	24	6	1,5

4 (3 Punkte):

$x \overset{\cdot 5}{=}$	0,2	1	5	25	125
$y \overset{:5}{=}$	5000	1000	200	40	8
$z \overset{\cdot 5}{=}$	3	15	75	375	1875

5 (3 Punkte):

x $\overset{\cdot 2}{=}$	10	20	40	80	160
y $\overset{:2}{=}$	288	144	72	36	18
z $\overset{\cdot 2}{=}$	26	52	104	208	416

6 (3 Punkte):

x $\overset{\cdot 8}{=}$	1,125	9	72	576	4608
y $\overset{\cdot 8}{=}$	0,1	0,8	6,4	51,2	409,6
z $\overset{:8}{=}$	5324,8	665,6	83,2	10,4	1,3

Lösungen zu Test 99

1 (3 Punkte):

x $\overset{\cdot 2}{=}$	100	200	400	800	1600
y $\overset{\cdot 2}{=}$	5,6	11,2	22,4	44,8	89,6
z $\overset{:2}{=}$	10	5	2,5	1,25	0,625

2 (3 Punkte):

x $\overset{\cdot 3}{=}$	25	75	225	675	2025
y $\overset{:3}{=}$	522	174	58	$19\frac{1}{3}$	$6\frac{4}{9}$
z $\overset{\cdot 3}{=}$	13	39	117	351	1053

3 (3 Punkte):

x $\overset{\cdot 6}{=}$	2,3	13,8	82,8	496,8	2980,8
y $\overset{:6}{=}$	9072	1512	252	42	7
z $\overset{\cdot 6}{=}$	2,8	16,8	100,8	604,8	3628,8

4 (3 Punkte):

x $\overset{\cdot 14}{=}$	$\frac{1}{7}$	2	28	392	5488
y $\overset{\cdot 14}{=}$	5	70	980	13720	192080
z $\overset{:14}{=}$	153664	10976	784	56	4

5 (3 Punkte):

x $\overset{\cdot 9}{=}$	0,3	2,7	24,3	218,7	1968,3
y $\overset{:9}{=}$	19683	2187	243	27	3
z $\overset{\cdot 9}{=}$	0,94	8,46	76,14	685,26	6167,34

6 (3 Punkte):

x $\overset{:10}{=}$	50	5	0,5	0,05	0,005
y $\overset{\cdot 10}{=}$	0,1	10	100	1000	10000
z $\overset{:10}{=}$	13857	1385,7	138,57	13,857	1,3857

Lösungen zu Test 100

1 (3 Punkte):

x $\overset{\cdot 2,5}{=}$	3	7,5	18,75	46,875
y $\overset{\cdot 2,5}{=}$	8	20	50	125
z $\overset{:2,5}{=}$	39,0625	15,625	6,25	2,5

2 (3 Punkte):

x $\overset{\cdot 7}{=}$	2,5	17,5	122,5	857,5	6002,5
y $\overset{:7}{=}$	14406	2058	294	42	6
z $\overset{\cdot 7}{=}$	1,6	11,2	78,4	548,8	3841,6

3 (3 Punkte):

x $\overset{\cdot 2,1}{=}$	3,7	7,77	16,317	34,2657
y $\overset{:2,1}{=}$	27,783	13,23	6,3	3
z $\overset{\cdot 2,1}{=}$	5	10,5	22,05	46,305

4 (3 Punkte):

x $\overset{\cdot 6}{=}$	$\frac{1}{3}$	2	12	72	432
y $\overset{\cdot 6}{=}$	8,7	52,2	313,2	1879,2	11275,2
z $\overset{:6}{=}$	1944	324	54	9	1,5

5 (3 Punkte):

x $\overset{\cdot 9}{=}$	2,3	20,7	186,3	1676,7	15090,3
y $\overset{:9}{=}$	7217,1	801,9	89,1	9,9	1,1
z $\overset{\cdot 9}{=}$	0,72	6,48	58,32	524,88	4723,92

6 (3 Punkte):

x $\overset{\cdot 15}{=}$	9	135	2025	30375	455625
y $\overset{\cdot 15}{=}$	0,003	0,045	0,675	10,125	151,875
z $\overset{:15}{=}$	3138,75	209,25	13,95	0,93	0,062

Lösungen zu Test 101

1 (3 Punkte):

x $\overset{\cdot 1,5}{=}$	5	7,5	11,25	16,875
y $\overset{\cdot 1,5}{=}$	13,5	20,25	30,375	45,5625
z $\overset{:1,5}{=}$	8,4375	5,625	3,75	2,5

2 (3 Punkte):

x $\overset{\cdot 2,75}{=}$	6	16,5	45,375	124,78125	343,1484375
y $\overset{:2,75}{=}$	228,765625	83,1875	30,25	11	4
z $\overset{\cdot 2,75}{=}$	1,6	4,4	12,1	33,275	91,50625

3 (3 Punkte):

x $\overset{\cdot 1{,}3}{=}$	6,8	8,84	11,492	14,9396
y $\overset{:1{,}3}{=}$	15,8184	12,168	9,36	7,2
z $\overset{\cdot 1{,}3}{=}$	3,1	4,03	5,239	6,8107

4 (3 Punkte):

x $\overset{\cdot 9}{=}$	$\frac{1}{3}$	3	27	243	2187
y $\overset{\cdot 9}{=}$	5	45	405	3645	32805
z $\overset{:9}{=}$	11153,7	1239,3	137,7	15,3	1,7

5 (3 Punkte):

x $\overset{\cdot 8{,}1}{=}$	2,3	18,63	150,903	1222,3143	9900,74583
y $\overset{:8{,}1}{=}$	5165,60652	637,7292	78,732	9,72	1,2
z $\overset{\cdot 8{,}1}{=}$	0,68	5,508	44,6148	361,37988	2927,177028

6 (3 Punkte):

x $\overset{\cdot 7}{=}$	4,9	34,3	240,1	1680,7	11764,9
y $\overset{\cdot 7}{=}$	0,025	0,175	1,225	8,575	60,025
z $\overset{:7}{=}$	888,37	126,91	18,13	2,59	0,37

Lösungen zu Test 102

1 (3 Punkte):

x $\overset{\cdot 8{,}2}{=}$	6,21	50,922	417,5604	3423,99528
y $\overset{\cdot 8{,}2}{=}$	15,1	123,82	1015,324	8325,6568
z $\overset{:8{,}2}{=}$	1654,104	201,72	24,6	3

2 (3 Punkte):

x $\overset{\cdot 19}{=}$	0,001	0,019	0,361	6,859	130,321
y $\overset{:19}{=}$	39,0963	2,0577	0,1083	0,0057	0,0003
z $\overset{\cdot 19}{=}$	0,0007	0,0133	0,2527	4,8013	91,2247

3 (3 Punkte):

x $\overset{\cdot 5}{=}$	2,3	11,5	57,5	287,5
y $\overset{:5}{=}$	165900	33180	6636	1327,2
z $\overset{\cdot 5}{=}$	1,67	8,35	41,75	208,75

4 (3 Punkte):

x $\overset{\cdot 2{,}1}{=}$	3,8	7,98	16,758	35,1918	73,90278
y $\overset{\cdot 2{,}1}{=}$	0,09	0,189	0,3969	0,83349	1,750329
z $\overset{:2{,}1}{=}$	5,83443	2,7783	1,323	0,63	0,3

5 (3 Punkte):

x $\overset{:1,5}{=}$	26,325	17,55	11,7	7,8	5,2
y $\overset{\cdot 1,5}{=}$	0,21	0,315	0,4725	0,70875	1,063125
z $\overset{\cdot 1,5}{=}$	0,8	1,2	1,8	2,7	4,05

6 (3 Punkte):

x $\overset{:5}{=}$	3,5	0,7	0,14	0,028	0,0056
y $\overset{\cdot 5}{=}$	0,008	0,04	0,2	1	5
z $\overset{:5}{=}$	2,8	0,56	0,112	0,0224	0,004488

Lösungen zu Test 103

1 (3 Punkte):

x $\overset{\cdot 3}{=}$	7,49	22,47	67,41	202,23
y $\overset{\cdot 3}{=}$	0,68	2,04	6,12	18,36
z $\overset{:3}{=}$	1,3365	0,4455	0,1485	0,0495

2 (3 Punkte):

x $\overset{:10}{=}$	401,5	40,15	4,015	0,4015	0,04015
y $\overset{\cdot 10}{=}$	13,958	139,58	1395,8	13958	139580
z $\overset{:10}{=}$	1,6	0,16	0,016	0,0016	0,00016

3 (3 Punkte):

x $\overset{\cdot 2,3}{=}$	7,8	17,94	41,262	94,9026
y $\overset{\cdot 2,3}{=}$	3,8	8,74	20,102	46,2346
z $\overset{:2,3}{=}$	45,0179	19,573	8,51	3,7

4 (3 Punkte):

x $\overset{\cdot 4}{=}$	0,58	2,32	9,28	37,12	148,48
y $\overset{:4}{=}$	16868	4217	1054,25	263,5625	65,890625
z $\overset{\cdot 4}{=}$	3,2	12,8	51,2	204,8	819,2

5 (3 Punkte):

x $\overset{\cdot 7}{=}$	5,87	41,09	287,63	2013,41	14093,87
y $\overset{\cdot 7}{=}$	0,2	1,4	9,8	68,6	480,2
z $\overset{:7}{=}$	2744	392	56	8	$1\frac{1}{7}$

6 (3 Punkte):

x $\overset{\cdot 6,5}{=}$	0,36	2,34	15,21	98,865	642,6225
y $\overset{:6,5}{=}$	53,551875	8,23875	1,2675	0,195	0,03
z $\overset{\cdot 6,5}{=}$	0,08	0,52	3,38	21,97	142,805

Lösungen zu Test 104

1 (3 Punkte): 5 Arbeiter brauchen 1,8 Wochen für die Fertigstellung der Garage, wenn sie an 3 Tagen in der Woche 4 Stunden arbeiten.
(2 · 3 · 3 · 6 = 108; 108 : (5 · 3 · 4) = 1,8)

2 (3 Punkte): Es dauert nur 3,5 Stunden.
1 Pumpe/Std.: 562,5 l (4 500 l : 8)
4 500 l – 562,5 l = 3 937,5 l (Restinhalt nach 1 Std.)
3 937,5 : (562,5 · 2) = 3,5

3 (3 Punkte): Das kleinere, aber stärkere Blech wiegt 574,444 kg.
517 kg : 12 => 43,083 kg (1m^2) : 6 => 7,181 kg (1 mm Stärke) · 10 => 71,805 kg (10 mm Stärke) · 8 = 574,444 kg

4 (3 Punkte): 1 Konditor würde für drei solche Torten 9 Tage benötigen.
1 Konditor für 1 Torte = 3 Tage; 1 Konditor für 3 Torten => 3 · 3 Tage = 9 Tage

5 (3 Punkte): 8 Maschinen könnten an einem halben Tag 14 000 t Kohle fördern.
7 000 t : 2 => 3 500 t : 2 => 1 750 t
(Förderleistung 1 Maschine an ½ Tag) · 8 = 14 000 t
oder: (7 000 t : 2) · 8 =>
28 000 t (8 Maschinen an 1 Tag) : 2 = 14 000 t

6 (3 Punkte): 2 Maschinen produzieren in 24 Stunden 768 Formteile.
1 Maschine in 1 Std. => (1 024 Teile : 8) : 8 = 16 Teile;
2 Maschinen in 12 Std. => 16 Teile · 24 · 2 = 768 Teile

Lösungen zu Test 105

1 (3 Punkte): Die Stadt benötigt 19 Arbeiter.
(7 · 8 · 5 · 6 = 1 680; 1 680 : (2 · 5 · 9) = 18,66 ≈ 19)

2 (3 Punkte): Der Gummibärchenvorrat reicht für 4 Stunden und 45 Minuten.
(460 – (2 · 40) => 380 : 80 = 4,75)

3 (3 Punkte): Man muss für die Produktion von 9 000 Nägeln in 2 Std. 3 Maschinen einsetzen.
(1 Maschine in 2 Std.: 1 500 · 2 = 3 000;
9 000 : 3 000 = 3 Maschinen)

4 (3 Punkte): 2 Absolventen brauchen 5 Stunden.
(2 800 : 140 => 20 min · 30 =>
600 min : 2 = 300 min = 5 Std.)

5 (3 Punkte): Man bräuchte 6 Reinigungskräfte. (Nur jeden zweiten Tag Putzen erfordert die doppelte Zahl.)
(3 · 2 Std. => 6 Std. · 2 => 12 Std. : 2 Std. = 6)

6 (3 Punkte): 2 Bäcker brauchen für 780 Brötchen 2 Stunden, 26 Minuten und 15 Sekunden.
(15 min : 40 => 0,375 min · 780 => 292,50 min : 2 = 146,25 min = 2 Std. 26 min 15 sec)

Lösungen zu Test 106

1 (3 Punkte): Zu sechst brauchen sie für die 2 Zimmer 1 $\frac{2}{3}$ Tage.
(5 Tage : 6 => 0,833 · 2 = 1,666 = 1 2/3)

2 (3 Punkte): 3 Eismaschinen produzieren in 9 Stunden 2025 Liter Eis.
(300 l : 4 => 75 l · 9 => 675 l · 3 = 2025 l)

3 (3 Punkte): Er benötigt bei täglich 10 Stunden für 6 Bilder 36 Tage, das sind 7,2 Wochen.
(4 · 3 · 5 => 60 · 6 => 360 : 10 => 36 : 5 = 7,2)

4 (3 Punkte): Zu zweit brauchen sie für 5 Kuchen 2 Stunden und 30 Minuten.
(1 Std. : 2 => 0,5 Std. · 5 = 2,5 Std. = 2 Std. 30 min)

5 (3 Punkte): 8 Gitarrenbauer schaffen in 7 Wochen zu je 40 Arbeitsstunden 14 Gitarren.
(5 · 8 · 4 = 160 Arbeitsstunden für 1 Gitarre;
40 · 7 · 8 => 2240 : 160 = 14)

6 (3 Punkte): Das Orchester würde 6 Wochen brauchen.
(4 · 6 => 24 · 5 => 120 benötigte Stunden : (5 · 4) = 6)

Lösungen zu Test 107

1 (3 Punkte): $\frac{5+3}{5} = \frac{x+2}{x}$ => 5x + 3x = 10 + 5x
=> 8x = 10 + 5x => 3x = 10 => x = $\frac{10}{3} = 3\frac{1}{3}$

Erster Strahlensatz:
Wenn zwei Strahlen mit gemeinsamem Anfangspunkt (S) von Parallelen geschnitten werden, so verhalten sich die Längen der Abschnitte eines Strahls wie die Längen der entsprechenden Abschnitte eines anderen Strahls.

2 (3 Punkte): x = 2 $\frac{2}{3}$

Zweiter Strahlensatz:
Wenn zwei Strahlen mit gemeinsamem Anfangspunkt (S) von Parallelen geschnitten werden, so verhalten sich die Längen der zwischen den Strahlen liegenden Parallelenabschnitte wie die Längen der zugehörigen vom Anfangspunkt aus gemessenen Abschnitte auf den Strahlen.

3 (3 Punkte): x= 9 $\frac{1}{3}$

4 (3 Punkte): x = 2 ¼

5 (3 Punkte): x = 3 $\frac{1}{3}$

6 (3 Punkte): x = 32

Lösungen zu Test 108

1 (3 Punkte): $\frac{x}{14} = \frac{6}{2}$ => 2x = 84 => x = 42
2 (3 Punkte): $x = 1\frac{1}{7}$
3 (3 Punkte): x = 0,875
4 (3 Punkte): x = 18
5 (3 Punkte): x = 30
6 (3 Punkte): x = 1

Lösungen zu Test 109

1 (3 Punkte): $\frac{x}{3} = \frac{2+4}{2}$ => 2x = 18 => x = 9
2 (3 Punkte): x = ¾
3 (3 Punkte): x = 1 ½
4 (3 Punkte): $x = 2\frac{4}{5}$
5 (3 Punkte): $x = 6\frac{2}{3}$
6 (3 Punkte): $x = 6\frac{2}{3}$

Lösungen zu Test 110

1 (3 Punkte): $\frac{x}{3{,}5 + x} = \frac{1}{15}$ => 0,5x = 3,5 => x = 7
2 (3 Punkte): x = 18
3 (3 Punkte): $x = 2\frac{8}{9}$
4 (3 Punkte): $x = 10\frac{5}{7}$
5 (3 Punkte): $x = \frac{7}{8}$
6 (3 Punkte): x = 17,5

Lösungen zu Test 111

1 (3 Punkte): $\frac{x}{17} = \frac{20}{0{,}5}$ => 0,5x = 340 => x = 680
2 (3 Punkte): $x = \frac{3}{8}$
3 (3 Punkte): $x= 3\frac{7}{9}$
4 (3 Punkte): x = 0,6
5 (3 Punkte): $x = 1\frac{2}{5}$
6 (3 Punkte): x = 0,625

Lösungen zu Test 112

1 (3 Punkte): $\frac{x}{8} = \frac{7}{9}$ => 9x = 56 => $x = 6\frac{2}{9}$
2 (3 Punkte): $x = \frac{1}{64}$
3 (3 Punkte): $x= 2\frac{5}{8}$
4 (3 Punkte): x = 51

5 (3 Punkte): $x = \frac{16}{35}$

6 (3 Punkte): $x = 30\,\frac{7}{8}$

Lösungen zu Test 113

1 (3 Punkte): $\frac{x}{19} = \frac{6}{7} \Rightarrow 7x = 114 \Rightarrow x = 16\,\frac{2}{7}$

2 (3 Punkte): $x = 1\,\frac{5}{16}$

3 (3 Punkte): $x = 14$

4 (3 Punkte): $x = 6\,\frac{12}{13}$

5 (3 Punkte): $x = 11\,\frac{3}{4}$

6 (3 Punkte): $x = 4\,\frac{3}{5}$

Lösungen zu Test 114

1 (3 Punkte): $\frac{x}{11} = \frac{38}{5} \Rightarrow 5x = 418 \Rightarrow x = 83\,\frac{3}{5}$

2 (3 Punkte): $x = 28\,\frac{3}{5}$

3 (3 Punkte): $x = \frac{6}{25}$

4 (3 Punkte): $x = 5\,\frac{1}{7}$

5 (3 Punkte): $x = 2\,\frac{1}{7}$

6 (3 Punkte): $x = 32{,}5$

Lösungen zu Test 115

1 (3 Punkte): $\frac{3}{6} = \frac{4}{x} \Rightarrow 3x = 24 \Rightarrow x = 8$

2 (3 Punkte): $x = 1\,\frac{2}{3}$

3 (3 Punkte): $x = 12\,\frac{1}{4}$

4 (3 Punkte): $x = 8{,}8$

5 (3 Punkte): $x = 3\,\frac{3}{4}$

6 (3 Punkte): $x = \frac{2}{17}$

Lösungen zu Test 116

1 (3 Punkte): a) $p \cdot q = h^2 \Rightarrow 3 \cdot 4 = 12 \Rightarrow h = \sqrt{12}$ cm
b) $h = \sqrt{54}$ cm   c) $h = \sqrt{40}$ cm

2 (3 Punkte): a) $p = 5$ cm   b) $p = 3$ cm   c) $p = 3$ cm

3 (3 Punkte): a) $q = \sqrt{12{,}5}$ cm   b) $c = 4\,\frac{2}{3}$ cm   c) $c = 2$ cm

4 (3 Punkte): a) $q = 20$ cm   b) $q = 2\,\frac{2}{3}$ cm   c) $q = 2\,\frac{1}{4}$ cm

5 (3 Punkte): a) $c = 2$ cm   b) $c = 4$ cm   c) $c = 5\,\frac{1}{2}$ cm

6 (3 Punkte): a) $b = \sqrt{6}$ cm   b) $b = \sqrt{63}$ cm
c) $q = 4$ cm

Lösungen zu Test 117

1 (3 Punkte): a) q = 3 ¼ cm b) h = $\sqrt{18}$ cm c) p = 3 cm
2 (3 Punkte): a) h = $\sqrt{16}$ cm = 4 cm b) h = $\sqrt{63}$ cm c) h = $\sqrt{24}$ cm
3 (3 Punkte): a) c = 1 cm b) c = 5 cm c) c = 11 cm
4 (3 Punkte): a) q = 2 ½ cm b) h = $\sqrt{70}$ cm c) p = 3 cm
5 (3 Punkte): a) p = 5 cm b) p = 4 ½ cm c) p = 1 ¾ cm
6 (3 Punkte): a) q= $1\frac{1}{3}$ cm b) q= $2\frac{1}{8}$ cm c) q= 2 cm

Lösungen zu Test 118

1 (3 Punkte): a) $a^2 = c \cdot p = 2 \cdot 5 = 10 \Rightarrow a = \sqrt{10}$ cm
b) a = $\sqrt{12}$ cm c) a = $\sqrt{48}$ cm
2 (3 Punkte): a) p = $\sqrt{4}$ cm b) c = 3,14 cm c) a = 4 cm
3 (3 Punkte): a) $q = h^2 : p = 10 : 2 = 5$ cm b) q = $1\frac{6}{7}$ cm c) q = $6\frac{1}{3}$ cm
4 (3 Punkte): a) b = $\sqrt{7}$ cm b) b = $\sqrt{54}$ cm c) b = $\sqrt{15}$ cm
5 (3 Punkte): a) a = 2 cm b) p = $1\frac{1}{3}$ cm c) c = 9 cm
6 (3 Punkte): a) p = $2\frac{8}{9}$ cm b) p = $5\frac{9}{11}$ cm c) p = 3 ½ cm

Lösungen zu Test 119

1 (3 Punkte): a) $p \cdot q = h^2 \Rightarrow 4{,}6 \cdot 3{,}2 = 14{,}72 \Rightarrow h = \sqrt{14{,}27}$ cm
b) h= $\sqrt{4{,}08}$ cm c) h= $\sqrt{9{,}24}$ cm
2 (3 Punkte): a) p = 4,73 cm b) p = 3,59 cm c) p = 2,40 cm
3 (3 Punkte): a) c = 2,58 cm b) q = 7,61 cm c) b = $\sqrt{10{,}73}$ cm
4 (3 Punkte): a) q = 2 ¼ cm b) q = 1,48 cm c) q = 1,73 cm
5 (3 Punkte): a) q = 2,88 cm b) q = 2,04 cm c) q = 1,57 cm
6 (3 Punkte): a) q = 4,15 cm b) c = 2,76 cm c) b = $\sqrt{10{,}81}$ cm

Lösungen zu Test 120

1 (3 Punkte): a) h = $\sqrt{4{,}32}$ cm b) q =1,82 cm c) p = 5,45 cm
2 (3 Punkte): a) h = $\sqrt{3{,}78}$ cm b) h = $\sqrt{5{,}72}$ cm c) h = $\sqrt{3{,}05}$ cm
3 (3 Punkte): a) c = $3\frac{2}{3}$ cm b) c = 2,77 cm c) c = 2,34 cm
4 (3 Punkte): a) q = 0,20 cm b) p = 1,75 cm c) h = $\sqrt{23{,}04}$ cm
5 (3 Punkte): a) p = 0,925 cm b) p = 5,17 cm c) p = 2,46 cm
6 (3 Punkte): a) c = 2,28 cm b) c = 2,10 cm c) c = 1,80 cm

Lösungen zu Test 121

1 (3 Punkte): a) $a^2 = c \cdot p = 2{,}1 \cdot 3{,}8 = 7{,}98 \Rightarrow a = \sqrt{7{,}98}$ cm
b) $a = \sqrt{5{,}58}$ cm c) $a = \sqrt{1{,}74}$ cm

2 (3 Punkte): a) p = 3,14 cm b) p = 1,26 cm c) $a = \sqrt{7{,}98}$ cm

3 (3 Punkte): a) $q = h^2 : p = 21{,}6 : 2{,}8 = 7{,}71$ cm
b) q = 6,375 cm c) $q = 5\frac{2}{3}$ cm

4 (3 Punkte): a) $b = \sqrt{7{,}92}$ cm b) $b = \sqrt{20{,}68}$ cm c) $b = \sqrt{4{,}29}$ cm

5 (3 Punkte): a) p = 2,04 cm b) c = 1,32 cm c) $a = \sqrt{5{,}85}$ cm

6 (3 Punkte): a) p = 2,19 cm b) p = 4,81 cm c) p = 3,26 cm

Lösungen zu Test 122

1 (3 Punkte): a) $p \cdot q = h^2 \Rightarrow 4a \cdot 2a = 8a^2 \Rightarrow h = \sqrt{8}\,a$
b) $h = \sqrt{7}\,a$ c) $h = \sqrt{4{,}5}\,a$

2 (3 Punkte): a) c = 3,4x b) c = 2,07x c) c = 1,25x

3 (3 Punkte): a) c = 1,4x b) q = 2,94x c) $b = \sqrt{9}\,x = 3x$

4 (3 Punkte): a) q = 2a b) q = 3a c) q = 11a

5 (3 Punkte): a) q = 7x b) q = 14x c) q = 8x

6 (3 Punkte): a) $b = \sqrt{15{,}2}\,x$ b) q = 1,89x c) c = 1,18x

Lösungen zu Test 123

1 (3 Punkte): a) q = 2x b) p = 0,5x c) $h = \sqrt{65}\,x$

2 (3 Punkte): a) $h = \sqrt{10}\,a$ b) $h = \sqrt{2}\,a$ c) $h = \sqrt{31{,}5}\,a$

3 (3 Punkte): a) $a = \sqrt{21}\,x$ b) $a = \sqrt{36}\,x = 6x$ c) $a = \sqrt{12}\,x$

4 (3 Punkte): a) $h = \sqrt{56}\,x$ b) q = 3,64x c) p = 11,54x

5 (3 Punkte): a) p = 4a b) p = 4a c) p = a

6 (3 Punkte): a) $b = \sqrt{2{,}5}\,x$ b) $b = \sqrt{10}\,x$ c) $b = \sqrt{26}\,x$

Lösungen zu Test 124

1 (3 Punkte): a) p = 2x b) p = 0,5x c) p = 0,55x

2 (3 Punkte): a) $p = \frac{2}{3}\,x$ b) c = 1,46 x c) $a = \sqrt{11{,}56}\,x$

3 (3 Punkte): a) q = 4 ½ a b) q = 4a c) $q = 5\frac{1}{3}\,a$

4 (3 Punkte): a) c = 5x b) c = 2x c) c = 0,5x

5 (3 Punkte): a) $a = \sqrt{74}\,x$ b) c = 1,89x c) p = 1,66x

6 (3 Punkte): a) p = 0,5a b) p = 4a c) p = 12 ½ a

Lösungen zu Test 125

1 (3 Punkte): a) $V = A \cdot h = 27\ cm^3$ b) $V = 35\ cm^3$ c) $V = 20\ cm^3$

2 (3 Punkte): a) $V = 20\ cm^3$ b) $V = 26\ cm^3$ c) $V = 31\ cm^3$

3 (3 Punkte): $A_{Dreieck} = \frac{1}{2} \cdot a \cdot b = 6\ cm^2$; $V = 6\ cm^2 \cdot 8\ cm = 48\ cm^3$

4 (3 Punkte): $A_{Dreieck} = 24\ cm^2$; $V = 72\ cm^3$

5 (3 Punkte): $A_{Dreieck} = 10\ cm^2$; $V = 50\ cm^3$

6 (3 Punkte): $A_{Dreieck} = 70\ cm^2$; $V = 700\ cm^3$

Lösungen zu Test 126

1 (3 Punkte): $A_{Dreieck} = \frac{1}{2} \cdot a \cdot b = 21\ cm^2$; $V = 21\ cm^2 \cdot 5\ cm = 105\ cm^3$

2 (3 Punkte): $A_{Dreieck} = 14\ cm^2$; $V = 42\ cm^3$

3 (3 Punkte): $A_{Dreieck} = 27{,}5\ cm^2$; $V = 357{,}5\ cm^3$

4 (3 Punkte): a) $U_{Dreieck} = 8\ cm$; $M = 8\ cm \cdot 2\ cm = 16\ cm^2$ (U = Umfang)
(Mantelfläche = Rechteck = $U_{Dreieck} \cdot$ Höhe)
b) $U_{Dreieck} = 10\ cm$; $M = 50\ cm^2$

5 (3 Punkte): a) $M = 200\ cm^2$ b) $M = 18\ cm^2$

6 (3 Punkte): a) 16,5 cm; $M = 132\ cm^2$ b) 49 cm; $M = 637\ cm^2$

Lösungen zu Test 127

1 (3 Punkte): $A_{Dreieck} = \frac{1}{2} \cdot a \cdot b = 6\ cm^2$; $U_{Dreieck} = 3 + 4 + 5 = 12\ cm$
$O = 2 \cdot 6\ cm^2 + 12\ cm \cdot 5\ cm = 72\ cm^2$
(Oberfläche = 2 · Grundfläche + Mantelfläche)

2 (3 Punkte): $O = 192\ cm^2$

3 (3 Punkte): $O \approx 17{,}66\ cm^2$

4 (3 Punkte): $O \approx 139{,}32\ cm^2$

5 (3 Punkte): $A_{Dreieck} = 47{,}5\ cm^2$; $V = 47{,}5\ cm^2 \cdot 5\ cm = 237{,}5\ cm^3$

6 (3 Punkte): $A_{Dreieck} = 52\ cm^2$; $V = 130\ cm^3$

Lösungen zu Test 128

1 (3 Punkte): $A_{Dreieck} = 7\ cm^2$; $U_{Dreieck} = 16{,}28\ cm$;
$O = 2 \cdot 7\ cm^2 + 16{,}28\ cm \cdot 3\ cm = 62{,}9\ cm^2$

2 (3 Punkte): $O = 270\ cm^2$

3 (3 Punkte): $O \approx 400{,}8\ cm^2$

4 (3 Punkte): $O \approx 58{,}9\ cm^2$

5 (3 Punkte): $A_{Dreieck} = 91\ cm^2$; $V = 91 cm^2 \cdot 9{,}5 cm = 864{,}5\ cm^3$

6 (3 Punkte): $A_{Dreieck} = 48\ cm^2$; $V = 216\ cm^3$

Lösungen zu Test 129

1 (3 Punkte): $A = 1{,}5\ a^2 \cdot \sqrt{3}$; $A = 1{,}5 \cdot 4^2\ cm^2 \cdot \sqrt{3} = 24\ cm^2\ \sqrt{3} \approx 41{,}57\ cm^2$

$V = A \cdot h = 24\ \sqrt{3}\ cm^2 \cdot 5\ cm \approx 120\ \sqrt{3}\ cm^3 \approx 207{,}85 cm^3$

2 (3 Punkte): $V = 93{,}75\ \sqrt{3}\ cm^3 \approx 162{,}38\ cm^3$

3 (3 Punkte): $V = 194{,}4\ \sqrt{3}\ cm^3 \approx 336{,}71\ cm^3$

4 (3 Punkte): $O = 2 \cdot G + M$

$G = A_{Sechseck} = 1{,}5 \cdot (3\ cm)^2 \cdot \sqrt{3}$

$M = U_{Sechseck} \cdot h_{Prisma} = 6 \cdot 3\ cm \cdot 2\ cm$

$O = 2(1{,}5 \cdot (3cm)^2 \cdot \sqrt{3}) + 6 \cdot 3\ cm \cdot 2\ cm = 82{,}77\ cm^2$

5 (3 Punkte): $O = 175\ cm^2$

6 (3 Punkte): $O = 4{,}75\ cm^2$

Lösungen zu Test 130

1 (3 Punkte): $V = A \cdot h = 278{,}85\ \sqrt{3}\ cm^3 \approx 482{,}98\ cm^3$

2 (3 Punkte): $V = 2{,}25\ \sqrt{3}\ cm^3 \approx 3{,}9\ cm^3$

3 (3 Punkte): $V = 66{,}15\ \sqrt{3}\ cm^3 \approx 114{,}58\ cm^3$

4 (3 Punkte): $O = 2 \cdot G + M$

$G = A_{Sechseck} = 1{,}5 \cdot (8\ cm)^2 \cdot \sqrt{3}$

$M = U_{Sechseck} \cdot h_{Prisma} = 6 \cdot 8\ cm \cdot 6\ cm$

$2\ (1{,}5 \cdot (8\ cm)^2 \cdot \sqrt{3}) + 6 \cdot 8\ cm \cdot 6\ cm = 352\ cm^2$

5 (3 Punkte): $O = 2{,}2\ cm^2$

6 (3 Punkte): $O = 0{,}61\ cm^2$

Lösungen zu Test 131

1 (3 Punkte): a) $V = \frac{1}{3} \cdot A \cdot h = \frac{1}{3} \cdot 25\ cm^2 \cdot 3\ cm = 25\ cm^3$

b) $V = 512\ cm^3$ c) $V = 3\ cm^3$

2 (3 Punkte): a) $V = 8\ cm^3$ b) $V = 729\ cm^3$ c) $V = 400\ cm^3$

3 (3 Punkte): a) $d = a\ \sqrt{2}$; $(d : 2)^2 + h^2 = s^2$; $s = \sqrt{h^2 + a^2 : 2}$

$s = \sqrt{1{,}5}\ cm \approx 1{,}22\ cm$

b) $s = \sqrt{44}\ cm \approx 6{,}63\ cm$ c) $s = \sqrt{85{,}5}\ cm \approx 9{,}25\ cm$

4 (3 Punkte): a) $s = \sqrt{51}\ cm \approx 7{,}14\ cm$ b) $s = \sqrt{27}\ cm \approx 5{,}2\ cm$

c) $s = \sqrt{123}\ cm \approx 11{,}09\ cm$

5 (3 Punkte): a) $O = G + M$; $G = a^2$; $M = a\ \sqrt{4h^2 + a^2}$

$O = 4\ cm^2 + 2\ \sqrt{16\ cm^2 + 4cm^2} = 4\ cm^2 + 2\ \sqrt{20}\ cm^2 \approx 12{,}944\ cm^2$

b) $O \approx 99{,}33\ cm^2$

6 (3 Punkte): a) $O \approx 288{,}68\ cm^2$ b) $O \approx 5{,}256\ cm^2$

Lösungen zu Test 132

1 (3 Punkte): a) $V = \frac{1}{3} \cdot A \cdot h = \frac{1}{3} \cdot 49\ cm^2 \cdot 15\ cm = 245\ cm^3$

b) $V = 576\ cm^3$ c) $V = 216\ cm^3$

2 (3 Punkte): a) $V = 108\ cm^3$ b) $V = 216\ cm^3$ c) $V = 7{,}5\ cm^3$

3 (3 Punkte): a) $d = a\sqrt{2}$; $(d:2)^2 + h^2 = s^2$; $s = \sqrt{h^2 + a^2 : 2}$; $s = \sqrt{20{,}5}$ cm $\approx 4{,}53$ cm
b) $s = \sqrt{61{,}5}$ cm $\approx 7{,}84$ cm c) $s = \sqrt{194}$ cm $\approx 13{,}93$ cm

4 (3 Punkte): a) $s = \sqrt{41{,}5}$ cm $\approx 6{,}44$ cm b) $s = \sqrt{228}$ cm $\approx 15{,}1$ cm
c) $s = \sqrt{57}$ cm $\approx 7{,}55$ cm

5 (3 Punkte): a) $O = G + M$; $G = a^2$; $M = a\sqrt{4h^2 + a^2}$
$O = 36\text{ cm}^2 + 6\sqrt{4 \cdot 1\text{ cm}^2 + 36\text{ cm}^2} = 36\text{ cm}^2 + 6\sqrt{40}\text{ cm}^2 \approx 73{,}95\text{ cm}^2$
b) $O \approx 179{,}38\text{ cm}^2$

6 (3 Punkte): a) $O \approx 9{,}06\text{ cm}^2$ b) $O \approx 36{,}25\text{ cm}^2$

Lösungen zu Test 133

1 (3 Punkte): a) $V = \frac{1}{3} \cdot A \cdot h = \frac{1}{3} \cdot 121\text{ cm}^2 \cdot 18\text{ cm} = 726\text{ cm}^3$
b) $V = 2\,304\text{ cm}^3$ c) $V = 21{,}6\text{ cm}^3$

2 (3 Punkte): a) $V = 500\text{ cm}^3$ b) $V = 891\text{ cm}^3$ c) $V = 0{,}1\text{ cm}^3$

3 (3 Punkte): a) $d = a\sqrt{2}$; $(d:2)^2 + h^2 = s^2$; $s = \sqrt{h^2 + a^2 : 2}$; $s = \sqrt{81}$ cm $= 9$ cm
b) $s = \sqrt{28{,}5}$ cm $\approx 5{,}34$ cm c) $s = \sqrt{66}$ cm $= 8{,}12$ cm

4 (3 Punkte): a) $s = \sqrt{140{,}5}$ cm $\approx 11{,}85$ cm b) $s = \sqrt{29{,}5}$ cm $\approx 5{,}43$ cm
c) $s = \sqrt{89}$ cm $\approx 9{,}43$ cm

5 (3 Punkte): a) $O = G + M$; $G = a^2$; $M = a\sqrt{4h^2 + a^2}$
$O = 256\text{ cm}^2 + 16\sqrt{4 \cdot 0{,}25\text{ cm}^2 + 256\text{ cm}^2} = 256\text{ cm}^2 + 16\,^2 \approx 512{,}5\text{ cm}^2$
b) $O \approx 942{,}599\text{ cm}^2$

6 (3 Punkte): a) $O \approx 12807{,}764\text{ cm}^2$ b) $O \approx 0\,21\text{ cm}^2$

Lösungen zu Test 134

1 (3 Punkte): a) $V = \frac{a^3}{12} \cdot \sqrt{2} = 60{,}75\text{ cm}^3 \cdot \sqrt{2} \approx 85{,}913\text{ cm}^3$
b) $V \approx 3{,}182\text{ cm}^3$ c) $V \approx 0{,}118\text{ cm}^3$

2 (3 Punkte): a) $V \approx 40{,}423\text{ cm}^3$ b) $V \approx 25{,}456\text{ cm}^3$ c) $V \approx 7{,}542\text{ cm}^3$

3 (3 Punkte): a) $h = \frac{a}{3} \cdot \sqrt{6} = 1/3\text{cm} \cdot \sqrt{6} \approx 0{,}816$ cm
b) $h \approx 3{,}266$ cm c) $h = \sqrt{6}$ cm $\approx 2{,}45$ cm

4 (3 Punkte): a) $h \approx 1{,}633$ cm b) $h = 2\sqrt{6}$ cm $\approx 4{,}9$ cm
c) $h = 3\sqrt{6}$ cm $\approx 7{,}348$ cm

5 (3 Punkte): a) $O = G + M$; $O = a^2\sqrt{3} = 4\sqrt{3}\text{ cm}^2 \approx 6{,}928\text{ cm}^2$
b) $O = 25\sqrt{3}\text{ cm}^2 \approx 43{,}301\text{ cm}^2$

6 (3 Punkte): a) $O = 100\sqrt{3}\text{ cm}^2 \approx 173{,}2\text{ cm}^2$ b) $O = 0{,}25\sqrt{3}\text{ cm}^2 \approx 0{,}43\text{ cm}^2$

Lösungen zu Test 135

1 (3 Punkte): a) $V = \frac{a^3}{12} \cdot \sqrt{2} = \frac{125\text{ cm}^3}{12\text{ cm}^3} \cdot \sqrt{2} \approx 14{,}73\text{ cm}^3$
b) $V \approx 117{,}85\text{ cm}^3$ c) $V \approx 60{,}34\text{ cm}^3$

2 (3 Punkte): a) $V \approx 3{,}18\text{ cm}^3$ b) $V \approx 0{,}12\text{ cm}^3$ c) $V \approx 0{,}94\text{ cm}^3$

3 (3 Punkte): a) $h = a/3 \cdot \sqrt{6} = 3\frac{1}{3}\text{ cm} \cdot \sqrt{6} \approx 8{,}16$ cm
b) $h = 4\sqrt{6}$ cm $\approx 9{,}80$ cm c) $h = \approx 4{,}08$ cm

4 (3 Punkte): a) $h \approx 8{,}98$ cm b) $h = 6 \approx 14{,}7$ cm
c) $h = 0{,}1 \cdot \sqrt{6}$ cm $\approx 0{,}24$ cm

5 (3 Punkte): a) $O = G + M$; $O = a^2 \sqrt{3} = 25 \sqrt{3}\ cm^2 \approx 43{,}3\ cm^2$
b) $O = 49 \sqrt{3}\ cm^2 \approx 84{,}87\ cm^2$
6 (3 Punkte): a) $O = 144 \sqrt{3}\ cm^2 \approx 249{,}42\ cm^2$ b) $O = 0{,}01\sqrt{3}\ cm^2 \approx 0{,}02\ cm^2$

Lösungen zu Test 136

1 (3 Punkte): a) $V = \frac{a^3}{12} \cdot \sqrt{2} = 18\ cm^3 \cdot \sqrt{2} \approx 25{,}46\ cm^3$
b) $V \approx 0{,}01\ cm^3$ c) $V \approx 397{,}75\ cm^3$
2 (3 Punkte): a) $V \approx 85{,}91\ cm^3$ b) $V \approx 203{,}65\ cm^3$ c) $V \approx 323{,}38\ cm^3$
3 (3 Punkte): a) $h = \frac{a}{3} \cdot \sqrt{6} = 9\ cm \cdot \sqrt{6} \approx 22{,}05\ cm$
b) $h \approx 25{,}31\ cm$ c) $h \approx 0{,}57\ cm$
4 (3 Punkte): a) $h \approx 5{,}72\ cm$ b) $h \approx 3{,}67\ cm$ c) $h \approx 6{,}45\ cm$
5 (3 Punkte): a) $O = G + M$; $O = a^2 \sqrt{3} = 169 \sqrt{3}\ cm^2 \approx 292{,}72\ cm^2$
b) $O = 400 \sqrt{3}\ cm^2 \approx 692{,}82\ cm^2$
6 (3 Punkte): a) $O = 0{,}64 \sqrt{3}\ cm^2 \approx 1{,}11\ cm^2$
b) $O = 0{,}015625 \sqrt{3}\ cm^2 \approx 0{,}03\ cm^2$

Lösungen zu Test 137

1 (3 Punkte): a) $V = h/3\ (G1 + \sqrt{G1 \cdot G2} + G2)$
$V = 2\ cm\ (1\ cm^2 + \sqrt{17}\ cm^2 + 16\ cm^2) = \approx 42{,}25\ cm^3$
b) $V = 117\ cm^3$
2 (3 Punkte): a) $V = 4\frac{2}{3}\ cm^3$ b) $V \approx 4{,}93\ cm^3$
3 (3 Punkte): a) $V \approx 29{,}17\ cm^3$ b) $V \approx 9{,}93\ cm^3$
4 (3 Punkte): $O = 4 \cdot (a + a')/2 \cdot h + G1 + G2$
$O = 4 \cdot \frac{5}{2}\ cm \cdot 1\ cm + 9\ cm^2 + 4\ cm^2 =$
$10\ cm^2 + 9\ cm^2 + 4\ cm^2 = 23\ cm^2$
5 (3 Punkte): $O = 184\ cm^2$
6 (3 Punkte): $O = 1\,139\ cm^2$

Lösungen zu Test 138

1 (3 Punkte): a) $V = \frac{h}{3}(G1 + \sqrt{G1 \cdot G2} + G2)$; $V \approx 13{,}13\ cm^3$
b) $V \approx 24{,}69\ cm^3$
2 (3 Punkte): a) $V \approx 8{,}37\ cm^3$ b) $V \approx 5{,}59\ cm^3$
3 (3 Punkte): a) $V \approx 11{,}38\ cm^3$ b) $V \approx 45{,}00\ cm^3$
4 (3 Punkte): $O = 4 \cdot \frac{(a + a')}{2} \cdot h + G1 + G2$
$O = 4 \cdot \frac{49\ cm}{2} \cdot 23\ cm + 625\ cm^2 + 576\ cm^2 = 3455\ cm^2$
5 (3 Punkte): $O = 3{,}54\ cm^2$
6 (3 Punkte): $O = 25\,909\ cm^2$

Lösungen zu Test 139

1 (3 Punkte): a) $V = \frac{h}{3}(G1 + \sqrt{G1 \cdot G2} + G2)$; $V \approx 67{,}75\ cm^3$
b) $V \approx 292{,}65\ cm^3$

2 (3 Punkte): a) $V \approx 12{,}68\ cm^3$ b) $V \approx 0{,}96\ cm^3$

3 (3 Punkte): a) $V = \frac{32\ 48}{90}\ cm^3$ b) $V \approx 4{,}72\ cm^3$

4 (3 Punkte): $O = 4 \cdot \frac{(a + a')}{2} \cdot h + G1 + G2 =$
$2 \cdot 29\ cm \cdot 8\ cm + 361\ cm^2 + 100\ cm^2 =$
$464\ cm^2 + 361\ cm^2 + 100\ cm^2 = 925\ cm^2$

5 (3 Punkte): $O = 898{,}76\ cm^2$

6 (3 Punkte): $O \approx 100{,}45\ cm^2$

Lösungen zu Test 140

1 (3 Punkte): a) $V = \pi \cdot r^2 \cdot h = \pi \cdot 4\ cm^2 \cdot 5\ cm = \pi\ 20\ cm^3 \approx 62{,}83\ cm^3$
b) $V = 72\ \pi\ cm^3 \approx 226{,}20\ cm^3$ c) $V = 8\ \pi\ cm^3 \approx 25{,}13\ cm^3$

2 (3 Punkte): a) $V = 63\ \pi\ cm^3 \approx 197{,}92\ cm^3$ b) $V = 64\ \pi\ cm^3 \approx 301{,}59\ cm^3$ c) $V = 75\ \pi\ cm^3 \approx 235{,}62\ cm^3$

3 (3 Punkte): a) $V = 49\ \pi\ cm^3 \approx 153{,}94\ cm^3$ b) $V = 302{,}5\ \pi\ cm^3 \approx 950{,}33\ cm^3$ c) $V = 1440\ \pi\ cm^3 \approx 4523{,}89\ cm^3$

4 (3 Punkte): a) $O = 2\ \pi\ r^2 + 2\ \pi\ r \cdot h = 2 \cdot \pi \cdot 1 + 2 \cdot \pi \cdot 1 \cdot 2$
$= 2\ \pi\ cm^2 + 4\ \pi\ cm^2 = 6\ \pi\ cm^2 \approx 18{,}85\ cm^2$
b) $O = 9\ \pi\ cm^2 \approx 150{,}796\ cm^2$
c) $O = 120\ \pi\ cm^2 \approx 376{,}991\ cm^2$

5 (3 Punkte): a) $O = 216\ \pi\ cm^2 \approx 678{,}584\ cm^2$ b) $O = 104\ \pi\ cm^2 \approx 326{,}726\ cm^2$ c) $O = 144\ \pi\ cm^2 \approx 452{,}389\ cm^2$

6 (3 Punkte): a) $O = 156\ \pi\ cm^2 \approx 490{,}088\ cm^2$ b) $O = 20\ \pi\ cm^2 \approx 62{,}832\ cm^2$ c) $O = 418\ \pi\ cm^2 \approx 1313{,}186\ cm^2$

Lösungen zu Test 141

1 (3 Punkte): a) $V = \pi \cdot r^2 \cdot h = \pi \cdot 64\ cm^2 \cdot 8\ cm =$
$\pi\ 512\ cm^3 \approx 1608{,}5\ cm^3$
b) $V = 24\ \pi\ cm^3 \approx 75{,}4\ cm^3$
c) $V = 108\ \pi\ cm^3 \approx 339{,}29\ cm^3$

2 (3 Punkte): a) $V = 7\ \pi\ cm^3 \approx 21{,}99\ cm^3$ b) $V = 2{,}5\ \pi\ cm^3 \approx 7{,}85\ cm^3$
c) $V = 729\ \pi\ cm^3 \approx 2290{,}22\ cm^3$

3 (3 Punkte): a) $V = 25\ \pi\ cm^3 \approx 78{,}54\ cm^3$ b) $V = 80\ \pi\ cm^3 \approx 251{,}33\ cm^3$ c) $V = 1100\ \pi\ cm^3 \approx 3455{,}75\ cm^3$

4 (3 Punkte): a) $O = 2\ \pi\ r^2 + 2\ \pi\ r \cdot h = 2 \cdot \pi \cdot 64\ cm^2 +$
$2 \cdot \pi \cdot 8\ cm \cdot 6\ cm = 224\ \pi\ cm^2 \approx 703{,}717\ cm^2$
b) $O = 12\ \pi\ cm^2 \approx 37{,}699\ cm^2$
c) $O = 216\ \pi\ cm^2 \approx 678{,}584\ cm^2$

5 (3 Punkte): a) $O = 40\ \pi\ cm^2 \approx 125{,}664\ cm^2$ b) $O = 196\ \pi\ cm^2 \approx 615{,}752\ cm^2$ c) $O = 42\ \pi\ cm^2 \approx 131{,}947\ cm^2$

6 (3 Punkte): a) $O = 140\ \pi\ cm^2 \approx 439{,}823\ cm^2$ b) $O = 32\ \pi\ cm^2 \approx 100{,}531\ cm^2$ c) $O = 180\ \pi\ cm^2 \approx 565{,}487\ cm^2$

Lösungen zu Test 142

1 (3 Punkte): a) $V = \pi \cdot r^2 \cdot h = \pi \cdot 100\ cm^2 \cdot 1\ cm = \pi\ 100\ cm^3 \approx$ $314{,}16\ cm^3$
b) $V = 56{,}25\ \pi\ cm^3 \approx 176{,}71\ cm^3$ c) $V = 891\ \pi\ cm^3 \approx$ $2\,799{,}16\ cm^3$

2 (3 Punkte): a) $V = 288\ \pi\ cm^3 \approx 904{,}78\ cm^3$ b) $V = 75\ \pi\ cm^3 \approx$ $235{,}62\ cm^3$ c) $V = 28\ \pi\ cm^3 \approx 87{,}96\ cm^3$

3 (3 Punkte): a) $V = 128\ \pi\ cm^3 \approx 402{,}12\ cm^3$ b) $V = 735\ \pi\ cm^3 \approx$ $2\,309{,}07\ cm^3$ c) $V = 192\ \pi\ cm^3 \approx 603{,}19\ cm^3$

4 (3 Punkte): a) $O = 2\ \pi\ r^2 + 2\ \pi\ r \cdot h = 2 \cdot \pi \cdot 8\ cm^2 +$ $2 \cdot \pi \cdot 8\ cm \cdot 7\ cm = 240\ \pi\ cm^2 \approx 753{,}982\ cm^2$
b) $O = 150\ \pi\ cm^2 \approx 471{,}239\ cm^2$
c) $O = 72\ \pi\ cm^2 \approx 226{,}195\ cm^2$

5 (3 Punkte): a) $O = 288\ \pi\ cm^2 \approx 904{,}779\ cm^2$ b) $O = 120\ \pi\ cm^2 \approx$ $376{,}991\ cm^2$ c) $O = 312\ \pi\ cm^2 \approx 980{,}177\ cm^2$

6 (3 Punkte): a) $O = 260\ \pi\ cm^2 \approx 816{,}814\ cm^2$ b) $O = 140\ \pi\ cm^2 \approx$ $439{,}823\ cm^2$ c) $O = 736\ \pi\ cm^2 \approx 2\,312{,}212\ cm^2$

Lösungen zu Test 143

1 (3 Punkte): a) $V = \pi \cdot r^2 \cdot h;\ r = \sqrt{V} : (h \cdot \sqrt{3{,}142})$
$r = \sqrt{32\ cm^3/2\ cm} = \sqrt{16 cm^2} = 4\ cm$
b) $r = 2{,}85\ cm$

2 (3 Punkte): a) $r = 3\ cm$ b) $r = 4\ cm$

3 (3 Punkte): a) $r = 3\ cm$ b) $r = 10\ cm$

4 (3 Punkte): a) $O = 2 \cdot \pi\ r^2 + 2\ \pi\ r\ h;\ r = 11\ cm$ b) $r = 6\ cm$

5 (3 Punkte): a) $r = 9\ cm$ b) $r = 0{,}5\ cm$

6 (3 Punkte): a) $r = 1{,}5\ cm$ b) $r = 4\ cm$

Lösungen zu Test 144

1 (3 Punkte): a) $V = \pi \cdot r^2 \cdot h;\ r = \sqrt{V : h};\ r = \sqrt{9\ cm^3 : 1\ cm} = \sqrt{9\ cm^2} = 3\ cm$
b) $r = 3\ cm$

2 (3 Punkte): a) $r = 6\ cm$ b) $r = 7\ cm$

3 (3 Punkte): a) $r = 2\ cm$ b) $r = 4\ cm$

4 (3 Punkte): a) $O = 2 \cdot \pi\ r^2 + 2\ \pi\ r\ h;\ r = 1\ cm$ b) $r = 3{,}5\ cm$

5 (3 Punkte): a) $r = 1\ cm$ b) $r = 6\ cm$

6 (3 Punkte): a) $r = 21\ cm$ b) $r = 12\ cm$

Lösungen zu Test 145

1 (3 Punkte): a) $V = \pi \cdot r^2 \cdot h;\ h = \sqrt{V : r^2};\ h = \sqrt{9\ cm^3 : 1\ cm^2} = 9\ cm$
b) $h = 9\ cm$

2 (3 Punkte): a) $h \approx 3{,}27\ cm$ b) $h \approx 5{,}44\ cm$

3 (3 Punkte): a) $O = 2 \cdot \pi\ r^2 + 2\ \pi\ r\ h;\ h = 8{,}5\ cm$ b) $h = 18{,}5\ cm$

4 (3 Punkte): a) $h = 21{,}8$ cm; b) $h = 29$ cm

5 (3 Punkte): $d = 24 \text{ m} = 2r \Rightarrow r = 12$ m
$7\,239{,}229 \text{ m}^3 \approx 2\,304\,\pi \text{ m}^3$
$h = 2\,304\,\pi \text{ m}^3 : 144 \text{ m}^2 = 16$ m
$O = 2 \cdot \pi r^2 + 2\pi r h \Rightarrow 672\,\pi \approx 2\,111{,}15 \text{ m}^2$

6 (3 Punkte): $U = 30 \text{ mm } \pi = 2r\pi \Rightarrow r = 15$ mm
$O = 2 \cdot \pi r^2 + 2\pi r h$
$O = 3\,204{,}425 \text{ mm}^3 \approx 1020\,\pi \text{ mm}^3$
$1020\,\pi \text{ mm}^2 = 2\pi \cdot 15^2 \text{ mm}^2 + 2\pi \cdot 15 \text{ mm} \cdot h$
$1020 = 2 \cdot 15^2 + 2 \cdot 15 \cdot h : \text{mm}$
$1020 = 450 + 30 \cdot h : \text{mm}$
$570 = 30\,h : \text{mm}$
$19 = h : \text{mm}$
$V = \pi \cdot 15^2 \cdot 19$ mm
$V = 4\,275\,\pi$ mm

Lösungen zu Test 146

1 (3 Punkte): a) $V = G \cdot h$; $G = r^2\pi$; $V = (3 \text{ cm})^2 \cdot \pi \cdot 8 \text{ cm} = 72\,\pi \text{ cm}^3$
(G = Grundfläche [Kreis]) b) $V = 588\,\pi \text{ cm}^3$

2 (3 Punkte): $V = (3 \text{ cm} - 1 \text{ cm})^2 \cdot 5 \text{ cm} \cdot \pi = 20\,\pi \text{ cm}^3$

3 (3 Punkte): $V = (8 \text{ cm} - 4 \text{ cm})^2 \cdot h\,\pi = 16 \text{ cm}^2 \cdot h \cdot \pi$
$O = 2G + M$ $G = 2 \cdot (8 \text{ cm})^2\,\pi + 16 \text{ cm}\,\pi \cdot h \Rightarrow h = 10$ cm
$\Rightarrow V = 160 \text{ cm}^3\,\pi$

4 (3 Punkte): $V_{innen} = r_{innen}^2 \cdot \pi \cdot h$; $r_{innen} = \sqrt{V : 3{,}142 \cdot h}$; $d = 2 \cdot r_{innen}$
$d = 20$ cm

5 (3 Punkte): $V_{innen} = (r_{außen} - x)^2 \cdot h \cdot \pi \Rightarrow x = 2 \text{ cm} \Rightarrow$
$r_{innen} = 8 \text{ cm} \Rightarrow d = 16$ cm

6 (3 Punkte): $V_{innen} = (r_{außen} - x)^2 \cdot h \cdot \pi \Rightarrow x = 1 \text{ cm} \Rightarrow$
$r_{innen} = 4 \text{ cm} \Rightarrow d = 8$ cm

Lösungen zu Test 147

1 (3 Punkte): a) $V = G \cdot h$; $G = r^2\pi$; $V = (3 \text{ cm})^2 \cdot \pi \cdot 8 \text{ cm} = 72\,\pi \text{ cm}^3$
(G = Grundfläche [Kreis]) b) $V = 588\,\pi \text{ cm}^3$

2 (3 Punkte): $V = (1{,}75 \text{ cm} - 0{,}25 \text{ cm})^2 \cdot 9 \text{ cm} \cdot \pi = 20{,}25\,\pi \text{ cm}^3$

3 (3 Punkte): $V = (50 \text{ cm} - 28 \text{ cm})^2 \cdot h\,\pi = 484 \text{ cm}^2 \cdot h \cdot \pi$
$O = 2G + M$ $G = 2 \cdot (50 \text{ cm})^2\,\pi + 100 \text{ cm}\,\pi \cdot h \Rightarrow h = 56$ cm
$V = 27\,104 \text{ cm}^3\,\pi$

4 (3 Punkte): $V_{innen} = (r_{außen} - x)^2 \cdot h \cdot \pi \Rightarrow x = 3 \text{ cm} \Rightarrow$
$r_{innen} = 6 \text{ cm} \Rightarrow d = 12$ cm

5 (3 Punkte): $V_{innen} = (r_{außen} - x)^2 \cdot h \cdot \pi \Rightarrow x = 1 \text{ cm} \Rightarrow$
$r_{innen} = 4 \text{ cm} \Rightarrow d = 8$ cm

6 (3 Punkte): $V_{innen} = (r_{außen} - x)^2 \cdot h \cdot \pi \Rightarrow x = 0{,}75 \text{ cm} \Rightarrow$
$r_{innen} = 0{,}25 \text{ cm} \Rightarrow d = 5$ cm

Lösungen zu Test 148

1 (3 Punkte): $V = (8\text{ cm} - 0{,}5\text{ cm})^2 \cdot 12\text{ cm} \cdot \pi = 675\ \pi\text{ cm}^3$

2 (3 Punkte): $V = (15\text{ cm} - 3{,}7\text{ cm})^2 \cdot h\ \pi = 132{,}21\text{ cm}^2 \cdot h \cdot \pi$

$O = 2G + M\ G = 2 \cdot (15\text{ cm})^2\ \pi + 30\text{ cm}\ \pi \cdot h \Rightarrow h = 22\text{cm}$

$\Rightarrow V = 2\,908{,}62\text{ cm}^3\ \pi$

3 (3 Punkte): $V_{innen} = (r_{außen} - x)^2 \cdot h \cdot \pi \Rightarrow$

$x = 5\text{ cm} \Rightarrow r_{innen} = 12\text{ cm} \Rightarrow d = 24\text{ cm}$

4 (3 Punkte): $V_{innen} = (r_{außen} - x)^2 \cdot h \cdot \pi \Rightarrow x = 14\text{ cm} \Rightarrow r_{innen} = 14\text{ cm}$

$\Rightarrow d = 28\text{ cm}$

5 (3 Punkte): $U = 2\ r\ \pi \Rightarrow r_{nach}$ 3 Jahren = 60 cm

$h = 290\text{ cm}$

$O = 2G + M\ G = 2 \cdot (r)^2\ \pi + 2\ r\ \pi \cdot 290 \Rightarrow h = 50\text{ cm}$

$60\text{ cm} - 50\text{ cm} = 10\text{ cm}$

Die Papierschicht ist 10 cm dick.

6 (3 Punkte): $V = 80\text{ l} \Rightarrow 80\text{ dm}^3 \Rightarrow 80\,000\text{ cm}^3$

$V_{innen} = (r_{außen} - 5)^2 \cdot h \cdot \pi$

$80\,000\text{ cm}^3 = (r_{außen} - 5)^2 \cdot 5\text{ cm} \cdot \pi$

$16\,000\text{ cm}^2 = (r_{außen} - 5)^2 \cdot \pi$

$\approx 5\,092{,}96\text{ cm}^2 = (r_{außen} - 5)^2$

$\approx 71{,}36\text{ cm} = r_{außen} - 5$

$r_{außen} \approx 76{,}36\text{ cm}$

Lösungen zu Test 149

1 (3 Punkte): a) $V = \pi\ r^2 \cdot h : 3 = \pi\ 9\text{ cm}^2 \cdot 5\text{ cm} : 3 = 15\ \pi\text{ cm}^3$

b) $V = 256\ \pi\text{ cm}^3$ c) $V = 7\ \pi\text{ cm}^3$

2 (3 Punkte): a) $V = \pi\ r^2 \cdot h : 3 = \pi\ 49\text{ cm}^2 \cdot 3\text{ cm} : 3 = 49\ \pi\text{ cm}^3$

b) $V = 50\ \pi\text{ cm}^3$

c) $V = 540\ \pi\text{ cm}^3$

3 (3 Punkte): a) $V = \pi r^2 \cdot h : 3 = \pi\ 144\text{ cm}^2 \cdot 13\text{ cm} : 3 = 624\ \pi\text{ cm}^3$

b) $V = 84\ \pi\text{ cm}^3$

c) $V = 12\ \pi\text{ cm}^3$

4 (3 Punkte): a) $O = \pi\ r\ (r + s) = \pi\ 3\text{ cm}\ (3\text{ cm} + 6\text{ cm}) = 27\text{ cm}^2\ \pi$

b) $O = 160\text{ cm}^2\ \pi$

5 (3 Punkte): a) $O = 175\text{ cm}^2\ \pi$

b) $O = 0{,}75\text{ cm}^2\ \pi$

6 (3 Punkte): a) $O = 10\text{ cm}^2\ \pi$

b) $O = 5\text{ cm}^2\ \pi$

Lösungen zu Test 150

1 (3 Punkte): a) $V = \pi\ r^2 \cdot h : 3 = \pi\ 36\text{ cm}^2 \cdot 7\text{ cm} : 3 = 84\ \pi\text{ cm}^3$

b) $V = 4\ \pi\text{ cm}^3$

c) $V = 192\ \pi\text{ cm}^3$

2 (3 Punkte): a) $V = \pi r^2 \cdot h : 3 = \pi\ 225\ cm^2 \cdot 5cm : 3 = 375\ \pi\ cm^3$
b) $V = 4332\ \pi\ cm^3$
c) $V = 1392\ \pi\ cm^3$
3 (3 Punkte): a) $V = \pi r^2 \cdot h : 3 = \pi\ 49\ cm^2 \cdot 21\ cm : 3 = 343\ \pi\ cm^3$
b) $V = 1404\ \pi\ cm^3$
c) $V = 121\ \pi\ cm^3$
4 (3 Punkte): a) $O = \pi\ r \cdot (r + s) = \pi\ 9\ cm\ (9\ cm + 12\ cm) = 189\ cm^2\ \pi$
b) $O = 36\ cm^2\ \pi$
5 (3 Punkte): a) $O = 180\ cm^2\ \pi$
b) $O = 0{,}1\ cm^2\ \pi$
6 (3 Punkte): a) $O = 60\ cm^2\ \pi$
b) $O = 720\ cm^2\ \pi$

Lösungen zu Test 151
1 (3 Punkte): a) $V = \pi r^2 \cdot h : 3 = \pi\ 64\ cm^2 \cdot 18\ cm : 3 = 384\ \pi\ cm^3$
b) $V = 512\ \pi\ cm^3$
c) $V = 3703\ \pi\ cm^3$
2 (3 Punkte): a) $V = \pi r^2 \cdot h : 3 = 1444\ \pi\ cm^2 \cdot 36\ cm : 3 = 17328\ \pi\ cm^3$
b) $V = 1200\ \pi\ cm^3$
c) $V = 462400\ \pi\ cm^3$
3 (3 Punkte): a) $V = \pi r^2 \cdot h : 3 = \pi\ 36\ cm^2 \cdot 250\ cm : 3 = 3000\ \pi\ cm^3$
b) $V = 17739\ \pi\ cm^3$
c) $V = 24686\ \pi\ cm^3$
4 (3 Punkte): a) $O = \pi\ r\ (r + s) = \pi\ 1{,}5\ cm\ (1{,}5\ cm + 3\ cm) = 6{,}75\ cm^2\ \pi$
b) $O = 264\ cm^2\ \pi$
5 (3 Punkte): a) $O = 48\ cm^2\ \pi$ b) $O = 40{,}25\ cm^2\ \pi$
6 (3 Punkte): a) $O = 13{,}75\ cm^2\ \pi$ b) $O = 0{,}55\ cm^2\ \pi$

Lösungen zu Test 152
1 (3 Punkte): $V = \pi r^2 \cdot h : 3 = \pi\ 6{,}25\ cm^2 \cdot 1{,}8\ cm : 3 = 3{,}75\ \pi\ cm^3$
2 (3 Punkte): $V = 8{,}17\ \pi\ cm^3$
3 (3 Punkte): $V = \pi r^2 \cdot h : 3 \Rightarrow r = 1\ cm$
4 (3 Punkte): $O = \pi\ r\ (r + \sqrt{r^2 + h^2}) = \pi\ 1\ cm\ (1\ cm + \sqrt{1\ cm^2 + 9\ cm^2})$
$= \pi\ 1\ cm^2 + \sqrt{10\ cm^2}\ \pi = (1 + \sqrt{10})\ cm^2\ \pi \approx 13{,}076\ cm^2$
5 (3 Punkte): $O = 24\ cm^2\ \pi$
6 (3 Punkte): $V = \pi r^2 \cdot h : 3 \Rightarrow h = 9\ cm$

Lösungen zu Test 153
1 (3 Punkte): $V = \pi r^2 \cdot h : 3 = \pi\ 0{,}5625\ cm^2 \cdot 11\ cm : 3 = 2{,}0625\ \pi\ cm^3$
2 (3 Punkte): $V = 0{,}27\ \pi\ cm^3$
3 (3 Punkte): $V = \pi r^2 \cdot h : 3 \Rightarrow r = 2{,}111\ cm$
4 (3 Punkte): $O = \pi\ r\ (r + \sqrt{r^2 + h^2}) = \pi\ 3\ cm\ (3\ cm + \sqrt{9\ cm^2 + 16\ cm^2}$
$= (3 + 5)\ 3\ cm^2\ \pi = 24\ \pi\ cm^2$

5 (3 Punkte): $O = 216\ cm^2\ \pi$

6 (3 Punkte): $V = \pi\ r^2 \cdot h : 3 \Rightarrow h = 18\ \frac{2}{3}\ cm$

Lösungen zu Test 154

1 (3 Punkte): $O = \pi\ r\ (r + \sqrt{r^2 + h^2}) = \pi\ r\ (r + \sqrt{r^2 + 49\ cm^2}) = 213{,}665$
$\Rightarrow r \approx 5cm$

2 (3 Punkte): $V = \pi\ r^2 \cdot h : 3 = 0{,}0001\ \pi\ cm^2 \cdot 0{,}03 : 3\ cm =$
$0{,}00001\ \pi\ cm^3$

3 (3 Punkte): $V = 5441800\ \pi\ cm^3$

4 (3 Punkte): $O = \pi\ r\ (r + \sqrt{r^2 + h^2}) = \pi\ 7\ cm\ (7\ cm + \sqrt{49\ cm^2 + 64\ cm^2})$
$\approx 387{,}707\ cm^2$

5 (3 Punkte): $O = \pi\ r\ (r + \sqrt{r^2 + h^2}) = \pi\ 9\ cm\ (9\ cm + \sqrt{81\ cm^2 + h^2}) \approx 749{,}068$
$\Rightarrow h = 15\ cm$

6 (3 Punkte): $O = \pi\ r\ (r + \sqrt{r^2 + h^2}) = \pi\ 10\ cm(10\ cm + \sqrt{100\ cm^2 + h^2}) \approx 804{,}892$
$\Rightarrow h = 12\ cm$

Lösungen zu Test 155

1 (3 Punkte): a) $V = \frac{1}{3}\ h \cdot \pi\ (R^2 + R \cdot r + r^2) =$
$\frac{1}{3}\ 5\ \pi\ cm\ (9\ cm^2 + 6\ cm^2 + 4cm^2) = \frac{1}{3}\ 19\ cm^2 \cdot 5\ cm \cdot \pi =$
$31\ \frac{2}{3}\ \pi\ cm^3$
b) $V = 152\ \pi\ cm^3$

2 (3 Punkte): a) $V = 777\ \pi\ cm^3$ b) $V = 686\ \pi\ cm^3$

3 (3 Punkte): a) $V = 388\ \pi\ cm^3$ b) $V = 903\ \pi\ cm^3$

4 (3 Punkte): $O = \pi\ (2\ cm)^2 + \pi\ (4\ cm)^2 + (4\ cm + 2\ cm) \cdot \pi \cdot \sqrt{(4\ cm - 2\ cm)^2 + 3^2}$
$O = 4\ cm^2\ \pi + 16\ cm^2 + 6\ cm\ \pi \cdot \sqrt{13}\ cm \approx 41{,}63\ \pi\ cm^2$

5 (3 Punkte): $O = \pi\ cm^2\ (1 + 9 + 4 \cdot \sqrt{13}) \approx 24{,}42\ \pi\ cm^2$

6 (3 Punkte): $O = \pi\ cm^2\ (36 + 64 + 14 \cdot \sqrt{104}) \approx 242{,}77\ cm^2\ \pi$

Lösungen zu Test 156

1 (3 Punkte): a) $V = \frac{1}{3}\ h \cdot \pi\ (R^2 + R \cdot r + r^2) =$
$\pi\ cm\ (100\ cm^2 + 90\ cm^2 + 81\ cm^2) = 271\ \pi\ cm^3$
b) $V = 21\ \frac{2}{3}\ \pi\ cm^3$

2 (3 Punkte): a) $V = 338\ \pi\ cm^3$ b) $V = 940\ \frac{1}{3}\ \pi\ cm^3$

3 (3 Punkte): a) $V = 82\ \frac{1}{3}\ \pi\ cm^3$ b) $V = 148\ \pi\ cm^3$

4 (3 Punkte): $O = \pi\ (1\ cm)^2 + \pi\ (5\ cm)^2 + (1\ cm + 5\ cm) \cdot \pi \cdot \sqrt{(5\ cm - 1\ cm)^2 + 7^2}$
$O = 1\ cm^2\ \pi + 25\ cm^2 + 6\ cm\ \pi \cdot \sqrt{53}\ cm \approx 69{,}68\ \pi\ cm^2$

5 (3 Punkte): $O = \pi\ cm^2\ (100 + 144 + 22 \cdot \sqrt{8}) \approx 306{,}23\ \pi\ cm^2$

6 (3 Punkte): $O = \pi\ cm^2\ (4 + 81 + 11 \cdot \sqrt{74}) \approx 179{,}63\ cm^2\ \pi$

Lösungen zu Test 157

1 (3 Punkte): a) $V = 408,5\,\pi$ b) $V = 394\,\frac{2}{3}\,\pi$

2 (3 Punkte): a) $V = 91,5\,\pi\,cm^3$ b) $V = 82,84\,\pi\,cm^3$

3 (3 Punkte): a) $V = 33,3\,\pi\,cm^3$ b) $V = \frac{24,571}{3}\,\pi\,cm^3 \approx 25,73\,cm^3$

4 (3 Punkte): $0 = \pi(5,3\,cm)^2 + \pi(6\,cm)^2 + (6\,cm + 5,3\,cm) \cdot \pi \cdot \sqrt{(6\,cm - 5,3\,cm)^2 + 7^2}$

$0 = 28,09\,cm^2\,\pi + 36\,cm^2 + 11,3\,cm\,\pi \cdot \sqrt{49,7}\,cm \approx 143,75\,\pi\,cm^2$

5 (3 Punkte): $0 = \pi\,cm^2\,(2,89 + 64 + 9,7 \cdot \sqrt{48,1}) \approx 134,16\,\pi\,cm^2$

6 (3 Punkte): $0 = \pi\,cm^2\,(12,25 + 86,49 + 12,8 \cdot \sqrt{82,64}) \approx 215,1\,cm^2\,\pi$

Lösungen zu Test 158

1 (3 Punkte): a) $V = \frac{4}{3}\,\pi \cdot r^3 = \frac{4}{3}\,\pi \cdot 27\,cm^3 = 36\,\pi\,cm^3$

b) $V = 288\,\pi\,cm^3$ c) $V = \frac{4}{3}\,\pi\,cm^3$

2 (3 Punkte): a) $V = 457\,\frac{1}{3}\,\pi\,cm^3$ b) $V = 972\,\pi\,cm^3$ c) $V = 10\,\frac{2}{3}\,\pi\,cm^3$

3 (3 Punkte): a) $V = 85\,\frac{1}{3}\,\pi\,cm^3$ b) $V = 682\,\frac{2}{3}\,\pi\,cm^3$

c) $V = 166\,\frac{2}{3}\,\pi\,cm^3$

4 (3 Punkte): a) $0 = 4 \cdot \pi \cdot r^2 = 4\,\pi\,cm^2$ b) $0 = 64\,\pi\,cm^2$

c) $0 = 196\,\pi\,cm^2$

5 (3 Punkte): a) $0 = 16\,\pi\,cm^2$ b) $0 = 100\,\pi\,cm^2$ c) $0 = 324\,\pi\,cm^2$

6 (3 Punkte): a) $0 = 256\,\pi\,cm^2$ b) $0 = 36\,\pi\,cm^2$ c) $0 = 144\,\pi\,cm^2$

Lösungen zu Test 159

1 (3 Punkte): a) $V = \frac{4}{3} \cdot \pi \cdot r^3 = \frac{4}{3} \cdot \pi \cdot 1000\,cm^3 = 1333\,\frac{1}{3}\,\pi\,cm^3$

b) $V = 2304\,\pi\,cm^3$ c) $V = 1774\,\frac{2}{3}\,\pi\,cm^3$

2 (3 Punkte): a) $V = 36\,\pi\,cm^3$ b) $V = 457\,\frac{1}{3}\,\pi\,cm^3$

c) $V = 85\,\frac{1}{3}\,\pi\,cm^3$

3 (3 Punkte): a) $V = 0,036\,\pi\,cm^3$ b) $V = 166\,\frac{2}{3}\,\pi\,cm^3$

c) $V = 4,5\,\pi\,cm^3$

4 (3 Punkte): a) $0 = 4 \cdot \pi \cdot r^2 = 400\,\pi\,cm^2$ b) $0 = 1444\,\pi\,cm^2$

c) $0 = 576\,\pi\,cm^2$

5 (3 Punkte): a) $0 = 1600\,\pi\,cm^2$ b) $0 = 900\,\pi\,cm^2$ c) $0 = 1296\,\pi\,cm^2$

6 (3 Punkte): a) $0 = 484\,\pi\,cm^2$ b) $0 = 1156\,\pi\,cm^2$ c) $0 = 1024\,\pi\,cm^2$

Lösungen zu Test 160

1 (3 Punkte): a) $V = \frac{4}{3} \cdot \pi \cdot r^3 = \frac{4}{3} \cdot \pi \cdot 1,728\,cm^3 = 2,304\,\pi\,cm^3$

b) $V = 62,208\,\pi\,cm^3$ c) $V = 333,396\,\pi\,cm^3$

2 (3 Punkte): a) $V = 98,784\,\pi\,cm^3$ b) $V = 176,868\,\pi\,cm^3$

c) $V = 708,588\,\pi\,cm^3$

3 (3 Punkte): a) $V = 497,664\,\pi\,cm^3$ b) $V = 2481,156\,\pi\,cm^3$

c) $V = 79,092\,\pi\,cm^3$

4 (3 Punkte): a) $O = 4 \cdot \pi \cdot r^2 = 9\,\pi\ cm^2$ b) $O = 243{,}36\,\pi\ cm^2$
c) $O = 49\,\pi\ cm^2$

5 (3 Punkte): a) $O = 282{,}24\,\pi\ cm^2$ b) $O = 6{,}76\,\pi\ cm^2$
c) $O = 1{,}44\,\pi\ cm^2$

6 (3 Punkte): a) $O = 7{,}84\,\pi\ cm^2$ b) $O = 12{,}96\,\pi\ cm^2$
c) $O = 501{,}76\,\pi\ cm^2$

Lösungen zu Test 161

1 (3 Punkte): a) $V = \frac{1}{3}\pi \cdot h^2\,(3r - h) = \frac{1}{3}\pi \cdot 9\ cm^2 \cdot (15\ cm - 3\ cm) =$
$36\,\pi\ cm^3$ b) $V = 180\,\pi\ cm^3$

2 (3 Punkte): a) $V = 729\,\pi\ cm^3$ b) $V = 2\,448\,\pi\ cm^3$

3 (3 Punkte): a) $V = 0{,}441\,\pi\ cm^3$ b) $V = 10{,}944\,\pi\ cm^3$

4 (3 Punkte): a) $O = \pi\,(2r^2 + h^2) = \pi\,(2 \cdot 64\ cm^2 + 36\ cm^2) = 164\,\pi\ cm^2$
b) $O = 72{,}75\,\pi\ cm^2$

5 (3 Punkte): a) $O = 281\,\pi\ cm^2$ b) $O = 672{,}01\,\pi\ cm^2$

6 (3 Punkte): a) $O = 0{,}0281\,\pi\ cm^2$ b) $O = 299{,}12\,\pi\ cm^2$

Lösungen zu Test 162

1 (3 Punkte): a) $V = \frac{1}{3}\pi \cdot h^2\,(3r - h) = 3{,}375\,\pi\ cm^3$
b) $V = 347{,}73\,\pi\ cm^3$

2 (3 Punkte): a) $V = 104{,}87\,\pi\ cm^3$ b) $V = 5{,}89\,\pi\ cm^3$

3 (3 Punkte): a) $V = 180\,\pi\ cm^3$ b) $V = 70{,}875\,\pi\ cm^3$

4 (3 Punkte): $V = \frac{1}{6} \cdot \pi \cdot h \cdot (3{r_1}^2 + 3{r_2}^2 + h^2) =$
$\frac{1}{6} \cdot \pi \cdot 8\ cm \cdot (48\ cm^2 + 48\ cm^2 + 64\ cm^2) = 71\,\pi\ cm^3$

5 (3 Punkte): $V = 166{,}5\,\pi\ cm^3$

6 (3 Punkte): $V \approx 213{,}23\,\pi\ cm^3$

Lösungen zu Test 163

1 (3 Punkte): a) $O = \pi(2r^2 + h^2) = \pi(2 \cdot 4\ cm^2 + 1\ cm^2) = 9\,\pi\ cm^2$;
b) $O = 59\,\pi\ cm^2$

2 (3 Punkte): a) $O = 114\,\pi\ cm^2$ b) $O = 198\,\pi\ cm^2$

3 (3 Punkte): a) $O = 2{,}25\,\pi\ cm^2$ b) $O = 14{,}19\,\pi\ cm^2$

4 (3 Punkte): $O = \pi\,(2rh + {r_1}^2 + {r_2}^2) =$
$\pi\,(2 \cdot 5\ cm \cdot 7\ cm + 16\ cm^2 + 9\ cm^2) = 95\,\pi\ cm^2$

5 (3 Punkte): $O = 195{,}1189\,\pi\ cm^2$

6 (3 Punkte): $O = 1\,919{,}8224\,\pi\ cm^2$

Lösungen zu Test 164

1 (3 Punkte): a) $V = \frac{2}{3} \cdot \pi \cdot r^2 \cdot h = \frac{2}{3} \cdot \pi \cdot 25\ cm^2 \cdot 3\ cm =$
$50\,\pi\ cm^3$
b) $V = 6\,\pi\ cm^3$

2 (3 Punkte): a) $V = 726\,\pi\ cm^3$ b) $V = 384\,\pi\ cm^3$

3 (3 Punkte): a) $V = 25\ \pi\ cm^3$ b) $V = 117{,}6\ \pi\ cm^3$

4 (3 Punkte): x = Radius des Schnittkreises durch den Mittelpunkt

$x^2 + r_1^2 = r^2 \Rightarrow x^2 = 25\ cm^2 - 9\ cm^2 \Rightarrow x = 4\ cm\ (x > 0)$

$h = 5\ cm - 4\ cm = 1\ cm$

$O = \pi r\ (2h + r_1) = 5\ \pi\ cm\ (2\ cm + 3\ cm) = 25\ \pi\ cm^2$

5 (3 Punkte): $x = \sqrt{20}\ cm \Rightarrow h \approx 1{,}53\ cm;\ O \approx 42{,}36\ \pi\ cm^2$

6 (3 Punkte): $x = \sqrt{17}\ cm \Rightarrow h \approx 4{,}88\ cm;\ O \approx 159{,}84\ \pi\ cm^2$

Lösungen zu Test 165

1 (3 Punkte): a) $V = \frac{2}{3} \cdot \pi \cdot r^2 \cdot h = \frac{2}{3} \cdot \pi \cdot 225\ cm^2 \cdot 11\ cm =$

$1\,650\ \pi\ cm^3$

b) $V = 864\ \pi\ cm^3$

2 (3 Punkte): a) $V = 4\,998\ \pi\ cm^3$ b) $V = 4\,232\ \pi\ cm^3$

3 (3 Punkte): a) $V = 3{,}2\ \pi\ cm^3$ b) $V = 0{,}4\ \pi\ cm^3$

4 (3 Punkte): x = Radius des Schnittkreises durch den Mittelpunkt

$h = r - x$

$x^2 + r_1^2 = r^2 \Rightarrow x^2 = 100\ cm^2 - 49\ cm^2$

$\Rightarrow x = \sqrt{51}\ cm\ (x > 0)$

$h = 10\ cm - \sqrt{51}\ cm \approx 2{,}86\ cm$

$O = \pi r\ (2h + r_1) = 10\ \pi\ cm\ (5{,}72\ cm + 7\ cm) = 127{,}2\ \pi\ cm^2$

5 (3 Punkte): $x = \sqrt{104}\ cm \Rightarrow h \approx 4{,}8\ cm;\ O \approx 309\ \pi\ cm^2$

6 (3 Punkte): $x = \sqrt{0{,}75}\ cm \Rightarrow h \approx 0{,}13\ cm;\ O \approx 0{,}76\ \pi\ cm^2$

Lösungen zu Test 166

1 (3 Punkte): a) $V = \frac{1}{6h}\ \pi \cdot (r_1^2 + h^2)^2 =$

$\frac{1}{3\ cm}\ \pi \cdot (1\ cm^2 + 0{,}25\ cm^2)^2$

$= 1{,}5625\ cm^4 \cdot \frac{1}{3}\ \pi\ cm \approx 0{,}52\ \pi\ cm^3$

b) $V = 16\ \frac{2}{3}\ \pi\ cm^3$

2 (3 Punkte): a) $V = 277\ \frac{7}{9}\ \pi\ cm^3$ b) $V = 1066\ \frac{2}{3}\ \pi\ cm^3$

3 (3 Punkte): a) $V = 0{,}38025\ \pi\ cm^3$ b) $V = 1{,}891125\ \pi\ cm^3$

4 (3 Punkte): x = Radius des Schnittkreises durch den Mittelpunkt

$h = r - x$

$x^2 + r_1^2 = r^2 \Rightarrow x^2 = 144\ cm^2 - 36\ cm^2$

$\Rightarrow x = \sqrt{108}\ cm\ (x > 0)$

$h = 12\ cm - \sqrt{108}\ cm \approx 1{,}6cm$

$O = \pi r\ (2h + r_1) \approx 12\ \pi\ cm\ (3{,}2\ cm + 6\ cm) \approx 110{,}4\ \pi\ cm^2$

5 (3 Punkte): $x = \sqrt{8{,}75}\ cm \Rightarrow h \approx 6\ cm;\ O \approx 37{,}5\ \pi\ cm^2$

6 (3 Punkte): $x = 12\ cm \Rightarrow h = 8\ cm;\ O = 640\ \pi\ cm^2$

Lösungen zu Abschlusstest 1 / Seite 1

1 (3 Punkte): Man muss 154,17 Euro pro Monat bezahlen.
Zinsen: (2 500 Euro · 11) : 100 = 275 Euro
Gesamtsumme: 2 500 Euro + 275 Euro = 2 775 Euro
=> 2 775 Euro : 18 = 154,17 Euro

2 (3 Punkte): 855,62 Euro

3 (3 Punkte): alter Preis: 22,50 : (0,8 · 0,95) = 29,61 Euro
neuer Preis in Schweizer Franken: 33,75 ChF (22,50 · 1,5)

4 (3 Punkte): a = 15; b = 6; c = 18; d = 45

5 (3 Punkte): Höhe der Pyramide: 45,28 m; Höhe der Seite: 47,70 m

6 (3 Punkte): Volumen (alt): 141,37 cm^3
Volumen (neu): 72,38 cm^3
Volumen (verloren): 68,99 cm^3

Lösungen zu Abschlusstest 1 / Seite 2

1 (3 Punkte): Der alte Preis des Kleides betrug 47,71 Euro.

2 (3 Punkte): Der Zinssatz beträgt 3,6 %.

3 (3 Punkte): Verhältnis 3 : 1 : 2
Herbert bekommt 18 Kekse. (36 : 2)
Gerlinde bekommt 6 Kekse. (36 – 18 => 18 : 3)
Annette bekommt 12 Kekse. (36 – 18 => 18 : 3 · 2)

4 (3 Punkte): Frau Meier muss 0,54 Euro Zinsen bezahlen.

5 (3 Punkte): Volumen = 95,29 cm^3

6 (3 Punkte): Volumen = 67 cm^2

Lösungen zu Abschlusstest 2 / Seite 1

1 (3 Punkte): ehemaliger Verkaufspreis = 5 733 Euro.
Er macht 313,60 Euro tatsächlichen Verlust.
(5 733 – 1 146,60 = 4 586,40 => 4 900 – 4 586,40 = 313,60)

2 (3 Punkte): Verhältnis 6 : 4 : 3
Otto: 53,8 % (35 : 0,65); Gregor: 69,2 % (45 : 0,65); Steffi: 76,9 % (50 : 0,65); Steffi würde am meisten gewinnen.

3 (3 Punkte): Thorstens Vater hat vor 13 Jahren 4 966,68 Euro angelegt.

4 (3 Punkte): 4 (3 Punkte): Eier: 260 g ((1 300 : 100) · 20) ; Mehl: 715 g ((1 300 : 100) · 55); Zucker: 325 g ((1 300 : 100) · 25)

5 (3 Punkte): mindestens 5 170 093 333 Steine

6 (3 Punkte): 612,67 cm^2

Lösungen zu Abschlusstest 2 / Seite 2

1 (3 Punkte): 5 Euro Gewinn entsprechen 25 % Gewinn. In zehn Jahren werden daraus dank der Zinsen 7,47 Euro; dieser Gesamtgewinn entspricht 37,4 % ((5: 100) · 747).

2 (3 Punkte): 5 Euro entsprechen 23,8 %. ((5 : 21) · 100)
12 % entsprechen 2,52 Euro. ((21: 100) · 12)
Das erste Angebot ist besser für Lars.
Bei einem monatlichen Betrag von 41,67 Euro kommen die Angebote gleich.

3 (3 Punkte): 15 % (Grundwert = 29,4 Euro; Prozentwert => 29,4 Euro – 25 Euro = 4,4 Euro)

4 (3 Punkte): Der Außendurchmesser muss 0,96 m betragen.

5 (3 Punkte): Es kostet 7,85 Euro.

6 (3 Punkte): 39,93 cm^2

Notiere deinen Fortschritt mit Datum und Punktzahl!

Test 1: ______________
Test 2: ______________
Test 3: ______________
Test 4: ______________
Test 5: ______________
Test 6: ______________
Test 7: ______________
Test 8: ______________
Test 9: ______________
Test 10: ______________
Test 11: ______________
Test 12: ______________
Test 13: ______________
Test 14: ______________
Test 15: ______________
Test 16: ______________
Test 17: ______________
Test 18: ______________
Test 19: ______________
Test 20: ______________
Test 21: ______________
Test 22: ______________
Test 23: ______________
Test 24: ______________
Test 25: ______________
Test 26: ______________
Test 27: ______________
Test 28: ______________
Test 29: ______________
Test 30: ______________
Test 31: ______________
Test 32: ______________
Test 33: ______________
Test 34: ______________
Test 35: ______________
Test 36: ______________
Test 37: ______________
Test 38: ______________
Test 39: ______________
Test 40: ______________
Test 41: ______________
Test 42: ______________
Test 43: ______________
Test 44: ______________
Test 45: ______________
Test 46: ______________
Test 47: ______________
Test 48: ______________
Test 49: ______________
Test 50: ______________
Test 51: ______________
Test 52: ______________
Test 53: ______________
Test 54: ______________
Test 55: ______________
Test 56: ______________
Test 57: ______________
Test 58: ______________
Test 59: ______________
Test 60: ______________
Test 61: ______________
Test 62: ______________
Test 63: ______________
Test 64: ______________
Test 65: ______________
Test 66: ______________
Test 67: ______________
Test 68: ______________
Test 69: ______________
Test 70: ______________
Test 71: ______________
Test 72: ______________
Test 73: ______________
Test 74: ______________
Test 75: ______________
Test 76: ______________
Test 77: ______________
Test 78: ______________
Test 79: ______________
Test 80: ______________
Test 81: ______________
Test 82: ______________
Test 83: ______________
Test 84: ______________
Test 85: ______________
Test 86: ______________
Test 87: ______________
Test 88: ______________
Test 89: ______________
Test 90: ______________

Notiere deinen Fortschritt mit Datum und Punktzahl!

Test 91: ____________
Test 92: ____________
Test 93: ____________
Test 94: ____________
Test 95: ____________
Test 96: ____________
Test 97: ____________
Test 98: ____________
Test 99: ____________
Test 100: ____________
Test 101: ____________
Test 102: ____________
Test 103: ____________
Test 104: ____________
Test 105: ____________
Test 106: ____________
Test 107: ____________
Test 108: ____________
Test 109: ____________
Test 110: ____________
Test 111: ____________
Test 112: ____________
Test 113: ____________
Test 114: ____________
Test 115: ____________
Test 116: ____________
Test 117: ____________
Test 118: ____________
Test 119: ____________
Test 120: ____________

Test 121: ____________
Test 122: ____________
Test 123: ____________
Test 124: ____________
Test 125: ____________
Test 126: ____________
Test 127: ____________
Test 128: ____________
Test 129: ____________
Test 130: ____________
Test 131: ____________
Test 132: ____________
Test 133: ____________
Test 134: ____________
Test 135: ____________
Test 136: ____________
Test 137: ____________
Test 138: ____________
Test 139: ____________
Test 140: ____________
Test 141: ____________
Test 142: ____________
Test 143: ____________
Test 144: ____________
Test 145: ____________
Test 146: ____________
Test 147: ____________
Test 148: ____________
Test 149: ____________
Test 150: ____________

Test 151: ____________
Test 152: ____________
Test 153: ____________
Test 154: ____________
Test 155: ____________
Test 156: ____________
Test 157: ____________
Test 158: ____________
Test 159: ____________
Test 160: ____________
Test 161: ____________
Test 162: ____________
Test 163: ____________
Test 164: ____________
Test 165: ____________
Test 166: ____________